da leveza

*gilles
lipovetsky*

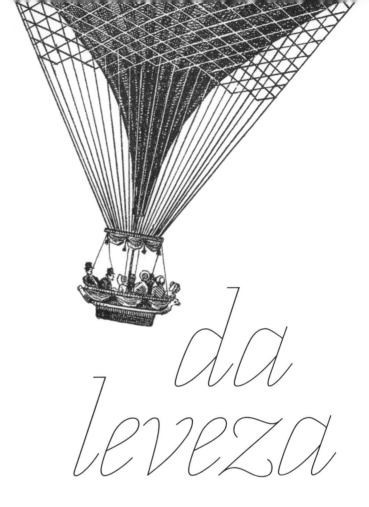

da leveza

rumo a uma civilização sem peso

Tradução: Idalina Lopes

Título original em francês: *De la légèreté: vers une civilisation du léger*
Copyright © 2015 Éditions Grasset & Fasquelle

Amarilys é um selo editorial Manole.

Este livro contempla as regras do Acordo Ortográfico da Língua Portuguesa.

Editor-gestor: Walter Luiz Coutinho
Editora responsável: Denise Yumi Chinem
Produção editorial: Priscila Pereira Mota Hidaka

Revisão técnica: Juremir Machado da Silva
　　　　　　　Pós-doutor em Ciências Sociais pela Université
　　　　　　　Paris-Descartes (Sorbonne), França
　　　　　　　Coordenador do Programa de Pós-graduação
　　　　　　　em Comunicação da Pontifícia Universidade
　　　　　　　Católica do Rio Grande do Sul (PUCRS)

Revisão de tradução e revisão de prova: Depto. editorial da Editora Manole
Capa e projeto gráfico: Daniel Justi
Ilustração de capa: Visipix
Editoração eletrônica: Anna Yue

Dados Internacionais de Catalogação na Publicação (CIP)
(Câmara Brasileira do Livro, SP, Brasil)

Lipovetsky, Gilles
　Da leveza : rumo a uma civilização sem peso / Gilles Lipovetsky;
[tradução Idalina Lopes]. – Barueri, SP : Manole, 2016.

　Título original: De la légèreté: vers une civilisation du léger.
　ISBN 978-85-204-4671-3

1. Civilização – Século 21 2. Filosofia social 3. Leveza – Sociologia I. Título.

16-02652　　CDD-306.09051

Índices para catálogo sistemático:
1. Civilização : Século 21 : Sociologia　　306.09051

Todos os direitos reservados.
Nenhuma parte deste livro poderá ser reproduzida, por qualquer processo, sem a permissão expressa dos editores.
É proibida a reprodução por xerox.
A Editora Manole é filiada à ABDR – Associação Brasileira de Direitos Reprográficos.

Edição brasileira – 2016

Direitos em língua portuguesa adquiridos pela:
Editora Manole Ltda.
Av. Ceci, 672 – Tamboré
06460-120 – Barueri – SP – Brasil
Fone: (11) 4196-6000 – Fax: (11) 4196-6021
www.manole.com.br | info@manole.com.br
www.amarilyseditora.com.br | info@amarilyseditora.com.br

Impresso no Brasil | *Printed in Brazil*

Cet ouvrage a bénéficié du soutien des Programmes d'Aide à la Publication de l'Institut Français.
Esta obra contou com o auxílio do Programa de Apoio à Publicação do Instituto Francês.

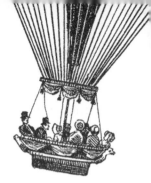

Apresentação, 9
por Juremir Machado da Silva

Introdução, 19
A leveza como mundo e como cultura, 20
A utopia da leveza, 22
A civilização do leve e seus limites, 23
Arquétipos da leveza, 26
Reabrir a questão da leveza, 30

Tornar a vida mais leve: bem-estar, economia e consumo, 33
Leveza dos antigos, leveza dos modernos, 36
O capitalismo de sedução: uma economia da leveza, 40
Volatilidade, mobilidade e frivolidade do consumidor, 50
O consumo como fardo, 58
As novas buscas de leveza, 63
A insuportável leveza do consumo?, 73

Um novo corpo, 77
Um corpo sem sofrimento, 77
Repouso e harmonia, 82
Deslizar, ou a revanche de Ícaro, 84
Da delicadeza à magreza, 87
Obsessão pela magreza, 91
Magreza e autodomínio, 99
Fim da ditadura da magreza?, 103
Um novo espírito de peso, 107

O micro, o nano e o imaterial, 111
A leveza como mundo material, 111
Tornar mais leve, miniaturizar, desmaterializar, 115
Revolução digital e fluidez nômade, 127
Nuvem digital e Big Data, 131
O peso das tecnologias leves, 134

Moda e feminilidade, 149
Da leveza aristocrática à leveza moderna, 150
Leveza, feminilidade, masculinidade, 159
Leveza e ansiedade das aparências, 167

Da leveza na arte à leveza da arte, 171
A graça e o peso, 171
Regozijo e despreocupação, 178
Luz, movimento e ludismo, 180
O futuro moda da arte, 186
O estágio leve da arte, 192
A arte "interessante", 205

Arquitetura e *design*: uma nova estética da leveza, 209
Arquitetura e racionalismo moderno, 209
Da casa ao mobiliário, 213
Flexibilidade e fluidez, 215
Minimalismo, espetáculo e complexidade, 219
Expressão e ornamento, 227
Transparência, luz e desmaterialização, 230
Leveza responsável, 235
Em direção a uma arquitetura sensível, 239
A arquitetura como alquimia, 241

Somos *cool*?, 243
Casais do terceiro tipo, 245
Pais *cool*, crianças frágeis, 251
Ludismo de Eros?, 253
O recuo da leveza do ser, 263

Liberdade, igualdade, leveza, 265
A cidadania *light*, 265
Falência da igualdade?, 279
As ideias: qual o peso?, 283
Desejo, liberdade e singularidade, 293
Leveza contra leveza, 298

Apresentação

Leveza e profundidade em Gilles Lipovetsky

Juremir Machado da Silva[1]

PENSADOR NÃO É QUEM SE SEPARA DO MUNDO PARA DIZER COMO ele deve ser. A modernidade viveu o paradoxo de querer todas as rupturas, de valorizar a emancipação do homem e de tentar legislar sobre tudo ou de decifrar as leis da natureza e da cultura. Pensar modernamente acabou por ser ofício de profetas, "melhoradores" do mundo dos outros e moralistas de todos os tipos. Pensador só pode ser quem reflete em movimento sobre o mundo, o seu mundo, o nosso mundo, com os pés no chão da vida, esse terreno fértil onde crescem o bem e o mal, a alegria e a tristeza, a liberdade e a (in)segurança, o desejo e o dever. O pensador não pode ser um Sísifo carregando uma pedra pesada e inútil. Se pensar vira fardo, o pensamento se torna um peso.

Gilles Lipovetsky é um pensador desta época que ele classifica como hipermoderna: tempo de aceleração, de tecnologia e de paradoxos. Na sua vasta e bem-sucedida obra, Lipovetsky já descreveu e analisou as culturas pesadas do sacrifício em nome de Deus, das ideologias, da pátria, da família ou da razão. A civilização do peso exigia de cada um disciplina férrea, sufocamento dos desejos, aniquilamento do eu, asfixia da subjetividade, dom de si, entrega total a projetos da sociedade, da pátria ou da religião e obediência aos ditames da ordem estabelecida. A vida de cada pessoa era um peso a ser carregado até a morte. A noção de cumprimento do dever subjugava a ideia de felicidade. O voo para o paraíso, sempre prometido como compensação pelas dores terrenas, ganhava asas com os pesos da existência.

---

[1] Juremir Machado da Silva, doutor em Sociologia pela Sorbonne, Paris, escritor, historiador, jornalista, radialista e tradutor, é pesquisador do CNPq, professor do Programa de Pós-Graduação em Comunicação da PUCRS e autor, entre outros livros, de *As tecnologias do imaginário* (Porto Alegre: Sulina, 2003) e *A sociedade midíocre – passagem ao hiperespetacular – o fim do direito autoral, do livro e da escrita* (Porto Alegre: Sulina, 2012).

O grande fardo ao longo dos séculos foi o baú da moral. Os indivíduos avançavam vergados pelo peso das exigências morais. Falhar era ficar exposto a condenações humilhantes. Errar era prova de fraqueza de caráter. Longo foi o processo de domesticação dos homens. As religiões funcionaram como instrumentos de dominação dos instintos humanos. Deus serviu de fiador da moral. O Iluminismo conseguiu colocar a Razão no lugar de Deus. O fardo continuou praticamente o mesmo. De certa forma, contra a indisciplina original, as sociedades produziram sistemas de disciplinamento rigorosos e implacáveis.

O homem da civilização do peso deveria sentir-se honrado em morrer pela pátria, por uma ideologia ou por Deus. A morte como libertação e o sacrifício em vida como filosofia existencial povoaram imaginários, contaminaram espíritos, manipularam consciências e balizaram culturas. Essa concepção atravessou os séculos e não deixou de ser a marca da revolução industrial, com seus saltos econômicos, produtivos e científicos. O grande peso das sociedades industriais modernas passou a ser o trabalho. Formou-se uma cadeia robusta: religião, pátria, trabalho e dever moral. A moderna civilização das máquinas produziu dispositivos pesados de controle.

Em 2015, por iniciativa do Programa de Pós-Graduação em Comunicação da Pontifícia Universidade Católica do Rio Grande do Sul, Lipovetsky recebeu o título de Doutor Honoris Causa da PUCRS. Dias antes da cerimônia, fiz uma entrevista com ele para o "Caderno de Sábado", suplemento cultural do centenário jornal *Correio do Povo*, de Porto Alegre. Na verdade, um jogo de definições, em dez palavras, sobre a hipermodernidade. Reproduzo as suas respostas aqui como uma forma de situá-lo no complexo mapa do pensamento contemporâneo.

Felicidade – "A noção de felicidade não mudou muito desde a antiguidade, desde os gregos. A felicidade é, antes de tudo, estar em paz consigo mesmo, estar de acordo consigo mesmo. Amar a si mesmo. Gostar da vida que se leva. O que mudou é a maneira de alcançar a felicidade. Na hipermodernidade, há uma oferta acelerada de instantes fugitivos de felicidade – comprar um carro, fazer uma viagem, trocar a cor do papel de parede, enfim, ínfimas manifestações típicas do hiperconsumismo –, mas a verdadeira felicidade, como definida antes, é mais rara, mais difícil, menos disponível. A felicidade material avança, mas não a espiritual no seu sentido mais antigo e clássico. Não existe uma hiperfelicidade nos termos pensados pelos gregos."

Utopia – "As grandes utopias caducaram: socialismo, comunismo, progresso garantido por leis da história... Vivemos sem grandes utopias coletivas. A última utopia é a dos ecologistas, embora seja um tipo particular de utopia baseada no medo, no terror. Diz-se o tempo todo que se as coisas continuarem como estão o planeta vai explodir. As utopias clássicas falavam de esperança. Temos, porém, muitas pequenas utopias *à la carte*, pessoais, particulares, singulares, sonhos de cada um: combater a miséria, preservar o patrimônio histórico, proteger a infância, melhorar o mundo, diminuir o sofrimento, ajudar os desfavorecidos, enfim. As utopias coletivas e sistemáticas é que desapareceram. Nada disso elimina o sonho de fazer, de empreender, de reformar, de criar. As grandes utopias ideológicas, que pretendiam mudar o mundo como totalidade, cederam lugar às pequenas utopias realistas num mundo flexível e mutante."

Moda – "No sentido tradicional, a moda desapareceu. A moda era vista como uma série de rituais, de cerimônias e de grandes desfiles que impunham a tendência da estação. Isso, de certo modo, acabou. Surgem 50 novas tendências por dia. Não há hegemonia. A proliferação de tendências anula a possibilidade do domínio de uma tendência única. A multiplicação ao infinito das tendências é uma boa notícia, pois significa uma democratização do gosto. Cada um faz o que quer. A moda, na modernidade, era despótica, tirânica, impositiva. Hoje, não. O pior que podia acontecer a alguém era estar fora da moda. Funcionava como uma exclusão, quase um estigma. Já não é mais assim. Há muito mais liberdade, experimentação, diversidade e autonomia. A moda tornou-se um sistema aberto e menos um modelo de hierarquia social. Talvez apenas os adolescentes conservem uma noção impositiva de moda, de tendência, de sinais precisos de integração ao grupo. A moda ficou menos distintiva e mais adulta. É uma escolha pessoal. De certo modo, a moda foi colocada no seu devido lugar. É só uma moda."

Beleza – "Com a beleza está acontecendo o contrário do que ocorre com a moda. Se a moda está aberta à diversidade de tendências, não se dá o mesmo com a beleza. Há um padrão despótico de beleza. A beleza do corpo, especialmente o feminino, é regulamentada por uma norma rígida e única: a magreza. Não existe alternativa legítima a esse modelo. Impossível realmente imaginar uma *pin-up*, uma estrela, uma *top model*, enfim, que não corresponda ao imperativo da magreza absoluta. É o modelo da hipermagreza. A moda tornou-se mais tolerante. A beleza, ao contrário, tornou-se mais despótica, autoritária e inflexível. A proliferação de imagens – cinema, televisão, fotos, publicidade – reforça o modelo dominante e castiga qualquer divergência. A consequência disso é a hiperdimensão tomada pelas dietas, pelas academias de ginástica e pelas cirurgias plásticas. Ser magro é um imperativo categórico. Toda infração à norma é malvista e criticada."

Saber – "Uma ilusão de muitos na atualidade foi imaginar que se poderia obter conhecimento exclusivamente por meios tecnológicos. Não é assim. O uso da tecnologia não dispensa o trabalho fundamental da escola. A educação, mais do que nunca, é essencial. Não se chegará, pela tecnologia, a eliminar a importância da pedagogia, do ensino, do estudo e dos professores. A formação de espíritos livres e críticos requer mestres, análise, discussão, questionamento e interpretação. A sociedade hipermoderna baseia-se no cognitivo. É uma economia do conhecimento. O capital inteligência é que agrega valor. O conhecimento é o patrimônio decisivo da nossa época. Capital cognitivo. Investir no saber é a regra do presente e do futuro. Investir no saber não é despesa, mas uma exigência da inovação. Tudo passa pela inteligência dos homens. A informação abre caminhos."

Política – "A desconfiança que predomina vai persistir. Há uma espécie de despolitização provocada pelos limites ideológicos dos partidos políticos, cada vez mais parecidos, pelos escândalos de corrupção e pelo fato de que as pessoas estão mais informadas. Os políticos estão afundados numa crise de perda de credibilidade. A política, contudo, é fundamental nas democracias. Será preciso reinventá-la. Em contrário, o mercado fará as regras e dominará tudo. Não podemos diabolizar o mercado, mas temos de impor-lhe limites. A lei do mercado na política é um desastre. O mercado cria riquezas. A política fixa regras. Sem isso, a injustiça torna-se intolerável. Num mundo liberal, precisamos de forças que se equilibrem e contenham."

Futuro – "A modernidade pensava ter decifrado o futuro. A filosofia da história dizia que a humanidade avançava com um sentido, em certa direção determinada. O futuro, de certa forma, estaria inscrito nas leis da história e nos genes do presente. Não é assim. O futuro está em aberto, exposto às incertezas e aos saltos da história. Isso cria ansiedade e temor, mas é uma sorte, pois a margem de manobra humana aumenta. Se o futuro estivesse predeterminado, nossa margem de liberdade seria ainda menor. O futuro depende de nós nas condições concretas em que vivemos. Podemos fazer projeções. O futuro produz esperanças, em função do desenvolvimento da ciência, e temor, por causa das ameaças da intolerância, dos conflitos e do ódio. Como viveremos juntos? Eis a questão. A educação contará muito para isso."

Mídia – "A mídia não tem o poder que denunciam muitos dos seus críticos, mas tem muita influência. Não pode ser a culpada de tudo que funciona mal. Não deve ser o bode expiatório, a suspeita de sempre. Ela é uma bolha gigantesca que tudo engloba. Satura a existência com informações em tempo real. Funciona na base da hiperinformação. O excesso tornou-se a sua lei. Ao mesmo tempo, entretanto, confunde e esclarece. No essencial, por não ser controlada por partidos, ajuda a disseminar esclarecimento. Na hipermodernidade, cumpre papel acelerado de informar e entreter."

Poesia – "Sempre me questiono sobre isso. A poesia foi um gênero fundamental. Entre os antigos, esteve no ápice das artes. Depois de uma carreira milenar de sucesso, perdeu espaço. Desde os anos 1970 que não existem mais grandes escolas de poesia. Existem pequenos círculos de praticantes e de amantes da poesia, mas a aura se perdeu. A grandeza da poesia dos românticos, dos simbolistas ou dos surrealistas se apagou. A poesia morreu? Claro que não. Encontrou novas formas de expressão: na música, na fotografia, no cinema e até na arquitetura, com suas construções abertas e anárquicas. A fria arquitetura funcionalista cedeu lugar à poesia da busca do devaneio e, do ponto de vista interior, do conforto e da singularidade. Desaparecida como gênero dominante, ela reaparece por toda parte como manifestação cotidiana. No Facebook, as pessoas não param de se enviar fotos de um pôr do sol ou de um sorriso de criança. É poesia."

Leveza – "A leveza sempre desempenhou um papel na história da humanidade, mas era algo secundário, fixado, muitas vezes, do ponto de vista das narrativas mitológicas. Ícaro sonhava voar. O povo sempre se tornou leve pela alegria. Hoje, a leveza é um princípio de realidade, um instrumento de ordenação social. No esporte, a patinação sinaliza um desejo extremo de leveza e movimento. As novas tecnologias, produtos das nanotecnologias, exprimem de modo radical o imperativo da leveza em nossas sociedades. Um celular de 100 gramas carregado no bolso põe o homem em contato com o mundo. O consumismo está baseado em tecnologias da leveza. Tudo diminui de tamanho. Vivemos num universo que funciona a partir da leveza e da velocidade. Mais leve, mais rápido, eis o princípio fundamental da nossa época. Paradoxalmente, quanto mais temos leveza objetiva, material, mais a vida parece pesada. As agendas estão saturadas, a vida é complicada, a depressão faz estragos, os problemas se multiplicam, tudo estressa. Trocamos o sonho da revolução e da liberação total pelo sonho da leveza. Não é improvável que a nova grande utopia coletiva da sociedade hipermoderna seja a da leveza total, radical e perfeita."

Um pensador deve ser avaliado pelos seus pensamentos. Gilles Lipovetsky abordou em seus livros o longo trabalho social de consolidação da pesada moral do sacrifício. Neste novo livro, contudo, o tema é justamente a passagem da civilização do peso para a civilização da leveza. Tudo está diminuindo de tamanho. Entramos na era das nanotecnologias. A lei máxima dos tempos hipermodernos é "máximo desempenho com peso mínimo", uma variante do "menos é mais". Os corpos e os objetos precisam ser leves. Até as utopias passaram a ser menores e mais modestas. A moral do sacrifício vem cedendo lugar a uma moral *à la carte*. Paradoxalmente, quando tudo encolhe e se torna mais leve, surgem novos pesos, novos fardos a serem carregados: a obrigação de ser feliz, a obsessão pela magreza, a realização de todos os desejos, o compromisso com a vivência de novas emoções, a imposição de ser *cool*, de interagir, de ser visível, de brilhar.

A leveza tornou-se a máxima aspiração de um tempo peso-pena. Gilles Lipovetsky consegue capturar essa mutação na medida em que o mutante pode ser agarrado, na sua fluidez, pela garra dos conceitos. Poucos analisam como ele fenômenos de comportamento contemporâneos. Sem preconceitos, faz a ponte entre filosofia e sociedade, universidade e mercado, cultura e negócios. Para ele, vivemos de paradoxos. Perdemos muitos valores e inventamos outros. Um dos questionamentos que faz, em vários livros, diz respeito a educação, ética e valores: perdemos autoridade ou rompemos com o autoritarismo? Estamos mais livres ou mais consumistas? Lipovetsky critica a ideia de que consumimos por distinção. Para ele, cada vez mais, as pessoas consomem e produzem-se para se sentir bem. Há excessos? Sim. Mas haveria também um consumo exigente. Estamos no individualismo exacerbado? Ele existe. Lipovetsky, porém, enfatiza a existência de um "individualismo responsável", que valoriza a natureza e a saúde.

A hipermodernidade é a aceleração da modernidade com os ganhos, as perdas e as distorções que processos vertiginosos acarretam. Velhas questões voltam à tona por segundos: a mídia tudo manipula? Lipovetsky destaca a influência dos meios de comunicação, mas sublinha que nunca tivemos tantos mecanismos, como a internet e as redes sociais, de resistência e de negociação. Em *Da leveza*, o filósofo examina com fineza e humor o culto do micro, do leve, do pequeno e do nano nos tempos que correm. A leveza tem seu peso. Pensador não marxista e sem reduções neoliberais, Lipovetsky usa a filosofia para pensar o mundo como ele é vivido, sentido e praticado.

A modernidade cultuou o novo, a razão, a arte, a moral, o peso, o sólido, o industrial, a matéria e a terra como patrimônio, propriedade e matriz produtiva. A hipermodernidade oscila entre o arcaico e o retrô, a emoção, a experiência sensível, a arte/moda, a ética e o pós-moralismo, o leve, o supérfluo e o transitório, o líquido e o gasoso, as nuvens, o imaterial e o pós-tudo. Nada permanece por muito tempo, salvo a circulação das mercadorias. Tudo o que é pesado se decompõe em partículas mais leves. Toda leveza não alcançada, porém, pode transformar-se num peso insuportável. A leveza de que fala Gilles Lipovetsky afeta todos os campos da atividade humana, da arte aos objetos de decoração, da tecnologia aos gêneros literários, das máquinas ao corpo humano. Tudo deve ser curto, suave, pequeno, sem peso, ligeiro. Os filmes e as peças de teatro não podem mais exceder duas horas de duração. Os romances recuaram para um limite entre 200 e 300 páginas. Os contos tendem para o microconto.

Os telefones celulares encarnam exemplarmente essa obsessão pelo leve e pelos objetos de desejo transfigurados pela magia do *design*. Lipovetsky, atento às contradições e oscilações da cultura dos objetos, não deixa de notar que podem existir exceções. Os fones de ouvido ganharam versões grandes, que fazem dos seus usuários verdadeiros ETs vagando pelas ruas das cidades, orgulhosos até do visual que ostentam, embora, fundidos na paisagem urbana, já não choquem nem espantem. Celulares maiores, mais confortáveis para visualização e leitura, também conquistam mercado. Nada, porém, que chegue a alterar a tendência para o menor, para o mínimo, para o micro. A era do mínimo e do leve faz diariamente o elogio da perda de peso e do encolhimento. O corpo humano é, sem dúvida, o mais afetado por essa lógica da redução a qualquer preço. A obsessão pela magreza impõe uma disciplina dolorosa de controle absoluto das dimensões corporais. Toda gordura deve ser combatida. O mercado não deixa, contudo, de operar com a moda *king size*. Trata-se, porém, de uma estratégia de satisfação da diversidade, uma espécie de direito à diferença a ser ocupado como nicho na linha do "cliente sempre tem razão" e deve ser atendido e satisfeito em todas as suas demandas legítimas e rentáveis. Não pode haver discriminação. Em contrapartida, há nítida preferência pela elegância leve e ágil.

No mundo dos automóveis, cabe reconhecer, especialmente no imaginário norte-americano, que os veículos 4 x 4, camionetes enormes para uso urbano, ainda representam poder e potência. Nada que impeça a pesquisa e o desenvolvimento de modelos cada vez menores para uso em situações de pouco espaço e de economia de combustível. A leveza costuma associar argumentos utilitários e estéticos: bom e belo, saudável e elegante, rápido e agradável, eficiente e moderno, competente e suave, prático e sublime, limpo e sedutor, etc. A estética da leveza raramente aparece sem o seu discurso de marketing.

Outra área muito afetada pelo culto à leveza é a comunicação. O jornalismo não admite mais textos longos e análises empoladas. Tudo que parece pesado é fulminado como "chato" ou pedante. O telespectador jovem quer uma dinâmica adolescente. Os telejornais, inclusive ou principalmente no Brasil, renderam-se ao descontraído, informal, coloquial, em pé e jovem. O apresentador sentado e formal remete a algo velho e superado. Ficar sentado é coisa de velho. Mesmo que seja para apresentar notícias pesadas – acidentes, tragédias, crises econômicas e políticas, guerras –, deve existir espaço para o leve e o despretensioso. Emissoras de televisão abertas ou a cabo tentam adaptar-se aos jovens que fazem sucesso com canais no YouTube, onde quase tudo é vertiginosamente acelerado, leve e divertido.

Se não pode abolir a lei da gravidade, a civilização do leve tenta retirar o peso das coisas e qualificar o grave como a mais abominável das categorias. Pesar é o pecado mortal da cultura da leveza. Rumo a uma civilização sem peso ou com o menor peso possível. O presente deve ser vivido de maneira intensa, sem o peso do passado e da tradição como âncoras puxando para baixo ou para trás, e sem a gravidade do futuro, sob a forma de utopia ou de progresso, impondo um pesado compromisso com o devir. O aqui e agora retiram peso do passado e do futuro. A civilização da leveza não dissimula seu hedonismo nem o seu narcisismo. Mas, como bem tem observado Gilles Lipovetsky, é um narcisismo de negação: a pessoa não gosta da sua imagem no espelho e tenta, a golpes de cirurgias plásticas e de dietas milagrosas, modificá-la. A obesidade é o inimigo número um da hipermodernidade. Só que ela ameaça de todos os lados o império da leveza: excesso de informações, de desejos não satisfeitos, de demandas reprimidas, de frustrações, de objetos perecíveis e por aí vai. O excesso, como peso, é um vírus que se dissemina sem parar.

A obra de Gilles Lipovetsky é um jogo de espelho no qual se refletem as diferentes posturas das sociedades. Ele não se cansa de destacar que, se a valorização do presente impera, a inquietação com as futuras gerações não se apaga. A defesa do meio ambiente está aí para provar que há interesse pelo amanhã. Também não faltam valores bem assentados: combate ferrenho à pedofilia, ao *bullying*, à exploração das mulheres, às formas modernas de escravidão, ao trabalho infantil, às violências físicas e simbólicas, à manipulação das consciências pela mídia, ao terrorismo, aos preconceitos, à homofobia, ao racismo, à intolerância religiosa e tantos outros. O homem pós-moderno quer ser leve, mas não se livra dos tantos pesos da existência. A leveza é, antes de tudo, um ideal de vida que, cada vez mais, se enraíza no imaginário e nas práticas sociais. Como se diz no Brasil, quem não quer ser lindo, leve e solto?

Introdução

NUNCA VIVEMOS EM UM MUNDO MATERIAL TÃO LEVE, FLUIDO e móvel. Nunca a leveza criou tantas expectativas, desejos e obsessões. Nunca ela incentivou tanto o comprar e o vender. Nunca o que Nietzsche escreveu soou tão justo aos nossos ouvidos: "É bom o que é leve; tudo o que é divino se move com pés delicados."[1]

O leve preenche cada vez mais nosso mundo material e cultural; invadiu nossas práticas comuns e remodelou nosso imaginário. Antes admirado apenas no campo da arte, tornou-se um valor, um ideal, um imperativo nas mais variadas esferas: objetos, corpo, esporte, alimentação, arquitetura, *design*. Em toda parte se afirma, no coração da era hipermoderna, o culto polimorfo da leveza. Seu campo era circunscrito e periférico: não vemos mais seus limites, pois ele se imiscui em todos os aspectos de nossa vida social e individual, nas "coisas" e nos seres, nos sonhos e nos corpos.

Durante muito tempo, na esfera tecnoeconômica, a prioridade foi dada aos equipamentos pesados. Agora é dada ao ultraleve, à miniaturização, à desmaterialização. O pesado evocava respeito, seriedade e riqueza; o leve, a quinquilharia, a ausência de valor. Este universo não é mais o nosso. Vivemos uma imensa revolução do mundo material, na qual as tecnologias e os mercados remetem muito mais às lógicas do leve do que às do pesado. E esta dinâmica se complementa de uma revolução simbólica, na medida em que o leve, por tanto tempo inferiorizado e desprezado, foi adquirindo um valor positivo. A leveza não está mais associada à falta, mas à mobilidade, ao virtual, ao respeito ao meio ambiente. Este é o tempo da revanche do leve – um leve admirado, desejado, que captura sonhos, mensageiro de enormes promessas e também de terríveis ameaças.

---

1   Nietzsche, *Le Cas Wagner*, Paris, Jean-Jacques Pauvert, 1968, p. 40. [Publicado no Brasil em 1999 sob o título *O caso Wagner – Um problema para músicos*, pela Companhia das Letras.]

A leveza como mundo e como cultura

A leveza não se limita mais a uma agradável fantasia poética. Ela remete ao nosso cotidiano tecnológico, a um universo que se tornou transitório e nômade. *Small is better*: nosso cosmo técnico irresistivelmente miniaturiza-se, torna-se mais leve, desmaterializa-se. Ouvimos qualquer música do mundo em aparelhos leves como o ar. Vemos filmes em *tablets* com telas sensíveis ao toque que cabem no bolso. Microeletrônica, microrrobótica, microcirurgia, nanotecnologia, o infinitamente pequeno se impõe como a nova fronteira da inovação e do progresso. De agora em diante, a leveza está menos no estilo que nos novos materiais, nas redes digitais, na extrema miniaturização. Passamos da leveza imaginária à leveza do mundo.

A miniaturização e a conquista do minúsculo estão comprometidas em uma corrida hiperbólica. A época vê o nascimento da "engenharia liliputiana", que manipula os átomos como bem quiser, transforma as propriedades da matéria, cria novos materiais, manipula os genes, funde a matéria viva e a matéria inerte em escala nanométrica. A revolução da leveza não vem do imaginário ficcional: ao investir na esfera submicroscópica, ela inventa um mundo que afeta todos os setores da vida. Uma nova era da leveza começa, e ela coincide com seu momento *high-tech*.

Ao mesmo tempo, para responder aos desafios do esgotamento dos recursos fósseis, do peso da pegada de carbono do aquecimento climático, afirma-se a exigência de uma mudança energética, de uma nova revolução industrial baseada não mais no petróleo e no nuclear, mas nas energias renováveis. Energia eólica, solar, geotérmica, marinha: somos testemunhas da expansão das energias alternativas e do início de uma "economia leve" que, ao mobilizar menos matérias-primas e não se basear mais na exploração intensiva dos recursos naturais, reduz seu impacto sobre o meio ambiente. Esse trabalho representado pela transição energética pode ser qualificado de "hercúleo". Ele não deixa de ser necessário para preservar o futuro das próximas gerações e para constituir uma civilização do leve-sustentável.

O desejo de leveza se expressa nos campos mais diversos: moda, *design*, decoração, arquitetura. Da mesma forma, a relação com o corpo vê irromper as paixões pelo aéreo e pela "linha". Nos ares planam os parapentes e as asas-delta; sobre as ondas, as pistas de neve e o asfalto evoluem corpos aéreos que se entregam aos esportes de deslizamento. E quem, hoje em dia, não sonha em manter o corpo eternamente jovem e esbelto? Os livros de dieta proliferam, os produtos *light* podem ser encontrados nas prateleiras de todos os supermercados, a lipoaspiração torna-se uma prática de massa, as academias de ginástica florescem, as *top models* apresentam um visual "anoréxico", as imagens do corpo liso e longilíneo invadem revistas e telas. Nessa cultura, que se tornou lipofóbica, "nada é tão bom quanto a magreza", declara o ícone da moda, Kate Moss.

A ligação com o imediato, o superficial e o leve não se reduz mais a uma atitude individual em relação à vida ou aos outros. Ela agora se impõe como modo de funcionamento econômico e de cultura global. Com o capitalismo de hiperconsumo, setores inteiros da vida econômica se veem reestruturados pela lógica frívola da eterna mudança, da inconstância e da sedução. Um funcionamento análogo ao sistema da moda organiza o capitalismo hipermoderno nos mesmos moldes do capitalismo da sedução. *Gadgets*, propagandas divertidas, *reality shows* e *games*, música popular e de programas de auditório, espetáculos e animações contínuas: a oposição entre o econômico e o frívolo se embaralhou; nosso princípio de realidade se confunde agora com o princípio de superficialidade. Universo da necessidade e universo fútil se entrelaçam, se cruzam, se hibridam: a lógica da leveza não é mais o "outro" da realidade econômica; ela é seu coração.

Vivemos a era do triunfo da leveza tanto no sentido próprio como no figurado do termo. É uma cultura cotidiana de leveza midiática que nos governa, uma vez que o universo do consumo não para de exaltar os referenciais hedonistas e lúdicos. Por meio dos objetos, do lazer, da televisão, da publicidade, difunde-se um clima de diversão permanente e de incentivo para que se "aproveitem" os prazeres imediatos e fáceis. Ao substituir a repressão pela sedução, o dever intransigente pelo hedonismo, a solenidade pelo humor, o universo consumista tende a se mostrar como um universo esvaziado de toda gravidade ideológica, de toda dimensão de sentido. O leve, quer seja compreendido no sentido próprio ou no sentido figurado, tornou-se um dos grandes espelhos em que nossa época se reflete.

Não faz muito tempo, as classes populares e as classes superiores se diferenciavam pelos estilos de vida baseados em importantes oposições: o pesado e o "grosseiro" para as classes populares; o leve, o fino e o que tem estilo para as classes superiores.[2] Saímos desse universo de *habitus* díspares, pois, com o desmoronamento das culturas de classe, o pesado e o abundante são desqualificados em todos os grupos; cada um se mostra agora ávido por leveza em matéria de alimentação, aparência pessoal, mobilidade, comunicação e estilo de vida. Todos os grupos sociais integraram em seu imaginário e em várias de suas práticas o valor da leveza. As efetivas maneiras de viver dos diferentes grupos que formam a sociedade não são evidentemente similares, longe disso. Contudo, essas diferenças reais se exibem tendo como fundo uma cultura que celebra, de cima para baixo da sociedade, o esbelto, a moda, o lazer, a mobilidade, o virtual. O mundo social está clivado, mas as normas da leveza triunfam em todos os níveis.

A utopia da leveza

As transformações da vida coletiva e individual ilustram de outra maneira a tendência ao leve. Em ruptura com a primeira modernidade – rígida, moralista, convencional –, afirma-se uma segunda modernidade de tipo "líquido" (Zygmunt Bauman) e flexível. Na era hipermoderna, a vida dos indivíduos é marcada pela instabilidade, pois está entregue à mudança perpétua, ao efêmero, ao "mudancismo". As pesadas imposições coletivas deram lugar ao *self-service* generalizado, à volatilidade das relações e dos engajamentos. Essa é a dinâmica social da hipermodernidade que institui o reino de um individualismo de tipo nômade e zapeador. A individualização extrema da relação com o mundo constitui a principal dinâmica social situada no coração da revolução do leve. A vida

---

2   Pierre Bourdieu, *La distinction*, Paris, Éditions de Minuit, 1979, p. 196-230. [Publicado no Brasil em 2011 sob o título A *distinção*, pela Zouk.]

sexual é livre, a família e a religião desinstitucionalizadas; os costumes e os indivíduos querem ser *cool*. Livres nas esferas religiosa, familiar e ideológica, os indivíduos "desligados", soltos, desapegados funcionam como átomos em estado de flutuação social. Não sem efeitos paradoxais.

Nesse contexto, não esperamos mais uma "terra que mana leite e mel", não sonhamos mais nem com revolução nem com libertação: sonhamos com leveza. Uns trilham o caminho consumista do "sempre mais" para esquecer ou aliviar seu presente. Outros opõem a leveza "verdadeira" a essa leveza mercantil declarada "falsa" e alienante. Nesse caso, "mudar de vida" significa se livrar dos fardos excessivos que pesam sobre nossas existências, combater a leveza opressiva do consumismo por meio das tecnologias da leveza interior. Esse é o momento do "detox", mas também da meditação, da ioga, das técnicas de relaxamento, *feng shui*, do bem-estar, em suma, de tudo aquilo que permite "sentir-se bem com o corpo e a cabeça".

Inúmeros são os livros que ambicionam fornecer as chaves para a libertação dos pesos do materialismo avassalador.[3] Incontáveis são os artigos de revistas que exaltam a simplicidade, a frugalidade, a ideia de destralhar a vida: menos coisas para uma vida interior mais rica, mais equilibrada, mais elevada. Às utopias do desejo, sucederam as expectativas de leveza do corpo e do espírito, de uma vida cotidiana menos estressante, de um presente menos pesado de carregar: viver melhor não se separa mais da leveza de ser. Bem-vindos à era das utopias do menos, das utopias *light*.

A civilização do leve e seus limites

Uma dinâmica dotada de uma força sobremultiplicada está se desenvolvendo, construindo uma civilização de um novo gênero: *a civilização do leve*. Está ainda em seus primeiros passos, mas a cada dia ganha novos

---

[3] Os títulos dos livros de Dominique Loreau são particularmente esclarecedores a esse respeito: *L'Art de la simplicité* (A arte da simplicidade); *L'Art de l'essenciel* (A arte do essencial); *L'Art de la frugalité et de la volupté* (A arte da frugalidade e do prazer); *L'Infiniment peu* (Infinitamente pouco).

territórios, realiza novas proezas, suscita novas esperanças, bem como novas angústias. Do *cloud computing* às biotecnologias, dos nano-objetos aos dispositivos *high-tech*, do culto à magreza à alimentação *light*, dos esportes de deslizamento às técnicas de relaxamento, das tendências de moda às indústrias do entretenimento, é por meio de uma variedade de instrumentos heteróclitos e multiformes que avança a revolução hipermoderna do leve.

A leveza, que era um ideal estilístico ou um defeito moral, tornou-se uma dinâmica global, um paradigma transversal, um "fato social total" carregado de valor tecnológico e econômico, funcional e psicológico, estético e existencial. A partir de então, proliferam as esferas que expressam o combate do leve contra o pesado. A era hipermoderna é inseparável de uma revolução multidimensional da leveza cujo ritmo é vertiginoso.

Equipamentos, comunicação, medicina, formação, agricultura, empresas, lazer: todas essas esferas sofreram um abalo radical sob o choque da revolução do leve empreendida pelas técnicas digitais, as nanotecnologias, as biotecnologias. A importância dessa revolução é considerável, uma vez que ela abriu horizontes praticamente ilimitados nos campos do entorno material e natural, da saúde, da própria vida. O leve, que era o mais insignificante e o mais fútil, tornou-se a maior força de transformação do mundo. Na era da hipermodernidade, não é o poder sobre o pesado que muda a face do mundo, é o controle do ultraleve. Na época que começa, o domínio técnico do infinitamente pequeno é o que abre ao infinito o horizonte dos possíveis, tornando real o que, até então, era declarado impossível. Com os nanomateriais, os nanomedicamentos ou os nanorrobôs, uma mudança sem precedentes está em andamento, levada não mais pela luta de classes e outros enfrentamentos heroicos, mas pela conquista do infraleve. O que nos faz mudar de civilização não é mais o trabalho da "velha toupeira", mas a positividade do "nanopoder", o controle das partículas infinitesimais, o domínio do imaterial. Passado o tempo das grandes revoluções políticas, afirma-se a era da nanorrevolução, ainda mais potente na medida em que se exerce sobre o imperceptível e o inatingível.

Mas vamos deixar bem claro: essa dinâmica está longe de ter um desenvolvimento igual em todas as esferas. As energias fósseis (petróleo, gás, carvão) continuam dominantes no consumo mundial de energia. A energia nuclear continua garantindo uma parte significativa do fornecimento de eletricidade. Nem as grandes infraestruturas, o gigantismo e os equipamentos faraônicos estão em via de extinção. Muito pelo contrário: até mesmo os bancos se tornaram grandes demais para falir (*too big to fail*). Ainda assim, o princípio da leveza não deixa de avançar a uma velocidade crescente, atingindo um número crescente de setores: energia, aeronáutica, telecomunicação, automóvel, banco, cirurgia, mas também jogos, música, fotografia, cinema, arquitetura e *design*.

Por outro lado, a civilização do leve significa tudo, menos viver de forma leve. Pois ainda que as normas sociais vejam seu peso diminuir, a vida parece mais pesada. Desemprego, precariedade, casamentos instáveis, agenda sobrecarregada, riscos sanitários – e podemos nos perguntar o quê, atualmente, não alimenta o sentimento de peso da vida. Por todo lado se multiplicam os sinais de desamparo, das novas faces do "mal-estar na civilização". Em razão das ameaças ao emprego e das informações médicas e de saúde, a vida adquire uma nova gravidade. Mesmo com a proliferação de soluções mais leves, os mecanismos do mercado e a dinâmica de individualização continuam produzindo inúmeros prejuízos.

Ironia hipermoderna: agora é a leveza que alimenta o espírito de peso. Pois o ideal de leveza vem acompanhado de normas exigentes com efeitos extenuantes e às vezes deprimentes: ter um corpo esbelto implica na maioria das vezes a renúncia à tranquilidade do *carpe diem* e à existência nos antípodas de uma vida despreocupada. O próprio consumo se impõe, para amplas camadas da população, como uma fonte de preocupações cotidianas e de práticas que se assemelham a um "trabalho" que envolve sérias e diligentes pesquisas e comparações. E é mais pesado não ser feliz em uma civilização que celebra o ideal da leveza hedonista, do que nas sociedades que, como no passado, ensinavam a resignação terrena para ter a salvação no além. Nosso mundo deu origem a desejos de felicidade impossíveis de serem satisfeitos, por isso a multiplicação das decepções em relação a uma vida que nunca é leve, divertida ou dinâmica o bastante. O sentimento imaterial da existência recua ao passo que triunfam a cultura do divertimento e dos dispositivos materiais do ultraleve. Um novo "espírito de fardo" apoderou-se da época.

Arquétipos da leveza

Esta nova potência do leve é única na história. No entanto, não foi ignorada por nenhuma civilização. Qualquer que seja o nome que lhe damos, a busca pela leveza concretizou-se ao longo do tempo em certas formas da vida social bem como no imaginário individual e coletivo. Desde as eras mais remotas, a leveza, sob formas e segundo práticas bem diferentes, nunca deixou de ser desejada, de alimentar mitos, contos, lendas e práticas artísticas. Bachelard não hesitava em falar de um "instinto de leveza", como sendo um dos "instintos mais profundos da vida".[4] Devemos pensar a leveza como uma estrutura antropológica do imaginário, e também como uma aspiração humana que sempre encontrou formas de expressão na vida social. Uma constante antropológica que, em torno de alguns arquétipos fundamentais, se revestiu de formas completamente diferentes. Não farei aqui senão desenhar seus contornos de forma extremamente esquematizada.

A *leveza aérea*. O sonho de se elevar aos céus é imemorial. Inúmeros são os mitos, os contos, as crenças religiosas que expressam essa fascinação por meio das imagens ascensionais, das representações da elevação, dos símbolos destinados a alcançar o céu. O poder dos xamãs é inseparável da crença nas viagens extracorpóreas a um céu habitado de espíritos. Algumas pinturas rupestres mostram xamãs transformados em andorinhas, em criaturas aladas. Dizem que Buda levitou e Cristo "andou sobre a água"; poderes de levitação também são atribuídos a São Francisco de Assis, Santo Inácio de Loyola e São Paulo da Cruz. Desse poder de atração do imaginário aéreo, são testemunhas as asas de Mercúrio, o voo de Ícaro e a ausência de gravidade seráfica.

---

4   Gaston Bachelard, *L'Air et les songes* (1943), Paris, Le Livre de poche, 2010, p. 40. [Publicado no Brasil em 1990 sob o título *O ar e os sonhos*, pela Martins Fontes.]

Há séculos que os homens inventam dispositivos voadores. As pipas aparecem na China antiga, utilizadas para fins militares mas também para expulsar a má sorte e os maus espíritos. Engenheiros, dentre os quais Leonardo, a partir do Renascimento, desenharam projetos de máquinas voadoras inspirando-se em formas e sistemas vivos. Até o momento em que, nos séculos XVIII e XIX, a tecnologia se torna capaz de desafiar a gravidade, de nos libertar do abraço terrestre, realizando os sonhos milenares de sair do chão.

A *leveza-mobilidade*. Ao longo da vida das sociedades, a leveza não permaneceu enclausurada no campo das representações imaginárias. Desde os tempos mais antigos ela está presente em todas as habitações tradicionais dos povos nômades: barracas, tendas, *yourtes*, e cabanas combinam leveza, versatilidade, mobilidade. A leveza dos materiais de construção permitiu aos povos nômades viver sob os climas mais rudes do planeta. Milhares e milhares de anos depois e em contextos históricos radicalmente diferentes, a valorização do leve é mais do que nunca atual por meio da pesquisa de novos materiais, mas também da miniaturização dos objetos que, conectados à internet, permitem vencer as restrições temporais e espaciais, inventar uma nova mobilidade feita de fluidez e de nomadismo digital.

A *leveza-distração*. Sempre existiram incontáveis códigos e práticas sociais destinados a diminuir o peso da existência, a escapar ao fardo do mundo e das regras. O conjunto dos poetas na Grécia antiga reconhece que a poesia tem por finalidade o prazer e, segundo Hesíodo, Zeus a criou para permitir aos mortais "o esquecimento das aflições e uma trégua às preocupações". Festas, gozações, zombarias, brincadeiras e fantasias estão presentes desde a aurora da humanidade. Divertir-se, brincar, recrear, zombar: a leveza vem do riso, mas também dos jogos e do lazer. Nenhuma sociedade pode existir sem acomodar diferentes práticas que, ao afrouxar as restrições da vida coletiva, respondem à necessidade de viver momentos de "respiração", de descanso, de recreação.

A *leveza frívola*. Ela se concretiza na moda, no gosto pela vaidade, seus artifícios e todos os "pequenos detalhes" que compõem o charme das aparências. Também teve seu momento de glória na vida mundana dos salões onde convinha saltar de uma ideia à outra, não se aprofundar em nada, falar apenas de coisas sem consequência, não se adensar em nenhum assunto. Podemos ver no consumismo contemporâneo a última grande representação desse paradigma cujos laços com a leveza-distração são evidentes.

A *leveza-inconstante*. Ela sempre existiu, em relação ao comércio sexual, à infidelidade, ao amor que não poderia durar sem entediar. A partir do século XVIII, a leveza-inconstante pôde se afirmar como um sistema de valores, uma norma de vida exaltando a mudança, a renovação na ordem do sentimento e das conquistas amorosas. Libertinagem, donjuanismo, aventuras amorosas, infidelidade, flertes de verão, sexo casual: suas formas são diversas e se apoiam na inconstância e na mobilidade do desejo. Ela tende a dar prestígio ao homem sedutor e depreciar as mulheres denunciadas como levianas, desavergonhadas e de pouca virtude.

A *leveza-estilo*. A arte aparece como uma das grandes esferas onde se concretiza a exigência antropológica da leveza. Da música à dança, das artes decorativas à pintura, da poesia à arquitetura, a história da arte é pródiga em exemplos que ilustram o valor reconhecido ao refinamento estético. Nem toda obra de arte oferece uma imagem leve, mas há séculos e milênios, a poesia, os ornamentos, a delicadeza, a elegância das formas e a graça do movimento se expressam nas artes das civilizações mais diversas. É impossível pensar a história da beleza sem reconhecer o lugar preponderante que nela ocupa a estética da leveza.

A *leveza-sabedoria*. A vida superficial e sua corrida aos prazeres sempre novos não consegue sozinha esgotar o imaginário da leveza. Ao arquétipo da frivolidade se opõe o da leveza-serenidade, que remete ao ideal antigo da felicidade definida pela ataraxia, o estado sereno em que o homem está livre de seus medos e de seus falsos desejos. O que é a sabedoria, a vida bem-aventurada entre os antigos, se não a paz da alma à qual se chega uma vez liberto das paixões e das opiniões vãs? É esse modelo de vida serena, simples e interior que ensinam os filósofos antigos e também, sob vários aspectos, o budismo. Dietética espiritual, medicina da alma, "depuração mental": a filosofia não tem outro objetivo senão curar o homem, descarregar sua alma, desvencilhá-la de seus temores e de suas paixões, libertá-la do peso do sofrimento.

Sem dúvida, o conceito de leveza está pouco presente, para não dizer ausente, na filosofia antiga. Mas mesmo assim é esse imaginário que está no princípio do ideal de alegria de viver que coincide com a tranquilidade da alma, com uma existência livre de medos, do supérfluo e dos prazeres efêmeros. A felicidade é o estado de uma alma aliviada do peso das coisas, das ambições, de todos os temores do futuro e do além. Esse arquétipo não é característico do Ocidente. Ele está presente particularmente no budismo que também almeja a paz interior pelo caminho do desapego às realidades impermanentes deste mundo. A doutrina budista coloca-se como a via que, levando à libertação de todo sofrimento, conduz à paz da alma, à serenidade, ao Despertar, ao Nirvana. Assim como o epicurismo, o budismo não dá a esse estado de felicidade o nome de leveza. Mas a ideia ali está.

O mundo contemporâneo concede primazia de forma manifesta à leveza frívola. Mas o modelo da leveza-sabedoria não deu sua última palavra, como mostra a atual renovação do interesse despertado pelas espiritualidades antigas, pelo budismo, pelas críticas à sociedade de hiperconsumo. Leveza frívola, leveza-equilíbrio: esses dois polos antinômicos continuarão ainda por muito tempo a dividir as vias da felicidade.

A sabedoria seduz não apenas por envolver os prazeres pontuais e descontínuos, mas por tratar da existência como um todo. Ela almeja o equilíbrio, a paz, a plenitude do ser, a felicidade e o que é sua substância: a alegria de existir. Rousseau, em páginas célebres, exaltou esse estado de "felicidade satisfatório, perfeito e pleno" que acompanha a autossatisfação, o prazer de sentir a existência pura desconectada da memória e de qualquer pensamento em relação ao futuro. "E de que desfrutamos em semelhante situação? De nada de exterior a si, de nada além de si mesmo e de sua própria existência; enquanto esse estado durar nos bastamos a nós mesmos como Deus."[5] Volúpia de existir, gozo suave do sentimento global da existência: o que é se não a suprema leveza vivida?

5   Jean-Jacques Rousseau, *Les Rêveries du promeneur solitaire*, Paris, Flammarion,

Uma felicidade de existir que se vive ao experimentar a alegria de estar no mundo, na alegria de existir plenamente. Spinoza define a alegria como esse sentimento que experimentamos quando nossa força de viver se encontra aumentada. Mas no plano fenomenológico, a alegria é menos vivida como aumento da potência de agir do que como alívio do peso da vida, "levitação", experiência ascensional, embriaguez pela existência: "saltamos de alegria", temos a impressão de planar, de estar "sobre uma nuvem". Experiência aérea, a alegria concretiza o sonho universal dos homens de "voar", de se livrar do peso da vida. Ela é a mais bela, a mais perfeita das manifestações da leveza subjetiva.

Reabrir a questão da leveza

Não haverá nestas páginas nem uma apologia nem uma condenação moral ou política da leveza. Esta é analisada não como um vício ou uma virtude, mas como uma exigência antropológica, um princípio de organização social, um valor estético e tecnológico que, na era hipermoderna, adquiriram uma importância capital. Não é a leveza em si, "eterna" ou metafísica, que será objeto deste ensaio, mas aquela materializada nas figuras concretas observáveis, na história das sociedades e, mais particularmente, no mundo contemporâneo. É uma abordagem antropológico-social da leveza que comanda as análises que seguem.

Não uma leveza trans-histórica escrita em letras maiúsculas, mas as características técnicas, culturais e sociais que a materializam, e a maneira pela qual transformam os modos de vida, a relação com os objetos e consigo, com nosso corpo e com os outros. Não há uma leveza, mas levezas que obedecem princípios e objetivos que não se assemelham. A civilização emergente do leve não significa a manifestação de um modelo único de leveza, ainda que sejam as mesmas grandes forças estruturantes da hipermodernidade – a tecnociência, o mercado, o individualismo – que estão na base de sua recente preeminência social. São essas levezas plurais o objeto deste livro.

1978, Cinquième promenade, p. 102. [Publicado no Brasil em 2008 sob o título *Os devaneios do caminhante solitário*, pela L&PM Editores.]

Portanto, não terá como objetivo a demonização da insignificância do mundo contemporâneo, nem de entoar um hino à glória do frívolo. Para mim, são duas atitudes bastante infundadas. A despeito dos turiferários do "profundo", existe uma positividade social da leveza,[6] inclusive aquela da frivolidade erigida como princípio organizador das economias de consumo. A industrialização em massa da leveza contribui muito para consolidar o mundo da liberdade democrática, para agenciar um universo mais pacificado, mais aberto, mais individualizado. Quaisquer que sejam seus "vícios", e não são poucos, a revolução do leve gerou um mundo de bem-estar material, de escolha e de autogoverno. A esse respeito, a civilização do leve representa uma nova etapa na aventura da modernidade democrática e humanista.

As apologias da leveza têm, contudo, algo de insuportável: elas respiram excessivamente o dandismo intelectual, sob a aparência da audácia, da facilidade da provocação e das acrobacias do exercício dissertativo. Erigida como princípio ou como ideal de vida, a leveza é tão inaceitável quanto irresponsável. Como glorificar a leveza consumista quando ela provoca o recuo do valor e da desejabilidade da alta cultura, gera a obsessão do consumível, contribui com a degradação da ecosfera? Como aperfeiçoar a liberdade e o bem-estar sem a circunspecção do trabalho, da razão, da educação? Como conceber um mundo material mais leve sem o esforço dos homens, sem a conquista da razão e da técnica? Toda educação fundada no princípio da leveza conduz ao fracasso. Quando ultrapassa um determinado limite, a leveza frívola torna-se entediante e repetitiva: leveza em excesso mata a leveza. E como não destacar os fracassos da civilização do leve em relação à felicidade? A leveza é bela e desejável, mas não poderia ser estabelecida como princípio supremo que dirige a conduta do gênero humano.

6   O que podemos imaginar de mais desejável do que a alegria, que é aquilo que há de mais leve na existência? Como seria nossa vida sem as alegrias da despreocupação, do repouso, do riso, da elegância, da graça da arte? Trazer leveza para a existência, dançar com a vida: quem não o deseja ardentemente? Sonho magnífico, mas há algo mais difícil do que ganhar a leveza de ser?

A leveza consubstancial ao cosmos consumista não deve ser demonizada, mas ela é insuficiente para guiar uma vida bela e sensata. A conquista do mundo infinitesimal é rica em potencialidades excepcionais: talvez seja ela capaz de transformar radicalmente as condições de nossa estada terrestre. Mas de que maneira? No momento, ninguém sabe aonde conduzirá essa imensa revolução portadora tanto do melhor como do pior. De todo modo, eis uma questão que, até agora secundária e subalterna, tornou-se central para nosso destino. Lançar alguma luz sobre essa civilização do leve em seu estado nascente é o objetivo deste livro.

Uma última observação: até onde sei, podem-se contar nos dedos de uma mão os livros consagrados à leveza como tal. Ela é um desses problemas que uma tradição muito longa julgou indignos de interesse por serem fúteis. Apenas a graça das criações artísticas merecia a atenção e a admiração das pessoas de Letras. Mas, agora ela se impõe, em nossas sociedades e em nossas vidas, como um assunto eminentemente sério. Foi essa constatação que me levou a retomar essa questão. E mesmo levando-se em consideração o peso absolutamente inédito tomado pela leveza em nosso mundo, não se surpreendam com o fato de que este ensaio não aparece sob a forma leve que, na maioria das vezes, este tema pressupõe assim que evocado.

Tornar a vida mais leve: bem-estar, economia e consumo

PODEMOS DEFINIR A MODERNIDADE USANDO A RACIONALIZAÇÃO, a diferenciação funcional, a individualização, a secularização ou ainda a mercantilização do mundo, que são lógicas estruturais. Mas também é possível esclarecer a questão por um caminho mais metafórico, usando-se um esquema sensível, sugestivo ou simbólico. Nessa perspectiva, nenhuma ideia esclarece mais em que ponto está a dinâmica das sociedades modernas do que a de "tornar a vida mais leve" e o que foi devidamente chamado "a guerra do leve contra o pesado".[1]

Este programa começa sua aventura filosófica nos séculos XVII e XVIII. É conduzido pela fé nas razões científica, moral e política. As esperanças mais elevadas são colocadas na ação revolucionária, mas também nos progressos tecnocientíficos que pretendiam estabelecer uma vida melhor, amenizar a opressão das necessidades, eliminar o peso esmagador da miséria e do sofrimento. Isso não permaneceu um sonho. A partir do final do século XVIII, encerra-se a época das grandes devastações da fome e da peste. Pouco a pouco, a grande fome desapareceu, a saúde melhorou e a duração média do trabalho foi reduzida. Todos esses fenômenos expressam o início da aventura moderna do alívio da existência por meio de condições materiais menos esmagadoras.

Iniciada na época do Iluminismo, a luta do leve contra o pesado ultrapassa um estágio crucial, a partir de meados do século XX, com a expansão das economias de consumo. Em toda parte, nas economias desenvolvidas, proliferam os bens destinados a facilitar a vida cotidiana (higiene e conforto das casas, eletrodomésticos, automóveis), mas também a informar e comunicar (televisores, telefones, computadores, internet), a embelezar (*prêt-à-porter*, produtos cosméticos, objetos decorativos), a divertir (televisão, aparelho de som, música, cinema, jogos, turismo). Se o universo consumista vincula-se intimamente ao movimento de tornar a vida mais leve, é porque ele não para de multiplicar

---

1   Peter Sloterdijk, *Essai d'intoxication volontaire*, Paris, Pluriel, 1999, p. 165.

as ofertas de conforto, de desenvolver as facilidades, comodidades e prazeres do bem-estar material.

A era consumista traz consigo o triunfo de uma cultura cotidiana marcada pela leveza hedonista. Por todos os lados, destacam-se as imagens luxuosas da evasão e as promessas de prazer. Nos muros da cidade exibem-se os sinais da felicidade perfeita e do erotismo liberado. As imagens do turismo e das férias apresentam um ar de felicidade paradisíaca. Publicidade, proliferação do lazer, atividades, jogos e modas: todo nosso mundo cotidiano vibra com elogios às diversões, aos prazeres do corpo e dos sentidos, à leveza de viver. Ao difundir por toda parte imagens da felicidade do consumo, de ludismo e de erotismo, a civilização consumista exibe sua ambição de liberar o princípio de prazer, arrancar o homem do seu passado imemorial marcado pela falta, pela repressão e pelo ascetismo. Com o culto do bem-estar, da diversão, da felicidade aqui e agora, o que predomina é um ideal de vida leve, hedonista, lúdica.

Ao mesmo tempo, é a própria economia que se encontra reorganizada pelo princípio de leveza, uma vez que o capitalismo de consumo funciona estruturalmente na sedução, na frivolidade, na renovação perpétua dos modelos. São lógicas que significam o advento de um sistema-moda que governa a ordem da produção e das necessidades. Nesse contexto, os objetos não se definem mais exclusivamente pelo seu estrito valor de uso, eles adquirem uma conotação lúdica ou tendência que os faz oscilar para o lado do leve: todo objeto, de alguma forma, torna-se um *gadget* pleno de inutilidade e de sedução lúdica.[2] Não é mais a gravidade das máquinas de produção, mas sim uma espécie de leveza transestética que envolve os bens de consumo. Ao mesmo tempo utilitário, estético e funcional, o objeto de consumo não apenas está cada vez mais leve fisicamente, mas se cerca de uma dimensão simbólica frívola: ele é promovido tanto por sua utilidade objetiva quanto pelo prazer, pela evasão e pela distração. O leve aparece como o emblema ou a tonalidade dominante do mundo das economias de consumo.

2 Jean Baudrillard, *La Société de consommation*, Paris, SGPP, 1970, p. 168-173.

O capitalismo de consumo, e agora de hiperconsumo, marca uma mudança na história social e cultural da leveza. Até então, esta remetia aos fenômenos que, delimitados no espaço e no tempo (festas, jogos, espetáculos), eram comandados ou pela tradição, ou pelos códigos da vida mundana (o parecer, a moda, a conversa). Mas isso mudou: na era do consumismo-total, a leveza se impõe como uma norma geral, ideal universal e permanente, princípio fundamental da vida em sociedade estimulado pela ordem mercantil. Por meio do consumismo, vivemos o tempo da legitimação e da generalização social da leveza, exaltada como valor cotidiano e modo de vida para todos.

No passado, o leve remetia às esferas estabelecidas como secundárias e periféricas da vida social. Nesse plano, a mudança é radical: produzida e exigida pelo próprio sistema econômico, difundida pelas mídias de massa, a leveza tornou-se uma atmosfera geral assim como uma dinâmica central que se aloja no coração do mundo produtivo e mercantil. Estamos no momento em que o leve não se opõe mais ao sério; tornou-se uma parte mais material, mais nevrálgica de nossa realidade ao não se separar mais do frívolo: não se trata mais apenas, como no humor, de falar com leveza sobre as coisas graves, mas de produzir um mundo da mercadoria a partir do mais leve.

A mudança também é tecnoeconômica. Até meados do século XX, as indústrias do carvão e do ferro, as indústrias hidrelétricas e químicas, as máquinas-ferramentas são os setores que desempenham um papel determinante no desenvolvimento econômico. O crescimento é puxado pelas indústrias de mineração e pelos grandes equipamentos coletivos; as produções pesadas são centrais, uma vez que os bens de consumo durável têm uma difusão social ainda muito limitada. Estes avançaram a uma grande velocidade a partir dos anos 1920 nos Estados Unidos, mas foi apenas depois da Segunda Guerra Mundial que a economia do leve se tornou preponderante com o advento do capitalismo do consumo de massa.

Nessa nova economia, o impulso do desenvolvimento se baseia na produção de serviços e de bens de consumo duráveis. A sociedade de consumo é aquela em que os serviços e os bens leves prevalecem sobre produções e equipamentos pesados. Agora, o consumo dos eletrodomésticos na França e nos Estados Unidos representa respectivamente 60 e 70% do PIB dessas nações: tornou-se a principal alavanca de crescimento dessas economias.

Este é um sistema econômico que produz em larga escala bens materiais destinados ao consumo dos lares, mas também os serviços cuja parte na economia é crescente. Economia de serviços e "sociedade de informação" estão agora intimamente ligados e constituem o que às vezes é chamado de "capitalismo imaterial", ou seja, uma economia na qual a criação de valor baseia-se principalmente nos recursos imateriais (inovação, marca, conhecimento, organização, etc.) e na qual uma grande parte do produto é, ela mesma, imaterial. Dos bens materiais aos serviços, é a ordem do "leve" que redesenha nossas economias.

Leveza dos antigos, leveza dos modernos
Ainda que o combate do leve contra o pesado seja constitutivo da Idade Moderna, isso não significa que as sociedades anteriores tenham ignorado a exigência de responder à necessidade psicológica de tornar mais leve, ao menos pontualmente, a existência dos homens. Os dados etnológicos e históricos revelam profusamente que as sociedades humanas sempre tiveram à disposição práticas, instituições e crenças que permitissem abrandar os diversos sofrimentos, colocar entre parênteses os infortúnios da vida e esquecer o peso das coisas "sérias". É preciso parar de considerar a leveza como uma experiência "indigna" ou epifenomenal: em escala antropológica, ela é, antes e principalmente, uma necessidade psicológica própria à natureza humana, uma necessidade fundamental que encoraja a busca por experiências de descanso, brincadeira e relaxamento como forma de sentir um certo estado de bem-estar. Um estado de leveza universalmente desejado, muitas vezes efêmero, procurado de maneira muito diferente de acordo com as sociedades.

Em toda a história da humanidade, jogos, festas, brincadeiras, espetáculos, comédias, gozações e bebedeiras pontuaram o curso das sociedades, com momentos de prazer, de riso, de alegria, como forma de escapar do peso do social, de se libertar das pressões do sério e dos diferentes medos que oprimem os homens. *Leveza lúdica* (jogos, zombarias, piadas, pegadinhas, gozações, brincadeiras, riso, humor); *leveza estética* (comédia, dança, música e outras artes); *leveza-embriaguez* (drogas, álcool): o gênio humano nunca deixou de inventar formas de descontração, de relaxamento, de tomar fôlego de maneira divertida ou sublime, destinadas a exorcizar o infortúnio e as dificuldades, reduzir a angústia e esquecer os sofrimentos. Como já escrevia um apologista do riso no século XV: "Nós, os homens, somos barris mal unidos que o vinho da sabedoria acabaria explodindo, caso ele permanecesse na incessante fermentação da piedade e do medo divino. É preciso ter ar para não estragar."[3] No plano antropológico, a leveza aparece como uma necessidade universal, uma exigência inerente à condição humana.

Outras atividades e práticas, do xamanismo à filosofia, agiram em conjunto para diminuir o peso das dores dos homens. Na Grécia antiga, as escolas filosóficas se propunham a libertar o homem do peso das preocupações, do medo da morte, do temor dos deuses. Elas se apresentavam como terapêuticas das angústias e da miséria humana; todas se dão como objetivo curar a alma humana mudando nossas maneiras de pensar e, mais precisamente, nossos julgamentos de valor sobre as coisas. Trata-se de aliviar o homem da miséria provocada pelas convenções sociais (os cínicos), pelos falsos desejos e falsos medos (os epicuristas), pelas falsas opiniões (os céticos), pela busca do prazer e pelo interesse egoísta (os estoicos). A filosofia se apresentava como a via para alcançar a tranquilidade da alma e, atendo-se apenas aos epicuristas, aceder ao puro prazer de existir, viver como os deuses em um ócio indolente, em uma paz interior, na serenidade, na alegria simples.[4]

Os exercícios da alma e outras disciplinas ascéticas das filosofias antigas podem se comparar às técnicas orientais, como a ioga,[5] na condi-

---

3   Citado por Mikhaïl Bakhtine, *L'Oeuvre de François Rabelais*, Paris, Gallimard, 1970, p. 83-84.
4   Pierre Hadot, *Qu'est-ce que la philosophie antique?*, Paris, Folio/Gallimard, 1995. [Publicado no Brasil em 1999 sob o título *O que é a filosofia antiga?*, pelas Edições Loyola.]
5   Jean-Pierre Vernant, *Mythe et pensée chez les Grecs*, Paris, Petite collection Maspero,

ção de disciplinas espirituais e corporais destinadas a oferecer plenitude, equilíbrio, serenidade. Tanto no Ocidente (filosofia) como no Oriente (budismo), as buscas espirituais almejam reduzir o mal-estar consubstancial à vida individual, descarregar o homem do peso da existência, provocar a estupefação de alegria que representa "a retirada do fardo".[6]

E se as religiões geraram o terror da cólera dos deuses e o dos tormentos eternos do inferno, elas também funcionaram como "medicação sacerdotal" (Nietzsche), "ópio do povo" (Marx), analgésicos, meios de evasão e de consolação (Freud). A religião traz bálsamos e remédios aos males que ela mesma criou e alimentou, dizia Nietzsche. Festas, religiões, magia: nas sociedades mais diversas, manifestam-se disposições e práticas que ambicionam amenizar os sofrimentos, aliviar constantemente os homens de sua miséria. Assim como existe o que Mauss chamava as "técnicas do corpo", também existem as técnicas para deixar a vida mais leve, presentes em todas as sociedades.

Esta é uma constante antropológica que não deve ocultar a mudança feita pelos modernos. Nas sociedades anteriores, as ferramentas de alívio de forma alguma tinham como finalidade o advento de um mundo terrestre diferente: tratava-se de trazer alívios pontuais, temporários, essencialmente espirituais ao coração de um "vale de lágrimas" cujo curso fundamental aparecia além do domínio humano, sob a dependência da vontade divina. Sendo a humanidade desprovida da capacidade de se salvar ou mesmo de avançar por seus próprios meios, o alívio não poderia ser sustentado pelo projeto global de um aperfeiçoamento contínuo terreno. Apenas Deus pode secar as lágrimas e apenas a fé pode ajudar a suportar as provas que a existência inflige. O que é louvado é a resignação, a humilde aceitação do sofrimento e da miséria, a adversidade purificando a fé e a dor que prepara para a felicidade da vida no além. Na doutrina cristã tradicional, o único objetivo que vale é purificar a alma e o coração, libertar-se do peso de nossos pe-

---

1971, tomo I, p. 114; tomo II, p. 110. [Publicado no Brasil sob o título Mito e pensamento entre os gregos, pela Paz e Terra.]
6   Michel Hulin, La Mystique sauvage, Paris, PUF, 1993, p. 238-251.

cados (pela prece, pela penitência, pela confissão, pelo amor de Deus), ganhar a salvação eterna vivendo na fé e segundo a caridade. Ao passo que o recuo do sofrimento parece um objetivo inacessível, todo nosso engajamento deve se voltar para as coisas do alto e para as virtudes cristãs, não para a facilitação da vida intramundana.

Foi no oposto dessa perspectiva que se construiu a civilização dos modernos. Estes partiram em guerra contra a ideia trágica de destino, contra as potências "opressivas" do passado, com a ambição de estabelecer, aqui embaixo, o reino da liberdade e da felicidade, ou seja, tornar a vida cada vez menos dolorosa para o maior número possível de homens. Na era moderna, o ideal de curar os males sociais e a vontade de fazer com que todos os sofrimentos inaceitáveis desapareçam tomaram o lugar ocupado pela esperança celeste ou pela redenção do universo cristão.[7] Libertar os homens dos fardos do passado, aliviá-los definitivamente da miséria e de outros pesos materiais: o cosmo moderno se constrói em torno da ideologia do progresso e de sua promessa de felicidade universal, que nada mais é senão o projeto prometeico de tornar a existência mais leve.

Com os modernos, isso se tornou uma opção global, um projeto central, um esquema diretor que, comandado por um ideal de progresso geral, inspira as ações, a política, as técnicas e a ciência. A guerra do leve contra o pesado se impõe como uma orientação de estrutura, uma norma organizadora central, um foco de sentido que, ao redefinir os laços do céu e da terra, guia o trabalho da sociedade sobre ela mesma em busca de um progresso contínuo.

Nessa perspectiva, e se adotamos uma abordagem histórica dominante, podemos distinguir três grandes fases históricas pelas quais se concretizou o combate moderno do leve contra o pesado. A primeira vai do século XVIII a meados do século XX: ela é dominada pela vontade tecnopolítica de provocar o recuo das restrições das necessidades materiais elementares. O processo para tornar mais leve a existência é posto em movimento, mas permanece socialmente limitado. A segunda

---

7   Peter Sloterdijk, op. cit., p. 171.

fase inicia-se nos anos 1950: ela é marcada pela difusão social do bem-estar material, o consumo de massa, assim como pelo combate contra as disciplinas sociais e pela emancipação dos indivíduos em relação às grandes esferas coletivas. Somos agora testemunhas de uma terceira etapa trazida pela revolução *high-tech* eletrônica e digital, que cria uma leveza móvel livre dos pesos espaço-temporais. A cada estágio, novas estratégias dão o tom da época e, cruzadas com as anteriores, perseguem a obra secular de tornar a vida mais leve.

O capitalismo de sedução: uma economia da leveza

A expansão das economias de consumo, que até então era uma promessa de alívio a se realizar durante o longo curso da História, tornou-se uma "utopia realizada", "utopia materializada"[8] da abundância. Não mais um ideal ou um programa remetendo ao amanhã, mas uma profusão de bens técnicos e mercantis para permitir uma vida humana menos sofrida aqui e agora. Depois de mais de dois séculos de profecias progressistas, a economia de mercado dedicou-se a garantir a vitória da leveza materialista sobre o fardo do necessário.

A era do consumo de massa, ao longo dos Trinta Anos Gloriosos, foi acompanhada de um formidável desenvolvimento da qualidade de vida do conjunto da população. A França, como diz Fourastié, mudou mais de 1946 a 1975 do que de 1700 a 1946,[9] enquanto a qualidade de vida nacional foi multiplicada por três e os salários mais modestos por quatro. Os sinais de melhoria das condições de vida são espectaculares: a época foi marcada pela redução da moradia insalubre, melhoria geral das condições de habitação, eletrificação e mecanização dos lares, democratização dos elementos de base do conforto doméstico moderno. Desde o fim dos anos 1970, mais de três quartos das famílias operárias possuem um automóvel, um televisor, uma geladeira e uma máquina de lavar.

---

8   Jean Baudrillard, "L'Amérique ou la pensée de l'espace". In: *Citoyenneté et urbanité*, Paris, Seuil, "Esprit", 1991, p. 156.
9   Jean Fourastié, *Les Trente Glorieuses*, Paris, Fayard/Pluriel, 1979, p. 47.

A partir de então, é no próprio detalhe da vida cotidiana que o princípio de leveza faz seu trabalho. Os objetos modernos simplificam as tarefas corriqueiras, oferecem mais tempo, trazem higiene e intimidade, "libertam" a mulher dos antigos afazeres domésticos. Os produtos que compõem o conjunto do equipamento audiovisual permitem a democratização do universo do divertimento por meio da televisão e da música gravada. A motorização dos lares beneficiou o turismo de massa, ela permitiu que um número maior de pessoas fugisse ao cotidiano, fosse conhecer o mundo, saísse de férias para o mar ou a montanha, viajasse, partisse para longe de casa no final de semana. A mitologia leve do conforto, das férias e do lazer instalou-se no coração do cotidiano e das aspirações de massa.

A generalização social da leveza consumista

Ao difundir os bens de consumo na escala das massas, o capitalismo propagou um novo ideal de vida, de novas normas que expressam a vitória ideológica do leve sobre o pesado. Com o capitalismo de consumo, o triunfo do leve se lê tanto na vida material como na cultura, nos ideais e nos valores. Essa é de fato uma economia que se constrói moldando uma cultura cotidiana de um novo tipo, uma cultura de essência "leve", por estar centrada nos referenciais hedonistas e lúdicos. Por meio dos objetos, da publicidade, do lazer, das mídias e da moda, o capitalismo de consumo exalta os prazeres em todos os cantos das ruas, convida a viver no presente, a saborear as alegrias a partir de hoje: ele legitima uma certa despreocupação com os dias. A ideologia, que se escrevia em letras maiúsculas, cedeu lugar a uma ética da satisfação imediata, a uma cultura lúdica e hedonista centrada nas alegrias do corpo, da moda, das férias, das novidades do mercado. Prevalece um ideal de vida fácil, uma *fun morality* ("moralidade divertida") que desqualifica os grandes objetivos coletivos, o sacrifício, a austeridade puritana. Os homens ganharam o direito de viver de modo leve, de maneira frívola, desfrutando sem demora o instante presente.

Se a República das Letras, a partir do século XVIII, conseguiu, contra a moral religiosa, reabilitar a vida feliz e seus prazeres, foi a ordem econômica que, dois séculos depois, a transformou em uma ética de massa personificada no cotidiano: a leveza do prazer não é mais exaltada por meio dos escritos filosóficos, mas pelas possibilidades materiais e ideológicas da economia de consumo. A leveza do prazer perdeu sua indignidade tradicional: ela não é mais uma falha moral ou uma fraqueza vergonhosa, afirma-se como um ideal de vida conforme a "verdade" do desejo humano. Uma vida sem prazer não é mais uma vida verdadeira; viver sem essa leveza consumista tornou-se sinônimo de uma vida entediante, desperdiçada.

O que o capitalismo de consumo veicula é uma cultura hedonista carregada de ludismo e de divertimento, tudo é um convite aos prazeres, uma incitação à evasão em uma espécie de sonho desperto. Desde os anos 1950 e 1960, os objetos de consumo estão envolvidos por uma aura de ludismo e de jovialidade: *jukebox*, fliperama, mobilete, transistor, disco de vinil, mobiliário pop, jeans, minissaia, todos são produtos que, associados à juventude, ao Eros, ao divertimento, revelam o processo de alívio recreativo do universo consumista. Os filmes, as séries de televisão, o lazer, os programas e as músicas de variedades criam um universo de entretenimento permanente. Em diversos lugares, da publicidade à imprensa, da história em quadrinhos aos programas de variedades, dos aparelhos tecnológicos ao *design*, afirma-se uma retórica alegre e humorística que repudia a opressão e a gravidade do sentido em proveito de um clima recreativo permanente.

É um mundo cotidiano dominado pelos signos do divertimento e pela negação do trágico organizado pelo capitalismo de sedução. Não se trata mais de elevar as almas, de inculcar valores superiores, de formar um cidadão exemplar: apenas de divertir para vender mais. Não é mais uma cultura do sentido e do dever, mas da evasão, do lazer, do direito à despreocupação. A leveza dos signos e do sentido absorveu a esfera da vida cotidiana.

Ao oferecer uma recreação permanente, difundir imagens e música ininterruptamente, tratar todos os sujeitos sob o signo do divertimento, transformar todas as coisas (cultura, informação, arte) em um espetáculo de *show business*, a cultura de consumo torna-se a do entretenimento generalizado.[10] O fenômeno é novo. Nas sociedades pré-modernas, as festas aconteciam em datas fixas; ditadas pelo costume e pela religião, elas preenchiam funções sociais e simbólicas importantes: regenerar a ordem cósmica, garantir a coesão do grupo, reforçar os sentimentos coletivos. Não é mais isso que ocorre: o leve deve estar em todas as coisas, ele se impõe como um entorno permanente apenas para o prazer individualista dos consumidores. Não estamos falando de "fascismo da diversão" (Sloterdijk), mas de uma economia e de uma cultura remodeladas pelo princípio da leveza.

Nem o universo da informação consegue escapar a essa lógica. Claro que a informação continua despejando imagens trágicas, revelando escândalos e acontecimentos uns mais dramáticos que os outros: não há nada de eufórico nesses boletins que levam ao conhecimento do público todas as desolações do mundo. Tratadas com muita rapidez, de maneira descontínua e sem vínculo entre elas, as informações heterogêneas se anulam umas às outras: em poucos segundos passa-se do drama tenebroso à distração. Por meio desse ritmo precipitado, até mesmo o trágico se cerca de leveza. É como uma espécie de animação do cotidiano, um show emocional e sensacionalista que faz funcionar o espetáculo da informação. Se o conteúdo pode ser horrível, a forma do conjunto é leve, pois está livre do princípio de fuga, do esquecimento, do espetacular.

O estágio hipermoda do capitalismo

Os vínculos do capitalismo de consumo com a leveza vão bem além do afrouxamento das ameaças materiais que pesam sobre a vida cotidiana dos homens: esse é, de fato, um tipo de economia que funciona sistematicamente segundo uma lógica frívola. Se é preciso colocar o capitalismo como um dos principais agentes do aumento da potência do princípio da frivolidade ou da superficialidade, isso ocorre na medida em que a ordem capitalista conseguiu incorporar a um bom número de esferas as lógicas do fútil, da mudança acelerada e da sedução,

---

10   Neil Postman, *Se distraire à en mourir*, Paris, Flammarion, 1986.

típicas da moda. Os objetos e a publicidade, o alimentício e o lazer, a música e os esportes, as mídias e as revistas: nenhum desses universos fica excluído das operações da moda. O universo clássico da moda era centrado no ornamento vestimentário, mas este universo não é mais o nosso. Com a nova era de modernidade, impõe-se uma economia de *hipermoda*, ou seja, o reino da moda generalizado, onipresente, tentacular, absorvendo as esferas da produção e do consumo, da distribuição e da comunicação, do lazer, da arte e da cultura. Estamos no tempo das economias industriais da leveza que funcionam estruturalmente no descartável, no sempre novo, na frivolidade da moda.[11]

A era da hipermoda designa a época em que as indústrias do consumo, do lazer e da comunicação são governadas pela aceleração dos ritmos da mudança, pela renovação perpétua dos modelos, das imagens e dos programas. Novos modelos de telefone são lançados a cada oito meses, novas linhas de tênis surgem a cada estação, um filme substitui o outro, os sucessos musicais desaparecem depois de algumas semanas. As estratégias do efêmero, do lançamento acelerado de novos produtos, a multiplicação das variantes dos produtos, características do mundo da moda, se impõem agora como princípios cardinais das economias voltadas ao consumo.

Ao mesmo tempo, a economia da hipermoda coincide com a generalização do princípio de sedução estética aplicado aos bens de consumo. Objetos *high-tech*, utensílios para a casa, materiais esportivos, embalagens: hoje em dia os produtos e os signos obedecem a uma lógica de processo de *design*, de cosmetização e de criação de moda (capricho, humor, imagem jovem, estilo "zen"). O princípio de sedução estética não é mais um fenômeno limitado à roupa, à arte e ao luxo, ele estrutura o conjunto do universo do consumo sob o signo da versatilidade da moda. Por meio das indústrias leves, constrói-se uma economia de hiperconsumo de essência frívola.

---

11   Gilles Lipovetsky, *L'Empire de l'éphémère. La mode et son destin dans les sociétés modernes*, Paris, Gallimard, 1986. [Publicado no Brasil em 2009 sob o título *O império do efêmero – A moda e seu destino nas sociedades modernas*, pela Companhia das Letras.]

Todos os dias, o cosmo consumista se alinha um pouco mais ao da moda. Mesmo os objetos outrora de aparência "séria" se envolvem agora de um perfume de frivolidade estética: os telefones, os utensílios para o banheiro, a escova de dentes, as roupas de baixo, os tênis, as armações de óculos e os relógios braceletes não são mais exibidos como produtos "técnicos", mas como acessórios de moda com grife, incessantemente renovados e apresentados nas coleções de cada estação. Lançar produtos com qualidade técnica não é mais suficiente; é preciso inovar, seduzir pelo look, produzir efeitos divertidos ou "simpáticos", criar de forma sistemática novas linhas, a exemplo das coleções de moda. Até mesmo algumas linhas de carros são concebidas em colaboração com marcas da moda, a fim de exibir um look tendência e criativo. A leveza hipermoderna está na mescla transestética da economia com a frivolidade e a sedução.

Esse princípio de sedução-moda redefine igualmente o universo dos bares, hotéis, spas e, mais comumente, os estabelecimentos comerciais. Somos testemunhas da expansão dos bares lounge, dos cafés fashion, dos cafés design com suas linhas puras, telões, efeitos de luz, decoração hype. Em reação às grandes cadeias padronizadas, multiplicam-se os "hotéis-butiques", que propõem um design original, um estilo singular articulado em torno de uma temática. Trata-se de uma sedução estética dos espaços que se acompanha de operações de repaginação cada vez mais frequentes.

Seguindo por esse mesmo caminho, a era da hipermoda é contemporânea das lojas temporárias (pop-up stores) e das lojas-conceito que exibem arquiteturas singulares e apresentações originais. Em toda parte se afirma a exigência de uma atmosfera criativa, de diversificação, de personalização destinada a favorecer a compra-prazer e o gosto pela mudança. Por meio do fun shopping, que deseja fazer do ato da compra um divertimento, o momento é o das estratégias do "reencantamento" das lojas, das animações interativas, da atração dos sentidos por intermédio de odores, cores e músicas. Os estabelecimentos de venda estão metamorfoseados em "espaços de aventuras", em vetores de compra recreativa que casam comércio, prazer, repouso, "tendência" e apelo sensorial.

Objetos, lojas, *merchandising*, sites na internet e publicidade: todo nosso entorno mercantilista cotidiano se transferiu para o reino leve, frívolo e estético da hipermoda.

A industrialização da leveza

Dizer que o capitalismo de consumo é o da leveza industrializada significa que ele não passa de um *capitalismo de sedução* ou capitalismo transestético. No tempo da industrialização da leveza, o capitalismo produz sonhos e emoções em grande escala, estetiza os objetos mais comuns, a embalagem dos produtos, os pontos de venda, as estações de trem e os aeroportos, os cafés e restaurantes, os lugares turísticos. Tudo é concebido para se tornar "tendência", para mobilizar as emoções e seduzir os consumidores. Ele coincide com a expansão ilimitada da sedução estética, com a transformação total do nosso contexto de vida ordinária em encenação. Não é mais apenas o valor de uso que é vendido, mas o do estilo, do glamour, do "antenado", dos acessórios de moda. O reino da produção pesada foi suplantado pelo da sedução estética, lúdica e frívola.

A publicidade e as indústrias criativas obedecem ao mesmo movimento de estetização e de sedução: juntas elas funcionam segundo uma lógica de leveza integrada. No campo das imagens e mensagens publicitárias, trata-se de tornar tudo rápido e simples, mas também de encantar, divertir, surpreender e provocar. A publicidade é estruturalmente uma forma leve de comunicação-sedução. As indústrias culturais se dedicam a fazer sonhar e a distrair o público do cinema, da televisão e da música por meio de uma evasão acessível a todos, não mobilizando nenhuma formação, nenhuma referência cultural particular ou erudita. Em toda parte, o capitalismo de consumo explora completamente os motores da sedução: novidade, facilidade, surpresa, beleza, estratificação, emoção, encenação, busca de efeitos. Sob este ponto de vista, o mundo consumista da leveza aparece como um imenso teatro de sedução permanente.

Segundo Simmel, a coqueteria é um jogo de sedução que ilustra a forma "mais leve, mais lúdica" da sociabilidade:[12] é precisamente essa dimensão de sedução, de ludicidade, de leveza que as economias de consumo produzem em escala industrial. Basicamente, a sedução não é mais um jogo social que acontece entre as pessoas, mas um princípio de organização da economia, uma estratégia de mercado generalizada. Nesse sentido, podemos definir o capitalismo de consumo como o sistema que funciona de maneira prevalente à sedução ou à leveza, utilizando o estímulo perpétuo da demanda e dos prazeres distrativos.

Neste momento as indústrias manufatureiras, bem como as culturais, dependem do mesmo modo de produção leve centrado no perpetuamente novo, no divertimento e na criação estética. A época hipermoderna é aquela em que as tecnologias industriais e midiáticas se apoderaram do controle da leveza: ela pode se definir pela industrialização, a midiatização e a mercantilização do leve para o consumo de massa. Ao moldar uma nova economia, novas maneiras de viver e de sentir, o capitalismo de consumo fez da leveza um universo industrializado, um entorno cotidiano, bem como um imaginário social central.

Barbárie, estética e leveza

O advento do capitalismo de sedução provocou uma avalanche de discursos críticos denunciando seus efeitos calamitosos sobre a cultura e a beleza. Esta é uma sociedade que engendra a "poluição visual" dos espaços públicos, que difunde programas dominados pela idiotice, pela vulgaridade, pelo sexo e pela violência, ou seja, "tempo de cérebro humano disponível". A vulgaridade, o empobrecimento estético, a queda no nível, o infantilismo: essa é a obra do mercado que degrada e assassina a verdadeira cultura. Ao passo que diariamente o mundo torna-se um pouco mais feio, os consumidores são transformados em ovelhas de Panurge desaculturadas. Algo de criminoso habita a cultura leve em que tudo é comercial.

---

12   Georg Simmel, "La sociabilité", in *Sociologie et épistémologie*, Paris, PUF, 1981, p. 130.

Não há mais nada importante e sublime: ao contrário das grandes obras que os homens continuam admirando para além dos séculos, a civilização do transitório cria produtos com "prazo de validade" unicamente para o divertimento efêmero. Ao fazer que o "tudo é descartável" e o insignificante triunfem, ela é como uma nova forma de "barbárie" que atrofia a sensibilidade estética em proveito de um zapear generalizado e devastador. E o que se generaliza não é nada mais do que uma miséria simbólica e imaginária crescente, um processo de proletarização dos consumidores.

É preciso desmentir essa condenação inaceitável da leveza industrializada. Pois as deploráveis produções que existem não impedem inúmeras belas realizações nos diferentes campos do *design*, da moda, do cinema, da música e da decoração: qualquer que seja a força da lógica comercial, nem por isso a criação está aniquilada. Mesmo com a proliferação da mediocridade, temos também um maior número de obras "médias" que, ainda que não concorram ao estatuto de obra-prima, são de qualidade e capazes de emocionar o público. A produção industrializada da leveza não é sistematicamente sinônimo de monotonia repetitiva e de criatividade insignificante. Esta é uma de suas vocações, mas não a única.[13]

Ao mesmo tempo, a industrialização da leveza democratizou os gostos, as expectativas e as aspirações estéticas. Agora, em massa, os indivíduos querem admirar as belezas da natureza e da arte, ouvir música, decorar seus espaços, ver espetáculos e viajar. O capitalismo de sedução é a grande força que contribuiu para a formação de um consumidor estético em busca perpétua de emoções, *design*, músicas, imagens e paisagens. Esse sistema não produziu apenas objetos e signos leves em massa, ele favoreceu uma relação mais leve com o mundo por meio da

---

13 Gilles Lipovetsky e Jean Serroy, L'*Esthétisation du monde*, Paris, Gallimard, 2013 [publicado no Brasil em 2015 sob o título A *estetização do mundo*, pela Companhia das Letras]; igualmente, e em relação com o cinema: Gilles Lipovetsky e Jean Serroy, L'*Écran global*, Paris, Points Seuil, 2011 [publicado no Brasil em 2009 sob o título A *tela global*, pela Editora Julina].

generalização da atitude estética. Pois o que é um olhar propriamente estético se não uma visão distanciada, "desinteressada", sem o peso da orientação utilitária? A civilização da leveza mais estetizou a sensibilidade do consumidor do que a degradou.

Leveza industrializada, sobrepeso da economia

O capitalismo de sedução não é o mais importante da economia reinante. Paralelamente à formidável expansão da industrialização do leve, nossa época assiste à manifestação de uma obesidade inédita: a do mercado e da força financeira globalizada. A era do "capitalismo total" é a do "turbo-capitalismo": ela coincide com o enfraquecimento da força estruturante das ideologias, das instituições e das forças sociais que, no passado, faziam contrapeso à força do mercado, e também com o desmantelamento das medidas protecionistas e administrativas, a flexibilização ou a supressão das regras que enquadram as transações financeiras. O capitalismo liberalizado provocou o inchamento do setor financeiro e das ações, os movimentos especulativos com as moedas, a expansão do crédito, resultando em uma sucessão de "bolhas" especulativas. Nesse sistema globalizado, a massa dos capitais internacionais disponíveis e dos "capitais flutuantes" investidos no curto prazo dentro de uma lógica puramente financeira aumentou consideravelmente. Essa "financeirização" está na origem de uma evolução autônoma da esfera financeira: a autonomização das finanças é ao mesmo tempo uma realidade que pesa e um mito. Quando a distância em relação à economia real torna-se demasiadamente grande, as "bolhas" especulativas resultantes do excesso de crédito explodem, criando um campo devastado. A desregulamentação globalizada e a computadorização das transações geraram uma economia financeira sem freio interno, cada vez mais qualificada de "economia virtual", móvel e instável, que constitui a versão econômica da civilização da leveza.

Por isso, temos um capitalismo financeirizado cuja obesidade é paradoxal, uma vez que funciona ao mesmo tempo na circulação instantânea, fluida e virtual dos capitais. Cada vez mais, a riqueza resulta dos fluxos imateriais e cada vez menos da exploração das matérias-primas ou dos produtos manufaturados. O sistema "desmaterializado", móvel, rápido, da economia financeira e eletrônica destronou, pelo menos parcialmente, o capitalismo material, "pesado" e lento à moda antiga. Em uma face da moeda, um capitalismo de sedução, leve e lúdico; na outra face, um capitalismo financeiro ao mesmo tempo intangível, voraz e hipertrófico.

Como se apoia cada vez mais nas operações imateriais, o hipercapitalismo constitui um dos componentes da revolução da leveza. Mas essa leveza tem um peso social e político exorbitante. Por conta disso, nada mais escapa ao mercado e ao reino do capital: na arte, no esporte, na cultura, em toda parte é uma cultura do negócio global que governa o mundo e suas atividades. A economia de mercado se tornou superpoderosa a ponto de ter engendrado um sistema que escapa a qualquer controle, seja por parte dos banqueiros, das instituições internacionais ou dos Estados. Nesse contexto, o princípio de plena soberania dos Estados recua, uma vez que estes têm cada vez menos margens de manobra. A economia se torna obesa, enquanto o Estado se torna modesto ou impotente. Tudo funciona de maneira rápida, fluida, instável, mas é a lei de ferro do mercado que dirige o futuro coletivo. À sombra da leveza industrializada e dos fluxos desmaterializados, aumenta o peso da economia e das finanças que gera a impotência do político nas democracias.

Volatilidade, mobilidade e frivolidade do consumidor

Não é de espantar o fato de que a guerra do leve contra o pesado tenha ultrapassado um limiar decisivo com o advento do capitalismo de consumo. Até então, apenas as classes ricas desfrutavam de um poder de compra discricionário capaz de criar uma relação leve ou frívola com os bens de consumo. A economia de consumo de massa abalou essa situação social, e um maior número de pessoas dispõe agora de uma renda que ultrapassa o mínimo necessário para suprir as necessidades básicas. Não são mais apenas as camadas superiores que podem comprar "por prazer" e consumir para além da cobertura de suas necessidades de base, mas também as massas. Dessa forma, a grande maioria dos consumidores acedeu a um novo registro de existência:

o da leveza consumista, o qual exige desapego em relação às necessidades básicas fisiológicas.

Assim que as necessidades "elementares" estão satisfeitas, o consumo tende a se libertar do registro funcional-utilitário em prol de uma busca crescente de divertimentos e de prazeres. O que é privilegiado é a busca de novidades e de sensações de todos os gêneros: aparelhos tecnológicos, jogos, modas, espetáculos, músicas, filmes e viagens. Estamos então em um mundo onde os consumidores se alimentam cotidianamente de músicas, filmes, séries de televisão, modas e viagens. O que está no centro da vida dos adolescentes hoje em dia senão seus *looks*, saídas, marcas de jeans, videogames, trocas de fotos no Facebook? A paixão por aparelhos tecnológicos, espetáculos, moda, jogos e turismo diz respeito a todas as categorias sociais. Com a mercantilização crescente da vida, o comportamento frívolo está sempre se expandindo. A leveza hipermoderna coincide com a generalização da dimensão *fun*, lúdica e distrativa do consumo.

Volatilidade

Para a maioria, os gostos de necessidade recuam em prol dos gostos da moda, do mais atual, dos prazeres efêmeros, da sede de renovação permanente. Em média, os consumidores renovam seu celular a cada dezoito meses, ao passo que a duração real da vida deles é bem superior. Nesse contexto, o neoconsumidor aparece como um "colecionador de experiências",[14] um consumidor menos obcecado pela ostentação social do que pelos prazeres inéditos. É dessa forma que se manifesta um consumo mais volátil que "estático", menos ostentatório que emocional, menos voltado para o ter do que para os prazeres sempre renovados. Com o capitalismo de sedução triunfa uma estética do consumo inseparável de um consumidor frágil, em perpétuo movimento, que parece mais deslizar no mundo do que estar preso a ele.

---

14 Alvin Toffler, *Le Choc du futur*, Paris, Denoël, "Médiations", 1971, p. 258. [Publicado no Brasil em 1998 sob o título *O choque do futuro*, pela Record.]

Essa dinâmica é ainda reforçada pelas novas ferramentas digitais que libertam o consumidor da obrigação de se deslocar aos pontos de venda. Com o *e-commerce*, o consumidor pode usar a rede para fazer seus pedidos a qualquer hora do dia e da noite, em sua casa diante de seu computador ou na rua, graças a seu *smartphone*. Liberto dos limites espaço-temporais do universo mercantil, o consumo ganha leveza e fluidez sem precedentes.

Além do mais, estamos no momento em que os comportamentos de consumo libertaram-se dos contextos coletivos, das normas religiosas, dos hábitos e das regras de classe que prevaleciam até então. A profusão de escolhas de mercado e a dinâmica de individualização provocaram a dissolução das imposições coletivas e, dessa forma, um novo tipo de consumidor que, livre do peso das convenções e dos conformismos de classe, se impõe como um comprador zapeador e volátil, infiel e descoordenado. Com a mobilidade dos indivíduos na cultura de classes, o consumo é marcado pela individualização das escolhas, pela latitude dos atores em relação às normas coletivas e aos *habitus*. Ao passo que se desfazem os sentimentos de pertencimento de classe, as escolhas dos compradores são cada vez menos determinadas unilateralmente pelo *habitus* de classe e se mostram largamente imprevisíveis, desunificadas, "transfronteiras". O consumo registra, por isso, a vitória hipermoderna da leveza destradicionalizada sobre o peso dos controles coletivos. A mobilidade que caracteriza o consumidor contemporâneo é filha do processo de desregulação, destradicionalização e individualização hipermoderna.

Nesse novo contexto, as estratégias antagonistas e as lutas pela apropriação dos signos distintivos que, desde sempre, estruturam o campo do consumo, passam muitas vezes para o segundo plano. Estamos no momento em que este tende a se esvaziar de sua antiga dimensão conflitante: agora é um consumo mais intimista e hedonista que domina, largamente esvaziado das lógicas de desafio inter-humano, de rivalidade estatuária, de enfrentamento simbólico. Livre do imperativo de exibir uma posição social, menos concorrencial, menos dramatúrgica, o consumo registra uma forte corrente de alívio de seu sentido social honorífico tradicional.

Finalmente, o neoconsumidor quer menos exibir um "peso" social aos olhos dos outros do que ser colocado em movimento e esquecer o peso do presente: às lutas simbólicas de classe sucedem as ambições de tornar mais leve a experiência individual. Agora, o consumo funciona amplamente como paliativo dos desejos frustrados, meio para se "levantar o moral", meio de consolação, pequena embriaguez capaz de fazer esquecer, por um breve instante, as misérias, decepções e frustrações de cada um. Sobre as mudanças incessantes dos bens de consumo, esperamos que elas nos desviem do peso dos dias ao dinamizar, mais ou menos, o cotidiano. O consumo de nossos dias se assemelha a uma viagem: ele aparece como uma *trip* leve que tem uma função de oxigenação ou de animação do presente. Permitindo combater os tempos mortos da vida, suspender o pesado das rotinas, intensificar ou "rejuvenescer" o presente vivido, o consumo hipermoderno deve ser pensado como instrumento de alívio pontual mais cotidiano da existência.

Lazer

Com a redução progressiva do tempo de trabalho e a elevação do nível de vida, os indivíduos consagram ainda mais dinheiro e tempo ao lazer, aos esportes e outras atividades de divertimento. Agora, o tempo que as pessoas com mais de 15 anos dedicam ao lazer e à sociabilidade representa 30% do tempo desperto, ou seja, muito mais do que o tempo dedicado aos trabalhos domésticos. À medida que o trabalho deixa de ser, para uma larga proporção de indivíduos, a atividade mais importante, estes colocam cada vez mais seus interesses e suas expectativas nas ocupações de lazer, férias, esporte, jogos, viagens e espetáculos. As vias recreativas ou distrativas da existência, a "concepção lúdica da vida" (Edgard Morin) e seus sonhos de evasão ganham evidência no momento em que o trabalho não é mais o tempo socialmente dominante.

As formas da vida leve se democratizaram de forma maciça: elas não se concretizam mais nas loucuras da libertinagem e nas conversas de salão, mas no consumo de lazer e de espetáculos, nos jogos, no turismo, no divertimento comercial. Aqui se buscam e às vezes se encontram uma leveza de ser, a embriaguez das sensações e das emoções novas, a felicidade das "pequenas aventuras" inconsequentes, como maneiras de se descarregar temporariamente do fardo do trabalho e dos aborrecimentos da vida. Nossos contemporâneos mostram um apetite ainda mais voraz pelos jogos, espetáculos, músicas, viagens turísticas e parques de lazer. Esta é a leveza do tempo do hiperconsumismo, que se personifica no consumo perpetuamente variável, nas férias e nas atividades de lazer, nas sensações de diversão buscadas para escapar das escleroses do trabalho e do cotidiano, relaxar, divertir-se, "enlouquecer".

Viagens

Além de hedonista, o consumidor hipermoderno é igualmente móvel. No mundo, contam-se bilhões de turistas internos e o número de turistas internacionais não para de crescer: ele passou de 25 milhões em 1950 a 278 milhões em 1980 e a 1 bilhão em 2012. Esse número poderia atingir 1,8 bilhão em 2030. Que seja para sair de férias ou por razões profissionais, cada vez mais as viagens são feitas de avião. Voar pelo céu: esse sonho imemorial tornou-se um dos atos mais simples, mais fáceis que existem, e que abrange um número considerável de pessoas. "Posso chegar ao céu em segundos", é o texto de uma publicidade humorística do comparador de preços de voo Liligo.com. Existem 14 mil aeroportos no mundo e a média é de praticamente um avião decolando a cada segundo, ou seja, 29,2 milhões de voos por ano. Graças ao transporte aéreo, o peso dos deslocamentos de longa distância foi consideravelmente reduzido, as distâncias são facilmente vencidas e predomina a curiosidade de descobrir as belezas de nosso planeta. Os indivíduos estão cada vez menos limitados ao lugar onde vivem cotidianamente; ao nomadismo virtual associa-se um nomadismo aéreo de massa.

Também assistimos ao início de um nomadismo espacial. Desde o primeiro voo desse gênero inaugurado com Denis Tito em 2001, oito bilionários já permaneceram na estação espacial internacional. Nos dias de hoje, diversas companhias propõem viagens pelo espaço para poder admirar a Terra e experimentar momentos de ausência de gravidade. A abertura de hotéis de luxo no espaço também é cogitada. O sonho de viajar pelo espaço e fugir da atração da Terra não está mais fora de alcance: no momento ele só atende uma clientela muito rica. Mas por quanto tempo ainda?

O aumento da mobilidade das pessoas vai bem além do campo aéreo. Com a extensão das cidades, a crescente distância entre os lugares de moradia e o emprego, a expansão das atividades de lazer e das "baladas", os indivíduos se deslocam com uma frequência cada vez maior. Todos esses motivos faziam com que todos os dias da semana as pessoas percorressem em média 17,4 km em 1982 e 25,2 km em 2008. Na França, em 2005, cada pessoa percorria em média 16.600 km. A progressão da mobilidade alcança todas as idades e aumenta bastante entre as crianças e as pessoas com mais de 75 anos, que se deslocam com mais frequência e para mais longe. O indivíduo hipermoderno está cada vez mais móvel.

O carro permanece o meio de transporte mais utilizado, mas seu uso se reduz à medida que as zonas de habitação tornam-se mais densas. Atualmente, nas grandes cidades, muito mais pessoas recorrem aos transportes públicos, mas também andam a pé e de bicicleta, para escapar de toda uma série de inconvenientes bem conhecidos. Mesmo assim, o uso da bicicleta na cidade continua bem limitado: a parte que esta ocupa nas cidades francesas, por exemplo, representa em média menos de 5% de todos os deslocamentos mecanizados.

Ainda sob este aspecto, a civilização da leveza está longe de atingir seu ápice e exige tanto o desenvolvimento dos transportes públicos quanto o de infraestruturas no nível das ciclovias. Esse tipo de instalação é exigido, por exemplo, por 90% dos franceses, cada vez mais sensíveis aos problemas da poluição e dos engarrafamentos. A bicicleta é uma exigência recente que, todavia, continua sendo um modo de deslocamento pouco praticado. Nesse ponto, a França está "atrasada" em relação a diversos países europeus: já nos anos 1990, a bicicleta representava 28% dos deslocamentos em Amsterdã e 26% em Copenhague.[15] Essa prática tão difundida não depende de fatores culturais ou das

---

15 Em 1991, a França contava com 8,1% de ciclistas regulares, contra 28,9% na Bélgica, 33,2% na Alemanha, 50,1% na Dinamarca e até 65,8% na Holanda.

preferências particulares dos consumidores do norte da Europa: ela é a consequência de políticas particularmente voluntaristas em favor das duas rodas, conduzidas há dezenas de anos. A Alemanha, que em 1999 apresentava uma situação comparável à da França, desenvolveu, não sem sucesso, um certo número de medidas em favor da disseminação da bicicleta, em algumas cidades-piloto. A civilização da leveza exige políticas semelhantes para favorecer a expansão de modos de deslocamento mais fluidos, de uma mobilidade "agradável", leve e sustentável.

O indivíduo hipermoderno não é apenas um consumidor móvel ou nômade: ele quer viajar com conforto, facilidade e divertimento cada vez maiores. As mudanças são tais que agora viajamos com tanto conforto quanto se estivéssemos em casa. As companhias aéreas sempre oferecem mais serviços aos usuários: música, filmes, jogos virtuais, conexão à internet. Os navios de cruzeiro são equipados com quadras de tênis, piscinas, minigolfe, pistas de *jogging*, salas de ginástica, talassoterapia, cinemas, cassinos, lojas e discotecas. A categoria da aventura deu lugar ao transporte lúdico: tudo é pensado para que a viagem não pese sobre a qualidade do bem-estar. Ir mais rápido não é o mais importante, mas sim privilegiar uma abordagem qualitativa do tempo de transporte destinada a aliviar a experiência vivida pelo viajante.

Sem dúvida, os consumidores não são todos iguais em matéria de mobilidade turística. Nestes últimos anos, a cada dois franceses, um não saiu de férias no verão por razões financeiras. Mais de um quarto das crianças entre 5 a 18 anos não saem de férias no verão. Alguns vão ao outro lado do mundo, outros não ultrapassam os limites de seu município. Por isso a oposição às vezes prematura entre os infranômades desfavorecidos e os hipernômades globalizados. Essa oposição tem, inegavelmente, uma parte de verdade, mas ela mascara o fenômeno maior que é a democratização de massa da mobilidade, o avanço da hipermobilidade que está na base dos instrumentos digitais, das ofertas de viagem a baixo custo, das novas facilidades de deslocamento. Na civilização da leveza, todos sonham com mobilidade, fazem projetos de férias, querem se banhar em todos os oceanos, visitar lugares famosos, descobrir os grandes museus do mundo. Hoje, a tendência é ir para lugares mais próximos, por menos tempo e por menos dinheiro: porém, viaja-se com mais frequência. Os jovens viajam cada vez mais, assim como os aposentados. Pelo menos no campo das comunicações eletrônicas e na mentalidade, somos todos hipernômades. Isso é tão verdadeiro que se tornou até mesmo constrangedor e humilhante ser sedentário e não viajar. A revolução da leveza torna cada vez mais insuportável ficar preso a um lugar fixo.

Riso

O indivíduo contemporâneo não consome apenas muitos objetos, imagens, viagens, mas também riso e humor. Os *talk-shows* e os programas divertidos são aprovados por milhões de telespectadores. Os espetáculos com imitadores, com humoristas homens e mulheres lotam as salas. Na lista das pessoas preferidas pelos franceses, os humoristas e os atores cômicos estão nos primeiros lugares: em 2012, Florence Foresti foi eleita a mulher preferida dos franceses. Nestes últimos anos, os filmes franceses que obtiveram mais público são filmes cômicos: Bienvenue chez les Ch'tis (A Riviera não é aqui) e Intouchables (Os intocáveis) receberam respectivamente 20 e 15 milhões de espectadores. O que levou Paul Yonnet a falar de uma época "particularmente extraordinária de risos" e de um "planeta do riso".[16]

Claro, as sociedades humanas sempre tiveram formas de divertimento sob o signo do engraçado, do recreativo, do não sério. Mas, diferentemente do passado, o riso que avança é um riso de consumo, não o riso "comunicativo" que se manifesta nas interações humanas, na proximidade interpessoal: ao que tudo indica, esse tipo está em declínio. Ao retornar do Brasil, em 1578, Jean de Lévy relatou, para sua grande surpresa, que os índios riam sem parar, "Eles riem o tempo todo", e isso a propósito dos mínimos acontecimentos.[17] Ainda estamos longe disso.

---

16   Paul Yonnet, *Travail, loisir*, Paris, Gallimard, 1999, p. 200.
17   Georges Minois, *Histoire du rire et de la dérision*, Paris, Fayard, 2000, p. 266. [Publicado no Brasil em 2003 sob o título História do riso e do escárnio, pela Editora Unesp.]

Os franceses riem, em média, entre quatro e seis vezes por dia, com uma frequência que diminui com a idade: um jovem com menos de 25 anos ri cerca de sete vezes por dia, ao passo que um senhor mais velho ri apenas quatro vezes por dia; 21% das pessoas com mais de 65 anos reconhecem que riem menos de uma vez por dia. Se acreditarmos em certas pesquisas, a gargalhada franca está regredindo: de vinte minutos por dia em 1939, passamos a seis minutos no começo dos anos 1980 e a apenas alguns segundos para mais de um terço dos adultos hoje em dia. Rimos tão pouco que nossa época vê se desenvolver a "risologia", as terapias pelo riso, os clubes de riso, os estágios de ioga do riso a fim de ajudar a viver melhor, com mais leveza. O riso tornou-se uma terapia, um assunto que mobiliza a ciência, uma coisa séria destinada a nos libertar das inibições, diminuir a angústia, expulsar o estresse, estimular os processos de formação de equipe. É como se a civilização da leveza quisesse confirmar a palavra de Raymond Devos: "o riso é uma coisa séria com a qual não se deve brincar"! Seja como for, a cultura *fun* não é a mesma da leveza do riso.

Rimos diante da televisão, mas o espaço público é pouco alegre, pouco vibrante de hilaridade. No escritório, na rua, nos transportes, nos restaurantes, as gargalhadas são raras. Nas festas, onde ouvimos alguém morrer de rir? Onde ainda vemos a exibição de palhaçadas e de outras piadas? Quanto mais nossas sociedades exibem o signo do humor, menos elas vibram de rir. Em vez da explosão do riso, temos uma leveza de fachada. Mesmo os estudantes parecem preferir as comunicações por mensagens de texto às grandes algazarras de antigamente. Quanto mais risos provocados pelos espetáculos midiáticos, menos hilaridade nos vínculos inter-humanos. Hoje, é a indústria cultural que se encarrega do riso dos indivíduos. A leveza hipermoderna é menos espontânea que consumida.

O consumo como fardo

Ainda que a sociedade consumista se afirme sob o signo da leveza, ela está longe de conseguir moldar uma vida de fato despreocupada. O paradoxo é notável: quanto mais a ordem do consumo é fluida, livre das tradições e das imposições de classe, mais um novo peso se faz sentir sobre nossas vidas.

Os anos 1950 representaram a época encantada e triunfal da atividade de consumo eufórica: ela não existe mais. Enquanto o mercado invade a quase totalidade dos aspectos da existência humana, multiplicam-se as desconfianças, os protestos, as dúvidas dos consumidores. Esperar pacientemente nos engarrafamentos, estacionar na cidade, fazer suas compras no supermercado: tudo isso tende a ser vivido como momentos de fardo. Percebe-se uma espécie de fadiga do consumidor que vê nisso uma nova obrigação cansativa. Inúmeras são as recriminações que denunciam a monotonia dos novos espaços urbanos, as paisagens desfiguradas pelas hordas de turistas, as agressões publicitárias, a televisão "débil". À medida que a mentalidade capitalista coloniza as experiências vividas, multiplicam-se as insatisfações e as decepções, criando obstáculos à leveza de ser. Ao que se acrescentam novas formas de culpabilidade entre os consumidores que se acusam de ser incapazes de resistir aos seus impulsos de compra, de comer demais e muito mal, de perder seu tempo diante de programas "imbecis" da televisão, de comprar produtos "inúteis" ou caros demais: aqui, o pesado prevalece sobre a feliz leveza. O consumo moderno, por muito tempo assimilado a uma ordem lúdica e despreocupada, mudou de tonalidade.

Tudo o que, no mundo costumeiro, era evidente, tende a se tornar problemático: dispondo de informações veiculadas pelas mídias, o neoconsumidor se mostra mais vigilante, mais crítico, ele avalia continuamente os produtos e os riscos, mobilizando diversos conhecimentos para efetuar suas compras. Usar o celular para telefonar, utilizar um forno micro-ondas, não é perigoso? Existe a preocupação com os alimentos transgênicos, produtos que poluem e pesticidas são evitados. Comprar implica agora uma atualização dos conhecimentos, das informações, das comparações e escolhas "esclarecidas": estamos no momento da reflexão consumista que, ao transformar o consumo em problema, faz dele um objeto de preocupação e de dúvida.

O trabalho do neoconsumidor continua com o *do it yourself*: cabe ao consumidor montar ele mesmo os móveis comprados em kit. Essa dinâmica sofreu uma extraordinária expansão com as novas tecnologias da informação e da comunicação. Desde então, é o próprio consumidor que instala seus programas no computador e, se a conexão com a internet não funciona, mais uma vez é ele que deve realizar, com certa dificuldade ou medo, as tarefas de reparação, informando-se junto aos serviços de assistência. Nos supermercados, ele pesa suas frutas e legumes e etiqueta os preços; para suas férias, faz pela internet suas próprias pesquisas sobre hotéis, horários de transporte e preços, e efetua as reservas. Em toda parte, o hiperconsumidor contribui para a produção dos serviços realizando ele mesmo todo um conjunto de tarefas. Cada vez mais, o hiperconsumidor é aquele que deve trabalhar para poder consumir: ele tende a se tornar *prosumer*, um coprodutor daquilo que consome.[18] Dizem que a sociedade consumista desenvolve o infantilismo do consumidor:[19] não se deve ignorar que, sobretudo, ela exige dele uma espécie de "profissionalismo", um trabalho às vezes cansativo. A hipermodernidade se revela menos pelo aumento de um consumo leve e despreocupado do que por seu recuo.

Contar, informar-se, economizar

O universo consumista apresenta-se como uma espécie de festa luxuriante que, negando a raridade, vibra com os hinos aos prazeres dos sentidos e aos divertimentos intensos. A publicidade, as revistas, as vitrines resplandecentes, o lazer, tudo convida ao desejo, a viver imediatamente, ao "não pense": desfrute, você pagará mais tarde; esqueça tudo e parta para o Club Med. É sob o signo da abundância feliz e da leveza despreocupada que se manifesta o hiperconsumo.

Somos obrigados a constatar que essa imagem encontra-se em contradição com uma variedade de aspectos da experiência dos con-

---

18 Sobre este ponto, ver as análises de Marie-Anne Dujarier no *Le Travail du consommateur*, Paris, La Découverte, 2008.
19 Ver Benjamin R. Barber, *Comment le capitalisme nous infantilise*, Paris, Fayard, 2007. [Publicado no Brasil em 2009 sob o título *Consumido – Como o mercado corrompe crianças, infantiliza adultos e engole cidadãos*, pela Record.]

sumidores contemporâneos em relação às dificuldades materiais do momento. Por conta de uma crise econômica persistente, novas formas de miséria surgiram nas sociedades desenvolvidas, as classes menos favorecidas veem seu poder de compra fragilizado ou reduzido e proporções importantes da população vivem agora no limite da pobreza. Enquanto as necessidades aumentam em grande velocidade, a renda não segue o mesmo ritmo e as despesas obrigatórias ou irredutíveis (reembolso de empréstimo, aluguel,[20] energia, etc.) aumentam: nos lares mais modestos, entre 2001 e 2006, elas passaram de 50 a 70%. Automaticamente, a alta dessas despesas faz com que haja uma redução naquelas não obrigatórias, hedonistas, estéticas ou supérfluas. Nesse contexto, o consumo para grandes porções da população não se assemelha mais à imagem edênica promovida pela publicidade e pelo espetáculo da abundância.

Por isso vemos lares obrigados a reduzir drasticamente seu orçamento de aquecimento e reduzir suas despesas com saúde e alimentação. Um número crescente de consumidores corre sem parar para encontrar produtos mais baratos ou em promoção, esperam as liquidações, buscam os não vendidos, utilizam cupons de desconto, trocam, vendem e compram produtos de segunda mão nos sites da internet ou até mesmo revendem presentes recebidos.[21] Os menos beneficiados recuperam objetos na calçada ou nas latas de lixo das lojas. Acompanhando esse movimento, as revistas multiplicam os guias de "truques", os planos descolados para gastar menos. Ao passo que as taxas obrigatórias tornam-se cada vez mais pesadas, ganha espaço o "consumidor esperto", que investe tempo e energia em busca do bom negócio, compara as ofertas, calcula permanentemente a fim de não extrapolar seu orçamento. Não é mais uma atividade de consumo despreocupada e impulsiva, mas um "consumo ativo" que procura otimizar seus gastos aproveitando os "bons esquemas" e os "bons negócios".

---

20   A moradia representa hoje 20% do orçamento dos lares, contra 10% em 1960.
21   Dominique Desjeux, "Du consommateur malin au consommateur contraint", *Le Monde*, 23 de outubro de 2012.

Entre os mais carentes, domina o medo de não poder se aquecer, de faltar o essencial, de não conseguir pagar seu aluguel, de "sobrar mês" e faltar salário. Aumenta a necessidade de economizar permanentemente, encontrar a boa informação, informar-se e calcular. Em vez das compras lúdicas e por impulso, é um consumo econômico e calculado que avança, um consumo que, abandonando o supérfluo, mobiliza os conhecimentos e as competências em matéria de produtos, lugares de venda, canais de informação. Ao contrário da leveza fútil e original, o consumo se manifesta, dessa forma, segundo uma lógica de trabalho que exige toda uma série de atividades "profissionais".

O recuo da frivolidade observa-se particularmente no consumo ecológico e responsável, mas também no "consumo colaborativo" baseado na cooperativa e no escambo, na troca e na doação, no aluguel, no empréstimo e na revenda entre particulares. Todas são práticas novas que não ignoram o prazer e o lazer, mas privilegiam sobretudo o melhor preço, a otimização dos gastos em razão dos novos problemas orçamentários. A revolução da leveza não é externa a esse novo modelo de consumo que se baseia no uso da internet, de suas plataformas de venda ou de aluguel entre particulares, dos sites de carona compartilhada, das cooperativas para aluguel de carro e até máquina de lavar compartilhada com vizinhos. Essas novas práticas, que agora envolvem quase a metade dos franceses têm objetivos diversos: gastar menos, ter mais dinheiro no final do mês, mas também fazer um gesto pelo planeta, lutar contra o desperdício, ajudar-se mutuamente, recriar um vínculo social. Todas são motivações e ambições bastante distantes da frivolidade consumista. Ao utilizar os recursos da rede e ao privilegiar o uso em vez da posse, esse novo modo de consumo participa inegavelmente da revolução da leveza: mas isso não impede que seja acompanhado por uma queda no espírito de leveza. Menos compras despreocupadas, mais práticas "inteligentes" econômicas: esta é uma das manifestações do novo espírito da civilização da leveza.

No final das contas, a profusão hipermoderna dos bens apenas cria de forma muito desigual e imperfeita um espírito de leveza. Como Marshall Sahlins mostrou de forma admirável, a despreocupação do consumidor não está nas economias desenvolvidas, mas nas primeiras economias de caça e de coleta.[22] Na Era Paleolítica, os caçadores, que se regalavam sem considerar e sem constituir estoques de alimentos, dão mostra de certa indiferença, de uma desenvoltura em relação ao amanhã, contando que este sempre lhes trará novos banquetes. A civilização moderna se deu como objetivo o alívio das restrições materiais, mas o resultado ainda está bem distante da ambição. De fato, em matéria de despreocupação, não são nossos contemporâneos, mas os selvagens das economias primitivas que conseguiram dar a primeira e única grande lição coletiva de leveza em relação aos bens de subsistência.

As novas buscas de leveza

Ao mesmo tempo em que se multiplicam os consumidores calculistas, nossa época é contemporânea da expansão de novos desejos de leveza. Outro tempo, outra expectativa: a revolução não mobiliza mais ninguém, a política está sem utopia e o consumo desenfreado é portador de inúmeras decepções. Sonha-se agora com tornar nossas vidas mais leves sem, no entanto, desviar-se realmente da sociedade de consumo. O indivíduo hipermoderno não exibe mais a ambição de mudar o mundo, de fabricar a sociedade sem classes e o homem novo: ele quer "respirar", viver melhor, mais "leve". Por isso, o avanço de novas espiritualidades, a busca de novas maneiras de consumir e de viver que rejeitam as pressões materialistas do "sempre mais".

As *religiosidades* à la carte

Desde o final dos anos 1970, as sociedades ocidentais são testemunhas da reafirmação de novos movimentos religiosos, de novas expectativas e interrogações de tipo espiritual. O budismo, o misticismo, as literaturas religiosas e as sabedorias antigas encontram um surpreendente eco. Para todo um conjunto de indivíduos, as vias materialistas da felicidade conduzem apenas a um impasse. Uma "mudança de paradigma" é necessária, procuram uma libertação que passa pelo autoaperfeiçoamento

---

22   Marshall Sahlins, *Âge de pierre, âge d'abondance*, Paris, Gallimard, 1976, p. 37-81.

interior, pelas atividades espirituais e psicoespirituais. A boa vida não pode provir das "coisas" exteriores: ela exige uma "sabedoria", a harmonia do corpo e do espírito, a expansão da consciência, uma abordagem global da existência que leva em conta a dimensão espiritual. Mudar o mundo chega aos seus limites: o que importa, para todas essas correntes, é reinvestir na dimensão do espírito, mudar a consciência despertando-a para potenciais inexplorados.

Afirma-se muitas vezes que essa retomada do interesse pelo espiritual encontra sua origem em uma "necessidade de sentido" aniquilado pela secularização moderna. Mas o que se deve entender por "busca de sentido"? De fato, a ioga, a meditação zen, as disciplinas budistas e outros métodos autotransformadores almejam, por meio de diversas práticas corporais, aperfeiçoar a sensação de bem-estar e a qualidade das experiências, trazer uma certa serenidade, uma leveza na relação com a existência. O que buscam os adeptos do misticismo esotérico a não ser a felicidade neste mundo, um bem-estar sinônimo de plenitude, de harmonia e de união consigo mesmo? O "sentido da vida" não mais se separa da ideia de uma vida, que é certamente enriquecida pela relação com o outro, mas também é feita de bem-estar pessoal. Com a civilização da leveza, o sentido da vida se subjetiviza, funcionando como vetor de uma existência pessoal melhor e mais plena. É a realização de si que se encontra no princípio tanto das experiências dos crentes propriamente ditos, quanto das novas "religiões sem Deus".[23] Da religião, não se espera mais a salvação no além, mas uma vida subjetiva e intersubjetiva melhor aqui embaixo. Não uma religião que prepara para a vida eterna, mas uma que favoreça a harmonia e a paz interior, o conhecimento do potencial completo do indivíduo, a alegria de existir. Temos o direito de pensar que a consideração da qual se beneficiam as correntes espirituais é mais uma busca de alívio da existência do que uma expressão de uma necessidade de sentido absoluto.

---

23 Cf. o número especial de *Esprit*, "Le temps des religions sans Dieu", junho de 1997.

Isso é tão verdadeiro que, entre os místicos esotéricos, as crenças são marcadas pelo vago, pela incerteza, pela ambiguidade: elas se expressam no modo do "talvez", do "por que não". Ao mesmo tempo, a categoria de verdade é secundária em relação à do bem-estar e da experiência pessoal. O importante não é a verdade em si, mas aquilo que nos ajuda a viver melhor, a resolver de forma pragmática os problemas existenciais.[24]

Acrescente-se a isso o fato de que essas buscas de espiritualidade são carregadas de mobilidade, volatilidade e hesitação. Entramos na era pós-tradicional ou desinstitucionalizada da religião, marcada pela recusa das verdades ditadas pelas grandes autoridades religiosas, bem como por um trabalho individualizado e pela sentimentalização da fé, as conversões comandadas pelas escolhas pessoais e pelas crenças sem pertencimento nem participação. O momento pertence às religiões à *la carte*, ao zapear, à circunspecção religiosa, à subjetivização do crer e do agir. Por isso vemos cada vez mais hibridações das tradições espirituais do Oriente e do Ocidente, do budismo e do cristianismo. Vemos os novos adeptos adotarem incessantemente novas espiritualidades, mudarem de escola e de gurus, passarem de uma "oferta espiritual" a outra a exemplo do neoconsumidor volátil. O *Homo religiosus* penetrou no mundo do *Homo mobilis*, livre do fardo das imposições institucionais.

As sabedorias antigas tinham como objetivo livrar o homem de seus apetites inúteis. Esse tipo de revolução no modo de vida exigia exercícios espirituais contínuos, uma autodisciplina de ferro, treinamento rigoroso e modos de vida ascéticos. Estamos longe disso. Queremos a leveza imediatamente, sem sacrifício, sem ascese nem exercícios espirituais invasores. Algumas leituras, algumas sessões de relaxamento, um final de semana espiritual: o momento pertence à sabedoria de eficácia imediata, uma sabedoria *light* em harmonia com o hiperconsumidor frágil de hoje. As técnicas ascéticas de renúncia ao mundo deram lugar

---

[24] Martine Champion, "Croire en l'incroyable: les nouvelles religiosités mystiques-ésotériques", em Leïla Babès (coord.), *Les Nouvelles manières de croire*, Paris, Éditions de l'Atelier, 1996, p. 83-84.

aos métodos que supostamente oferecem tanto prosperidade material quanto calma interior, sucesso e serenidade, energia e tranquilidade. Em resumo, uma felicidade interior que não exige mais ascese nem renúncia obrigatória aos fatores externos (bem-estar material, desempenho profissional, sexo, divertimento). O indivíduo aspira à leveza sem mudar realmente de estilo de existência. Tornar a experiência mais leve, mas sem esforço espiritual permanente, sem disciplina de vida ascética, sem perder as vantagens do mundo moderno: hoje, a ioga e a meditação fazem sucesso entre os operadores da City como técnicas mentais focadas no momento presente, para combater o estresse e o esgotamento no trabalho, aumentar a concentração e favorecer uma produtividade máxima. É a maneira pela qual o retorno do religioso e das sabedorias antigas expressa menos uma "mudança de paradigma" do que o prolongamento do espírito de eficácia e do consumismo utilizando outros meios. Se as novas religiosidades prometem um estado de leveza interior mal conduzido pela sociedade do desempenho, nem por isso elas deixam de adotar seu *ethos* mais profundo.

Frugalidade feliz

Novas atitudes em relação ao consumo também expressam a aspiração a uma vida menos pesada. Contra a corrida desenfreada ao consumo, agora são exaltados a "sobriedade feliz" (Pierre Rabhi), a autolimitação das necessidades, o retorno ao essencial. Enquanto o culto do "ter mais" bateu em retirada, afirma-se a fé no recuo da estabilidade da ordem mercantil como caminho para o "bem viver": menos bens, menos desperdício, menos velocidade. Busca-se uma nova salvação no desinchaço da obesidade consumista: "menos e melhor", menos rápido, menos coisas, o momento é de desintoxicação, do alívio material, da "arte da simplicidade".

São, portanto, inúmeras obras que defendem a causa da diminuição e da "frugalidade feliz", apresentadas como alternativas permanentes para escapar às catástrofes ecológicas e aos impasses do desenvolvimento infinito. A espiral do superconsumo deve dar lugar à "simplicidade voluntária", a qual consiste em se livrar do supérfluo, viver com menos "coisas", se libertar ao máximo das obrigações materiais, privilegiar a qualidade mais do que a quantidade, ser mais do que ter, priorizando o compartilhamento e a ajuda mútua mais do que a ideia de "cada um por si".

O objetivo é apenas se "arejar" ao despojar a vida material. Andar a pé mais do que utilizar um carro, pegar menos avião para suas férias, limitar o guarda-roupa, fazer durar os objetos e não trocá-los a toda hora, alugar mais do que comprar, fazer refeições leves, privilegiar o alimento produzido localmente: trata-se de se libertar da "dependência tóxica" em relação ao consumo que, ao se apoderar do nosso tempo e dos nossos desejos, arruína a qualidade de vida e a relação com os outros. "Menos bens, mais laços": graças à "sobriedade alegre", podemos ganhar tempo, trabalhar menos, dedicar mais atenção aos nossos vizinhos. Com o espírito mais leve, podemos "respirar" e viver melhor. O instrumento do alívio da existência não é mais o progresso tecnomercantil, mas a redução do peso do consumo capitalista que pressiona a existência.

Essa crítica ao hiperconsumo atinge alguma coisa inegavelmente justa. Em nossas cidades, compramos sempre mais bens e nos beneficiamos sempre de mais lazer, mas nem por isso somos mais felizes. A escalada consumista não pode ser considerada como um autêntico ideal de vida. Como as sabedorias antigas enxergavam, a vida boa exclui o excesso, a desmesura, a escalada do inútil: ela se encontra na simplicidade, na sobriedade, no alívio do espírito. A via justa e boa é aquela que valoriza o "menos", o melhor, a qualidade de vida.

Mas o que se afirma como modo de vida "razoável" tem alguma chance de se impor na escala da maioria? A frivolidade hiperconsumista está fadada a ser suplantada pela "frugalidade feliz"?

Será que podemos imaginá-la como ética dominante do futuro? Sejamos francos: é muito pouco provável. E a razão para isso é que a febre consumista se vincula profundamente, não às operações de manipulação de *marketing*, mas ao estado social democrático, moderno e destradicionalizado, no qual se manifestam a sede neofílica e o "mal do infinito". Os mais célebres pensadores do século XIX destacaram o estreito vínculo da modernidade com o transitório, com o fugidio

(Baudelaire) e com a mudança perpétua. Tocqueville observou "a necessidade contínua do novo" nos homens democráticos: eles precisam do "inesperado e do novo, das emoções vivas e rápidas [...] que os arranquem no mesmo segundo deles mesmos".[25] Durkheim fala de uma "paixão pelo infinito": livres dos freios da tradição, os apetites se atiçam, os indivíduos não se contentam mais com seu destino e "sonham com o impossível", eles têm "sede de coisas novas, de alegrias ignoradas, de sensações não nomeadas".[26] A paixão moderna pelas novidades é filha do enfraquecimento da autoridade das regras sociais, ela se enraíza no estado social democrático.

Como crer por um instante que essa paixão pelo novo, consubstancial à cultura moderna democrática, possa desaparecer amanhã? As novidades do mercado, sejam materiais, distrativas ou culturais, oferecem prazeres fugidios, aliviam o instante vivido, fazem com que as amarguras da vida ordinária sejam esquecidas, preenchem o vazio, compensam os sentimentos de incompletude. Nessas condições, as transformações que surgem (ecomobilidade, ecoconsumo, consumo colaborativo) certamente não trarão o advento de uma cultura frugal pós-consumista generalizada. Nada deterá o tropismo neofílico e isso porque ele se enraíza na destradicionalização própria às sociedades modernas e é continuamente relançado por uma cultura hedonista, bem como por uma ordem econômica fundada na inovação perpétua. Esses fenômenos de fundo, inseparáveis das sociedades de mobilidade, impedem que se imagine o desaparecimento da paixão pelo Novo.

É verdade, contudo, que observamos uma crescente demanda por um "consumo diferente", mais sustentável, mais responsável: evitar o desperdício, alugar em vez de comprar, consertar em vez de jogar fora, prolongar a vida dos aparelhos. Já existem os *cafés-conserto*, que visam

---

[25] Alexis de Tocqueville, *De la démocratie en Amérique*, t. 1, vol. II, Paris, Gallimard, 1961, p. 66 e 64. [Publicado no Brasil em 2014 sob o título *A democracia na América*, pela Martins Fontes.]

[26] Émile Durkheim, *Le Suicide*, Paris, PUF, 1979, p. 285, 287 e 304. [Publicado no Brasil em 2014 sob o título *O suicídio*, pela Edipro.]

lutar contra a obsolescência programada dos aparelhos. Na rede, sites e vídeos ajudam quem deseja reparar sozinho seus equipamentos. Existem leis que impõem estender a garantia dos produtos, por exemplo, de seis meses para dois anos. Empresas se dedicam a prevenir o desperdício energético, aperfeiçoando a qualidade e a robustez dos objetos. Alguns anunciam a passagem de uma economia de substituição e de fornecimento dos produtos a uma economia de reparação e de funcionalidade.[27]

Essas evoluções são todas desejáveis, mas têm poucas chances de provocar o declínio da atração pelo Novo em geral e o advento de uma cultura pós-consumista. Conservar por mais tempo os objetos materiais, sim, mas quem pode crer que as paixões ligadas à moda, as quais há mais de oito séculos são exaltadas no Ocidente, vão subitamente desaparecer? Como imaginar que os indivíduos hipermodernos, alimentados no hedonismo, possam deixar de procurar músicas e filmes recentes, ir ao concerto, descobrir novos restaurantes, querer sentir os prazeres dos jogos, dos festivais, do turismo? E alugar não é deixar de consumir, e muito menos renunciar ao Novo. O roteiro que se anuncia é que teremos muito mais preocupações com o consumo sustentável, mas ao mesmo tempo mais consumo de serviços, de lazer, de moda e de produtos culturais.

Paixão pelo turismo, espetáculos, instrumentos de comunicação, cuidados com o corpo, filmes, músicas, jogos e esportes novos: o apetite pelos prazeres oferecidos por tudo o que muda não está a ponto de desaparecer. Há muita ingenuidade em crer que a "sobriedade feliz" seja um modelo capaz de transformar o neoconsumidor ávido por ofertas e prazeres novos. Para a grande maioria, a valorização atual da economia do compartilhamento e da troca é muito mais algo feito de bom grado do que um ideal. Nessas condições, a generalização social da "frugalidade escolhida", do fim do "movimentismo" e da paixão compradora

---

27   Philippe Moati adianta o modelo de uma "economia dos efeitos úteis" que permite economizar os recursos materiais ao intensificar o uso dos bens, cf. "Refonder le modèle de consommation pour une nouvelle croissance", in *Une croissance intelligente* (coordenação de Philippe Lemoine), Paris, Descartes & Cie, 2012, p. 217-257.

é quase um mito. Por muito tempo ainda, e quaisquer que sejam seus desvios, a busca pelo alívio da existência passará pelo consumismo, por seus prazeres e, paradoxalmente, por seu peso crescente.

Reduzir a velocidade

Diante das imposições da urgência e do desempenho, diversas correntes convidam a lutar contra a aceleração frenética da época, a arranjar tempo para viver, a saborear os momentos vividos. Dando continuação ao movimento Slow Food surgido em 1986, surgem novas ideias na busca por qualidade de vida, pela desaceleração dos ritmos cotidianos: *slow money, slow management, slow city, slow sex, slow tourism*, a época pertence ao elogio da lentidão, à atitude "Slow Life" que privilegia o melhor antes do mais, o ser em vez do ter, a qualidade mais do que a quantidade.

"Dar tempo ao tempo", não pela redução em si, mas para saborear melhor o que fazemos, o espaço em que vivemos e as relações com os outros. Durante os Trinta Gloriosos, o alívio da vida se identificava com a racionalização tecnicista do cotidiano, com a eletrificação e a mecanização dos lares, com a posse de todo um conjunto de objetos capazes de oferecer mais tempo, de ir mais rápido e mais longe com menos esforço. A mudança em relação a esse ciclo é notável. Temos agora a sensação de que o entorno técnico, longe de nos acalmar, impõe um tempo cada vez mais delirante, uma pressão insuportável sobre nossas existências. Desde então, tornar a vida mais leve não é realizar mais rápido as operações do cotidiano mas, ao contrário, desacelerar, "tirar o pé", respirar ao ritmo da lentidão reencontrada: fazer as coisas com calma, liberar as agendas, deslocar-se a pé, andar de bicicleta, conhecer melhor seus amigos, "reduzir a velocidade para sobreviver".

Os projetos de redução da velocidade e de alívio da vida ganharam agora o espaço urbano. Contra as cidades tentaculares e o horror dos engarrafamentos, inúmeras aglomerações limitam a circulação dos carros, dão a prioridade aos transportes públicos e aos comércios de proximidade, multiplicam as zonas de pedestres e os espaços verdes, comprometem-se a diminuir os resíduos e a limitar os grandes centros comerciais. A hora pertence à utopia da vida mais leve em uma cidade lenta e verde.

Qual será o destino dessas correntes? Será o esboço de um planeta *slow*? Não vamos nos esquecer de que o conceito "Slow City" aplica-se apenas às cidades que têm menos de 60 mil habitantes, enquanto o planeta vê o número de megalópoles se multiplicar. Em 2005, havia no mundo 23 metrópoles com mais de 10 milhões de habitantes: sendo previstos 36 até 2015. Na escala planetária, a cidade hipertrófica assume uma forma mais concreta no horizonte do que a cidade "mais leve". Sonhamos com a *slow city*, mas é a "cidade em movimento" que avança, aquela onde observamos um trânsito cada vez mais diversificado, durante o ano inteiro, dia e noite, para o trabalho e para o lazer.

Multiplicam-se livros e arquivos que elogiam a lentidão e defendem uma relação aprazível com o tempo. Contudo, os consumidores mostram-se cada vez mais impacientes, não suportam mais as filas de espera, querem navegar sempre mais rápido na *web* em conexão 4G. Viva a caminhada, as trilhas, a bicicleta, o *slow travel*, mas o turismo internacional continua aumentando. Viver de maneira mais lenta e simples, "ter menos e melhor": esse elogio contemporâneo do leve é excelente. Mas a verdade é que, na França, por exemplo, as pessoas compram seis vezes mais instrumentos elétricos e eletrônicos do que nos anos 1990. O ideal da *slow life* tem todas as chances de encontrar inúmeros adeptos intermitentes, com "contrato por tempo determinado", mas nenhuma chance de se instituir como modelo geral de vida.

O indivíduo hipermoderno é policrônico, ele dribla os ritmos temporais, ziguezagueando entre aceleração e redução, intensificação e relaxamento. A qualidade de vida não se baseia mais em um único vetor, ora ela exige, segundo os momentos e segundo as arbitragens individuais, mais velocidade (transporte, comunicação eletrônica, etc.), ora menos precipitação e pressa. Atualmente, a experiência de uma existência mais leve passa tanto pela via da rapidez quanto pela da redução. Este é o tempo do alívio dessincronizado, "despedaçado", à *la carte*.

Expressar-se, criar

A busca de novas relações com o consumo não é o único modo de expressão das demandas contemporâneas de tornar a existência mais leve. São incontáveis as pessoas que filmam, fotografam e difundem seus vídeos na rede. As oficinas de escrita, os sites de *haikai* e outros *tankas* vão de vento em popa. Desde os anos 1970, a prática de instrumentos musicais e de teatro dobrou; a da dança triplicou. Estamos na época em que se generaliza o gosto de criar e se expressar, em que a distância entre profissional e amador tende a se reduzir.[28] Não é justo assimilar a sociedade do hiperconsumo a uma sociedade de pura passividade, uma vez que esse universo é contemporâneo de uma democratização da paixão por criar imagens, pela expressão escrita, pela música, pelo canto, pela dança e pelo teatro. Um desejo artístico conquista grupos amplos da população.

É preciso vincular esse fenômeno ao advento da nova cultura do indivíduo que celebra os desejos de autonomia, de realização e de expressão pessoal. A consagração dos referenciais hedonistas e psicológicos favoreceu a exigência da realização pessoal por meio de atividades mais ricas, criativas e singulares. Uma necessidade que é ainda mais forte na medida em que os grandes engajamentos políticos perderam sua capacidade de dar sentido à existência. Evidentemente, tanto o consumo como o trabalho mostram-se incapazes de estar à altura das ambições "superiores" do indivíduo hipermoderno. Como o consumo é passivo, como o trabalho é muitas vezes sinônimo de monotonia, de ausência de iniciativa, de sufocamento da singularidade individual, os indivíduos buscam nas atividades criativas um meio de serem eles mesmos, de realizar alguma coisa que os apaixone, que os valorize aos seus próprios olhos e aos dos outros.

Por isso, o alívio contemporâneo da existência pode tomar caminhos muito diferentes, às vezes opostos. Um oferece, com o consumo, um sentimento de leveza episódico e compensador. O outro, que prioriza a criação artística, provoca uma respiração de um gênero bem diferente, pois se associa ao enriquecimento da vida, à felicidade estética, à alegre transformação das formas evocada por Nietzsche, ainda que em um nível diferente. A prática da música, da dança e da fotografia: todas são maneiras de escapar à existência pesada e rotineira, de manifestar

---

28 Ver Patrice Flichy, *Le Sacre de l'amateur*, Paris, Le Seuil, 2010.

um Eu único sob o signo da criatividade, de ter a sensação de uma vida pessoal mais rica. Na criação estética, busca-se um tipo de leveza, não para além do bem e do mal, mas para além da repetição entediante da vida profissional e da insignificância do cotidiano consumista.

A insuportável leveza do consumo?

São inúmeras as demandas por uma existência mais leve em vigor no cosmo consumista. Mas como interpretar esse fenômeno? Isso significa que os dispositivos constitutivos do capitalismo de consumo exercem um peso insuportável sobre nossas vidas? É interessante, a esse respeito, voltar ao esquema de pensamento que organiza o famoso romance de Milan Kundera, A insustentável leveza do ser. Segundo Kundera, ao passo que "a contradição pesado-leve é a mais misteriosa e a mais ambígua de todas as contradições", tudo o que é apreciado e vivido como leveza se transforma, a partir de certo momento, em seu contrário: o libertino inconstante se metamorfoseia em amante fiel, o culto ao instante torna-se o fardo da vacuidade. Semelhante inversão encontra-se na escala dos mundos comercial e político: o *"kitsch"*, com suas "imagens embelezadoras", seu divertimento frívolo e superficial, desenha um universo padronizado, repetitivo e monótono – uma leveza falsa, sem densidade de ser, sinônimo de esquecimento do mundo real, da história e da verdade profunda de si. A leveza acaba em *nonsense*, em uma rotina entediante, em um peso esmagador. Esse é o peso insustentável e dramático da leveza.

"O que escolher? O peso ou a leveza?"[29] Nesse ponto de questionamento filosófico, evidentemente não faltam argumentos para apoiar a visão de Kundera. Mas se preferirmos uma altitude mais baixa e se levarmos em consideração, mais perto da experiência vivida, o peso que acompanha algumas representações da leveza, as coisas não podem ser tão definitivas. O consumismo convida a corrigir a ideia de drama da leveza.

---

29   Milan Kundera, *L'Insoutenable Légèreté de l'être*, Paris, Folio/Gallimard, 1989, p. 15. [Publicado no Brasil em 2008 sob o título *A insustentável leveza do ser*, pela Companhia de Bolso.]

Que existe um peso da leveza consumista é inegável. Mas que peso? Que intensidade? Aqui está a verdadeira questão, pois há na leveza, assim como no peso, uma questão de grau. Todas as coisas pesadas e todas as coisas leves não o são da mesma forma. Colocar a questão da leveza e do peso sem levar em conta seu grau é um atalho intelectual que mascara a complexidade do problema. Não há uma leveza, e sim levezas que se acompanham de diferentes experiências vividas: não tratemos o leve e o pesado como coisas substanciais, sempre idênticas a elas mesmas. São, para falar como Bergson, estados de consciência que se manifestam de formas diferentes e admitem inúmeras nuanças.

Claro que podemos destacar oposições redibitórias e reviravoltas paradoxais: mas, de todo modo, não se deve perder de vista o mundo vivido em sua complexidade. Estamos falando da vida consumista: e o que estamos vendo? Há uma inversão da leveza exibida como peso esmagador? A verdade é algo diferente. Com exceção dos estados extremos, a experiência da frivolidade consumista não mergulha senão excepcionalmente no horror do pesado: a leveza não se torna sistematicamente pesada. De fato, o que se observa na escala da maioria é menos o sentimento de um fardo do que o desejo do "sempre novo", menos o pesado do que desejos sempre mais numerosos, sempre mais diversos e renascentes. Sem dúvida, a vida consumista carrega o peso de diversas frustrações e insatisfações. Mas todas, evidentemente, estão longe de serem "inviveis". Na maioria das vezes, os indivíduos se adaptam à sua situação material, encontram satisfações ali onde estão, com o que têm. E quando o tédio se aproxima, a reação é a busca de outro tipo de consumo: a televisão ficou chata, viva o *tablet*! O consumo pode se tornar pesado, mas com frequência de maneira provisória e circunstanciada: as promessas de sua leveza são mais significativas do que seu peso. O peso exercido pela sociedade de hiperconsumo é real, mas não entra na categoria do "insustentável", ele não pode ser assimilado a um fardo insuportável que vai em direção ao "trágico".[30]

---

30 Jean-Marie Domenach, *Le Retour du tragique*, Paris, Le Seuil, 1967, p. 233-253.

Não contestaremos, em um momento em que nada mais tem peso nem sentido na vida, que possa haver um "peso da leveza". A ausência de qualquer profundidade de sentido pode inegavelmente ter um peso opressivo sobre a existência; exceto que as sociedades de consumo e de hiperconsumo de forma alguma coincidem com a infinita leveza de um mundo sem dimensão de sentido e de valores. As sociedades hiperindividualistas continuam se reconhecendo de forma bastante ampla nos princípios do humanismo moral. Os grandes imperativos da moral (honestidade, ajuda mútua, desinteresse, direitos do homem, solidariedade, respeito pelas crianças, condenação da violência e da crueldade), bem como o sentido da indignação moral, não estão de forma alguma pulverizados, como testemunham a extensão das doações para socorro e caridade, a expansão do voluntariado, as diversas ONG, as organizações antirracismo. Essa é uma paisagem social que não se assemelha a um deserto de valores morais. Ainda que os conflitos de moral e os enfrentamentos entre sistemas de valores se multipliquem, o dissenso hipermoderno tem limites: ele não é de forma alguma equivalente a um estado qualquer de decadência niilista ou de ausência de gravidade moral.

Na verdade, o mais pesado não é a futilidade consumista, mas a pobreza real, a preocupação com a falta e os cálculos permanentes, a eliminação de qualquer frivolidade, a ausência de horizonte e de futuro. Acrescentemos ainda, que o mais pesado se encontra menos na leveza do *kitsch* mercantil do que nos conflitos intersubjetivos, nas insatisfações do mundo do trabalho e nas feridas subjetivas. A ideia segundo a qual o drama de nossos contemporâneos não é o do peso, mas o da leveza, seduz por seu aspecto paradoxal, mas nem por isso é menos enganadora. De fato, as alegrias frívolas do consumo são mais importantes do que o peso delas. É em outra parte, nos campos da vida afetiva, profissional e subjetiva, nos campos carregados de sentido existencial profundo, que o fardo se mostra mais aterrador.

Não há reviravolta espetacular: o leve permanece sob muitos aspectos leve e pesado, e quanto ao peso, este se torna cada vez mais pesado. Não se trata de levantar um panegírico em honra de uma leveza aureolada de plena positividade. Se a crítica do consumismo invasor é necessária, ela o é não por causa de seu suposto peso, mas porque ela não basta para realizar uma vida "rica". Uma vida humana digna desse nome não poderia se reduzir a essa dimensão, enquanto faltam os outros horizontes da existência. A leveza consumista não é indigna: ela é humanamente pobre quando se torna uma regra de vida preponderante e onipresente.

A reflexão sobre a leveza deve procurar evitar que essa questão seja reduzida à experiência metafísica última, quando os seres são como plumas que giram porque nada mais tem peso nem sentido. A verdade é que a leveza é, antes de tudo, como vimos, uma necessidade psicológica fundamental e universal, que corresponde à necessidade de relaxar e se divertir, diminuir as tensões da vida. Sob esse ângulo, e qualquer que seja sua "pobreza" ou sua insuficiência ética, a experiência da leveza é desejável e positiva, de modo que ela não se transforma sistematicamente em fardo: uma viagem, um concerto, uma leitura,[31] uma refeição entre amigos, um espetáculo que distrai, tudo isso permanece leve "para sempre". Mesmo que sejam breves, os momentos de leveza pura existem de fato. A leveza não é em si portadora de uma experiência trágica: o que é trágico não é a leveza do ser, mas a ausência de leveza.

---

31 Maurice Blanchot evoca o "sim leve e transparente" da leitura, L'*Espace littéraire*, Paris, Gallimard, "Idées", 1955, p. 261. [Publicado no Brasil em 2011 sob o título O *espaço literário*, pela Rocco.]

Um novo corpo

ASSIM COMO ASSISTIMOS A UMA REVOLUÇÃO DOS OBJETOS, TAMbém somos testemunhas de uma extraordinária transformação do corpo. Esta é contemporânea ao aumento da duração média da vida, do fim dos corpos castigados pelo trabalho, pela fome e pelo sofrimento, do corpo livre da maternidade vivida como um destino, do corpo liberado do naufrágio da velhice, exceto no extremo fim da vida. Por meio dessa revolução do corpo, afirma-se uma nova condição humana, que é uma das expressões mais significativas do projeto moderno de tornar a vida mais leve.

Essa transformação do corpo também se ilustra no olhar que lhe dirigimos, em particular nas expectativas estéticas em matéria de magreza e de juventude. Inúmeros são os fenômenos que traduzem a potência dessa nova estética: cozinha leve, produtos "mais leves", ginástica, fobia do sobrepeso e dietas para emagrecer, todos são partes consideráveis da cultura do corpo que se alinham agora no ideal de esbeltez.

Essa revolução da leveza se manifesta ainda nas buscas cada vez mais constantes por esportes de deslizamento, mas também nas demandas de bem-estar, de relaxamento, de harmonia entre o corpo e o espírito. É por meio desse "trabalho" sobre o corpo sensível que se busca a leveza contemporânea.

Em toda parte, o objetivo é expulsar a gordura, tornar os corpos fluidos, aliviá-los do peso da corporeidade. A era hipermoderna vê o triunfo de uma cultura transestética da leveza, portadora de prazeres aéreos e de sonhos, mas também de pesadelos. Enquanto se afirma a vitória simbólica do leve sobre o pesado, aumentam a obsessão pela saúde e a tirania da "magreza", fontes de um novo peso. Esta é a ironia da leveza dos tempos hipermodernos.

Um corpo sem sofrimento

Não subestimemos a nossa leveza, que se tornou possível pelos progressos da medicina e da higiene, da vacinação e dos produtos farmacêuticos. No século XVIII, a expectativa de vida ao nascimento era de 25 anos. A cada três recém-nascidos, um morria antes de atingir o primeiro ano; a cada duas crianças, uma não chegava à idade adulta e 10% das mulheres em idade fértil morriam em consequência do parto. Outrora frequente, raramente aliviado, o sofrimento físico atingia a todos, desde o alto da pirâmide social até a parte mais baixa. O ideal era suportar com resignação o sofrimento, dotado na religião cristã de um valor redentor.

Esse mundo ficou para trás. A segunda metade do século XX viu o espetacular recuo das doenças outrora mortais, assim como o desenvolvimento dos remédios analgésicos ou antálgicos que amenizam a dor a ponto de torná-la ausente de uma grande parte da vida. As mulheres estão livres de uma gravidez atrás da outra e do sofrimento do parto, antes tido como inevitável. Uma ínfima dor é tratada com escândalo e, na maioria das vezes, é rapidamente dissipada. Como escreve Michel Serres, assistimos ao advento de um corpo diferente: este é o tempo da felicidade do corpo aliviado do tormento físico cotidiano, liberto da servidão milenar do sofrimento e da morte precoce. Tornou-se possível atravessar a vida sem nunca sofrer.[1] Nesse aspecto, o leve não deixa de ganhar pontos, afinal de qual leveza se pode desfrutar sob o peso da dor e da enfermidade?

Os progressos dos cuidados médicos, o aperfeiçoamento das técnicas agrícolas e da alimentação, a expansão da higiene e das políticas de vacinação tornaram possível, a partir de 1800, o aumento da duração média da vida e uma redução considerável da mortalidade infantil. Eles permitiram que as classes mais desfavorecidas fossem mais bem cuidadas, alimentadas e vestidas. Em 150 anos, a expectativa de vida dobrou. De 1900 ao final do século, ela aumentou em quase trinta anos. Ao passo que, três décadas depois, a esperança de vida aumenta em quase um trimestre por ano, a velhice não tem mais o mesmo sentido. Esta, salvo no final da vida, é cada vez menos sinônimo de degradação física: vivemos cada vez mais velhos sem ter uma vida de idoso, sem sentir o peso e as grandes limitações da idade.

---

1   Michel Serres, *Hominescence*, Paris, Le Pommier, 2001, p. 19-50. [Publicado no Brasil em 2003 sob o título *Hominescências – O começo de uma outra humanidade?*, pela Bertrand Brasil.]

O dinamismo e a mobilidade estavam associados à vitalidade da juventude: agora, os aposentados voam para os quatro cantos do mundo, divorciam-se para "recomeçar a vida" e praticam esportes na idade em que seus avós já estavam mortos. Diana Nyad, aos 64 anos, atravessou a nado, em pouco menos de 53 horas, os 170 km do mar que separa Cuba da Flórida. No Japão, muitos sexagenários criam empresas. Vemos surfistas e grupos de rap "velhos". Um septuagenário conseguiu escalar o Everest, outro correu a maratona de Toronto em menos de três horas. São indivíduos que envelhecem permanecendo ativos, ágeis e móveis.

A existência mais leve da terceira idade acompanha o aumento da duração média da vida: um processo que está apenas começando, pois são imensas as promessas dos estudos do DNA, da medicina regenerativa, das nano e biotecnologias. A vitória histórica do leve significa o advento de um corpo livre da limitação e do sofrimento, com mobilidade e disposição até as idades avançadas da vida.[2]

Isso leva a uma observação que também é importante. Enquanto aumentam as inquietudes com relação aos recentes progressos tecnocientíficos, é preciso destacar insistentemente tudo o que estes trazem aos homens em matéria de leveza de ser. As escolas de sabedoria e de espiritualidade, como terapêuticas das paixões, afirmam que a cura da alma e a liberdade resultam de um trabalho de si sobre si, de exercícios espirituais e de uma transformação interna. Mas como desfrutar da leveza quando estamos abatidos sob o peso do sofrimento físico? A coragem do sábio estoico diante da adversidade e do sofrimento é uma coisa, o sentimento de leveza é outra. É possível sofrer e não se queixar, permanecer digno, "aceitar o que está acontecendo", mas não se pode sofrer atrozmente e sentir a leveza de ser. Há um limite aos poderes do espírito para escapar aos males que nos afligem: o sofrimento físico demonstra isso de forma trágica. O sofrimento do corpo e a leveza da existência são antinômicos. São as proezas da ciência e da técnica que, ao nos libertar do sofrimento do corpo, aparecem, sob este aspecto, como as melhores ferramentas que tornam possível uma certa expe-

---

2 Ver Hervé Juvin, *L'Avènement du corps*, Paris, Gallimard, 2005.

riência da leveza. Uma leveza que, é verdade, é pouco sentida, rapidamente esquecida assim que o sofrimento desaparece. Na maioria das vezes, temos um corpo aliviado da dor; no entanto, não desfrutamos do prazer de nos sentirmos leves.

Saúde e medicalização

Além do mais, essa leveza tem um preço. Nas sociedades hipermodernas, a saúde torna-se uma preocupação onipresente, uma obsessão, um tema presente cotidianamente, tanto nas conversas corriqueiras como nas mídias. Ao passo que um número crescente de esferas, outrora externas à ação dos profissionais de saúde, passou a sofrer influência da medicina; as maneiras de viver e o consumo cotidiano se medicalizaram a passos largos. Em semelhante contexto de medicalização da sociedade, perdemos a conta dos fenômenos decretados portadores de riscos: organismos geneticamente modificados, ondas do celular, micro-ondas e ondas eólicas, tabaco, sol, açúcares, gorduras, ácaros, o que hoje em dia não é percebido como ameaçador? É dessa forma que a ciência e a medicina fazem com que a despreocupação tranquila dos indivíduos seja revista a todo momento.

Por causa de sua saúde, os indivíduos corrigem e reorientam os comportamentos cotidianos e seu modo de vida. A medicina não se contenta mais em cuidar, trata-se agora de prevenir os males, informar sobre os riscos potenciais, estimular os exames de saúde e a prevenção das doenças. Com o novo lugar reservado à medicina preventiva, tudo é feito para estimular os indivíduos saudáveis a mudar os comportamentos portadores de riscos, a fazer exercícios de manutenção, a se vigiar regularmente[3] e a se conscientizar. Na era da medicalização, a relação despreocupada e leve com o presente vivido deve dar lugar às atitudes de prevenção, de vigilância e de correção dos fatores de risco.

---

3   Agora existe até mesmo um garfo (o "Hapifork") que, equipado com um cartão eletrônico, começa a vibrar assim que comemos muito rápido: o objetivo é corrigir um mau hábito para a saúde e fornecer em tempo real, no *smartphone* do usuário, informações relativas a seu comportamento alimentar.

Quanto mais nos beneficiamos de um longo estado de saúde, mas se impõem os testes e exames médicos e mais aumentam os sentimentos de insegurança e as atitudes de vigilância. Trata-se mais de intervir antes da doença do que de desfrutar a vida da forma como ela caminha. Com a medicalização da vida, generaliza-se menos o *carpe diem* do que sua regressão.

Estamos apenas no começo desse processo que provavelmente ainda vai se intensificar com a disseminação dos *smartphones* e os progressos da *cloud computing*. Alguns *smartphones* já são capazes de mostrar na tela os eletrocardiogramas dos pacientes. As pessoas que sofrem de uma doença cardíaca poderão gravar sua frequência cardíaca, armazená-la na nuvem e enviá-la por *e-mail* ao médico. Os *smartphones* podem exibir a taxa de glicose sanguínea, calcular a taxa de gordura, o nível de "estresse fisiológico" e lembrar a hora de tomar os medicamentos. Com os dispositivos ultraportáteis da medicina, os pacientes poderão controlar muito mais sua saúde, gerenciar sua doença no dia a dia, vigiar-se em tempo real, medir sua glicemia e seus próprios dados fisiológicos. Avançamos para uma "prevenção personalizada" e móvel que acentuará ainda mais a medicalização da existência,[4] o advento de um *homo medicus* que se cuidará mais e melhor para intervir antes do aparecimento das situações críticas. Vivemos mais tempo e com melhor saúde, mas esse imenso benefício se paga com uma ansiedade maior, com uma patologização crescente de si.

A dinâmica da tecnociência e do mercado nos livrou dos grandes sofrimentos e limitações, a abundância se espalha, e isso é inegavelmente uma vitória do leve sobre o pesado. No entanto, cada um de nós tem o sentimento de que sua própria vida é sempre pesada, difícil e insatisfatória. As expressões da dor de viver, as depressões, ansiedades, vícios, suicídios e o consumo de medicamentos psicotrópicos estão em uma curva ascendente. Mesmo quando resplandece a euforia do bem-estar material, o mal-estar subjetivo continua invencivelmente seu caminho, deixando sempre para amanhã a leveza de ser.

---

4   Marc Gozlan, "Un médecin à portée de main", *Le Monde*, 5 de janeiro de 2013.

Repouso e harmonia

O corpo hipermoderno também se revela pelas novas práticas[5] e estilos de vida. Mesmo que a medicina e a cirurgia mostrem todos os dias seu poder de diminuir o sofrimento, elas não bastam para responder às novas exigências de leveza dos indivíduos. Testemunha disso é a expansão dos métodos e das atividades que se ligam ao que chamamos "bem-estar". Como prometem a fuga do estresse, alívio das tensões e restauração da calma, do equilíbrio interior, da harmonia do corpo e do espírito, as técnicas de bem-estar se impõem como o novo caminho para a leveza de ser. De agora em diante, a obsessão pela leveza objetiva (a magreza) se associa à busca por uma leveza sensitiva, subjetiva, sinônimo de um bem-estar ao mesmo tempo físico e psíquico. Essa busca pela leveza é tudo menos imaterial, ela recorre aos recursos do corpo sensível mobilizado para o equilíbrio interior.

Desde os anos 1980, as práticas de bem-estar conhecem um sucesso crescente. A oferta é imensa: da ioga ao *tai-chi-chuan*, do *qi gong* ao *reiki*, da eutonia à ginástica holística, são incontáveis os métodos destinados a reencontrar um sentimento de paz interior, favorecer a harmonia mental e física. O relaxamento e a sensação de apaziguamento também são encontrados por meio de múltiplas técnicas de massagens, do *shiatsu* à reflexologia podal, da massagem californiana à massagem tailandesa. Massagens que não são terapêuticas, mas de "bem-estar", que contribuem para relaxar, obter uma redução do estresse e alívio das tensões.

A busca pela leveza se vê ainda na paixão dedicada aos *spas*, saunas, banhos turcos, ofurô, banheiras de hidromassagem e em outras modalidades, como aromaterapia e musicoterapia, vinhoterapia e cromoterapia. O mundo conta com 20 mil *spas*, frequentados por quase 150 milhões de

---

5   Práticas estéticas, práticas esportivas, mas também práticas médicas que testemunham o sucesso das medicinas menos invasivas, naturais ou alternativas (homeopatia, acupuntura, fitoterapia, terapias manuais, etc.). Na civilização da leveza, estas seduzem um número crescente de pacientes em busca de medicamentos menos "agressivos", menos pesados para o organismo.

pessoas. São todos lugares e técnicas que têm como intuito trazer calma, relaxamento e sensação de alívio. Mesmo o *"fitness"* tende a se transformar em *wellness*. Até uns vinte anos atrás as pessoas frequentavam as academias para recuperar a boa forma; agora estão mais voltadas para a saúde, a manutenção e a descontração do que para a musculação em si. A "forma" torna-se cada vez mais sinônimo de harmonia e bem-estar.

Claro que podemos desvincular essa aspiração à leveza-bem-estar dos novos modos de vida e da organização do trabalho marcados pela velocidade, a falta de tempo, o crescente estresse profissional e as mais variadas pressões da vida cotidiana. O culto ao bem-estar é, dessa forma, muitas vezes apresentado como uma reação ou uma compensação diante da expansão da sociedade de desempenho: quando a sobrecarga e a corrida do tempo se generalizam, a necessidade de relaxar torna-se inevitável.

Contudo, se as imposições da eficácia desempenham um papel não negligenciável, estas não podem por si só explicar o fenômeno. As práticas de bem-estar não se desenvolvem "mecanicamente" a partir dos danos subjetivos provocados pelo ativismo produtivista: elas expressam a nova importância tomada por esses valores hedonistas, pelas aspirações ao bem-estar e o gosto pelo cuidado pessoal. Nossas sociedades não se apoiam apenas no princípio de desempenho, mas também na valorização do corpo e de seus prazeres: o culto do bem-estar é apenas uma das manifestações dessa cultura hedonista. É como fonte de bem-estar que todas essas práticas são buscadas e não apenas como espécies de antidepressivos destinados a "levantar o moral". A consagração do bem-estar depende tanto da extensão da sobrecarga quanto da nova legitimidade de que se beneficiam a atenção às próprias necessidades, os prazeres sensitivos, o desejo de se "sentir bem em seu corpo e sua mente". Massagens, sauna, banhos californianos, todas essas técnicas são certamente apreciadas como meios para se revigorar, mas também pelos prazeres polissensoriais que acompanham o sentimento de estar leve e em forma. Por isso, o bem-estar traduz a ascensão do *homo aestheticus* no sentido etimológico da palavra (sensação, percepção), a consagração da estetização dos gostos, do consumo e dos modos de vida típicos do individualismo contemporâneo. Na era hipermoderna, afirma-se um individualismo neonarcísico obcecado tanto pela imagem padrão do corpo leve quanto pelo desejo de encontrar prazeres oferecidos pela sensação de leveza física e interior.

No princípio do culto narcísico do bem-estar, encontra-se uma busca por qualidade das experiências vividas. Não é nem a paixão pela emancipação individual nem a "busca por sentido" que carregam os desejos de leveza, mas a exigência da qualidade de vida, da qualidade dos momentos da vida no presente. Por isso, o avanço das paixões pela leveza é inseparável da grande oscilação da ordem do tempo característica da hipermodernidade que instituiu a primazia do presente social e individual. É no momento em que o presente se impõe como o eixo temporal dominante que aumentam os desejos de leveza-bem-estar: eles são a criança de nosso sistema referencial presentista, mais predominantes que nossa cultura de desempenho.

Deslizar, ou a revanche de Ícaro

Por muito tempo, a dança apareceu como a prática que por excelência ilustra a luta vitoriosa do corpo contra a gravidade. Estamos no momento em que outras atividades dão ao desejo de leveza uma nova chance de concretização. Trata-se de todos os esportes de "planação", aéreos e lúdicos que, desde os anos 1980 se dedicam, não sem sucesso, a desafiar a gravidade.

Ao contrário dos esportes clássicos centrados no confronto, na competição e no desempenho representado por números, os esportes ditos de deslizamento caracterizam-se pela busca das sensações vivas, da vertigem, das emoções, longe dos quadros regulamentares e das restrições uniformizantes. Uma nova cultura esportiva surgiu e seu objetivo não é mais a vitória sobre o outro, mas o divertido, o "irado", a beleza das figuras gestuais. Não é mais tanto o primado da força, mas a estética do movimento, a estilização das práticas, a "qualidade artística dos gestos": o importante não é mais apenas a eficácia das gestualidades, mas suas qualidades formais ou estéticas, a perfeição da prática, a sensação íntima de beleza.

Os atores do deslizamento têm como denominador comum o desejo de "sair do chão", decolar das superfícies, brincar com a lei da gravidade: a esse respeito, fala-se justamente de práticas e buscas icarianas.[6] Subir na crista de uma onda (surfista), decolar do elemento líquido (windsurfista), ganhar altitude (asadeltista), planar no céu (parapentista), realizar desenhos no ar (*half-pipe*), todas são atividades marcadas pelo voo, que têm como objetivo conseguir que o alto vença o baixo, e não se "distinguir" em relação aos outros. Na busca de sensações e de vertigens ascensionais, o deslizador é muito mais seu próprio espectador do que um espetáculo voltado para os outros.[7] E o skatista que desliza sobre a calçada esgueirando-se entre os pedestres, encadeia suas curvas aéreas como se planasse acima do asfalto. Até mesmo os jogadores de basquete que "enterram" são chamados *skywalkers* (voadores): *come fly with me*, propõe Michael Jordan, apelidado de "Air Jordan" por seus admiradores.[8] Decolar do asfalto, da falésia, do mar, da neve: os neodeslizadores dão uma consistência ao sonho icariano de se libertar da gravidade. Todos são esportes que têm relação com uma estética ou mais exatamente com uma transestética da leveza na medida em que misturam eficácia e beleza, esporte e elegância gestual, risco e harmonia com os elementos, proeza e estética, moda e *feeling*, brincadeira e desafio às forças naturais, sociabilidade e sensações eufóricas.

Práticas aéreas, "mágicas", dizem alguns, mas que não devem ser assimiladas às "formas de espiritualidade".[9] Alice Chalanset sustenta que "a aspiração à leveza seria o pressentimento de um mundo no qual retornariam com força os valores espirituais, não necessariamente religiosos, mas também filosóficos. O culto do *light* expressaria de forma desajeitada [...] a reivindicação dos direitos do espírito, dos direitos da

---

6   Claude Sobry, "Le retour d'Icare", *Esprit*, abril de 1987.
7   Antoine Maurice, *Le Surfeur et le militant*, Paris, Autrement, 1987, p. 70-76.
8   Alain Loret, *Génération glisse*, Paris, Autrement, 1995, p. 220.
9   Segundo Antoine Maurice, "por sua atitude de solidão e despojamento, os neoesportivos lançam pontes para outras regiões mais elevadas de sua sensibilidade assim como de sua comunhão com a natureza", *op. cit.*, p. 85.

alma ao sentido, à forma ideal, ao sonho de um outro lugar".[10] Podemos duvidar disso. Aqui, não há "cultura da alma", mas uma cultura lúdica das sensações, do *fun*, do "irado" e nada mais. Os adeptos do deslizamento buscam sensações vertiginosas, sentir seu corpo, vibrar, inebriar-se, não elevar ou "aumentar" sua consciência: é uma atividade hedonista, íntima e sensorial, esvaziada de qualquer finalidade social, política ou ética, que se afirma no céu, sobre as ondas ou sobre a terra. A leveza planadora é desejada apenas pelo que é em si, como embriaguez dionisíaca que oferece a alegria sinestésica de se libertar da gravidade, de escapar aos limites pesados de nossa condição: o desfrute de uma "quarta dimensão".[11] Longe das ambições espirituais, a atividade do neodeslizador é uma manifestação do individualismo transestético.

Com sua ironia devastadora, Philippe Muray atacou mais de uma vez o "cretinismo de patins", os neopatinadores da cidade, apresentados como sintomáticos de uma pós-história desmaterializada e disneylandizada. Por sua atividade planadora, o patinador apenas ilustra o processo de liquidação dos conflitos, das contradições e enfrentamentos do mundo real-histórico. Ao cosmo trágico da História sucede um universo sem gravidade, uma espécie de parque de atrações juvenófilo onde deslizam patinadores celestes "assexuados e zefirizados".[12] Não há mais nada de real, apenas "planadores satisfeitos" e "angelicais", deslizadores "mortos-vivos", em um mundo que não é mais um mundo, mas uma cultura de fluxos "imateriais e alucinatórios".

A fragilidade da análise não deve ser ocultada pelo talento iconoclasta de Philippe Muray. Não é verdade que esportes de deslizamento e navegar na internet testemunham o advento de um mesmo mundo fluido, liso e desmaterializado ("patins *inline*"). Os neoesportes não são imateriais e celestes: a analogia entre o surfista e o internauta encontra rapidamente seus limites. Primeiro, os esportes radicais se pagam com o preço da vida, já que os riscos são imensos. Além disso, o espetáculo

---

10 Alice Chalanset, *Légèreté. Corps et âme, un rêve d'apesanteur*, Autrement, 1996, p. 94.
11 Alain Loret, op. cit., p. 14.
12 Philippe Muray, *Après l'Histoire 1*, Paris, Les Belles Lettres, 1999, p. 28-29.

é fluido, o que não quer dizer que não existam obstáculos "materiais", resistências, aprendizagens difíceis e indefinidamente recomeçadas. O corpo encontra-se às voltas com o real, com esforços, vitórias e fracassos: se o combate com as forças da natureza não aparece, nem por isso está ausente. A leveza é aqui semelhante à obtida na obra-prima artística em que tudo parece realizado sem trabalho duro. O trabalho autotransformador e a negação daquilo que se é não são de forma alguma aniquilados no imediato festivo – eles persistem na e por meio da leveza transestética.[13]

Não há por que desprezar a leveza hipermoderna que se materializa nos corpos aéreos entregues aos ritmos sensíveis, livres e estéticos. Se há uma leveza "má" comandada pelas imposições abusivas do mercado e da moda, existe também uma leveza "boa" livre e embriagante, onde se misturam o apolíneo e o dionisíaco. A embriaguez ou o êxtase dionisíaco do voo só se realiza plenamente pela atividade apolínea de domínio exercido sobre os elementos. Devemos pensar a leveza transestética do corpo como aquilo que sinaliza de alguma forma ao que Nietzsche chamava o "grande estilo". A esse respeito, o prazer da leveza transestética significa menos infantilismo festivo que autodomínio, vontade vitoriosa, perfeição ideal das gestualidades. É em uma síntese de "êxtase" subjetivo e de "bela forma" que se realiza o encantamento aéreo do deslizamento.

Da delicadeza à magreza

É também o culto da magreza que assinala, com uma clareza particular, a revolução da leveza aplicada ao corpo. A obsessão pela magreza se

---

13 Frequentemente, é o modelo da mudança pós-histórica concebida como erradicação das diferenças, dos antagonismos e oposições que é inadmissível. Em toda parte, a energia antropológica do negativo está em ação, ponto de mudança antropológico, mas eterna potência de negação do recebido. Por isso, e para permanecer nos limites da presente interrogação, as ambições de leveza implicam evidentemente o trabalho do negativo que se exercita contra o peso, os efeitos da idade, o imediato e as inabilidades do corpo.

generaliza em todas as camadas sociais; diz respeito a todas as idades e não é mais estranha aos homens. As *top models* exibem uma silhueta filiforme, as indústrias alimentícias tornam todo um conjunto de produtos mais leve, a medicina e os exercícios físicos declaram guerra ao sobrepeso, a cirurgia estética reduz, aspira e elimina tudo o que aparece como um volume demasiado adiposo. Alimentação e bem-estar, beleza e saúde não se concebem mais sem as virtudes do corpo leve.

Claro que a época contemporânea não é a primeira a valorizar as formas longilíneas. Todavia, na escala da longa duração histórica, o fenômeno é raro e relativamente recente. Durante séculos e milênios, e na maior parte das civilizações tradicionais, a exuberância das carnes foi valorizada, às vezes "obrigatória". Na República de Camarões, o chefe dos *bangwas* é engordado durante mais de dois meses no início de seu reinado, pois seu peso volumoso condiciona a prosperidade do grupo. Em diversas regiões do mundo, as mulheres mais fortes, exceto nos casos de obesidade extrema, despertam desejo e admiração, uma vez que as formas generosas são indícios de fecundidade, de opulência e de beleza. Ingerir alimentos ricos em gordura até se saciar e consumir grandes quantidades de comida supostamente dá força, vigor e beleza.[14]

Se o Ocidente não conheceu práticas de engorda desse gênero, ele louvou a culinária exagerada, as curvas dos corpos, a corpulência dos homens e os quadris largos das mulheres. Na Idade Média, são os alimentos abundantes e engordurados, os festins opulentos e os banquetes que são os mais apreciados como sinais de vida nobre. Enquanto a corpulência é valorizada, a mulher magra causa horror ao evocar a fome, a peste, a pobreza e a melancolia: a mulher bela é descrita como "gorda e carnuda". Pelo menos até o século XIX, as rotundidades e os corpos robustos vão se beneficiar de uma imagem positiva. Balzac declara em

---

14   Na Polinésia acontecem concursos de beleza de mulheres corpulentas; na Mauritânia, onde existem casas de engorda, as moças eram superalimentadas desde bem pequenas para que fossem consideradas bonitas; pela mesma razão, em inúmeras sociedades muçulmanas, a *hajba* consiste em empanturrar sistematicamente as futuras esposas.

sua "Teoria do andar": "A graça tem as formas redondas", e Brillat-Savarin, em eco: "A beleza consiste sobretudo nos arredondados das formas e na curvatura graciosa das linhas."[15]

Mas isso não impediu a valorização dos perfis esbeltos. A partir do século XIII, a delicadeza da cintura e os seios pequenos tornaram-se critérios de beleza feminina. O Renascimento encorajou a leveza da aparência, a boa apresentação e a elegância do cortesão contra a valorização da falta de graciosidade que acompanhava a sociedade guerreira. No começo do século XVI, Cranach tornou-se célebre com suas Musas e Vênus com corpos frágeis e sinuosos, seios pequenos e quadril estreito. E logo depois, nos séculos XVI e XVII, a estigmatização das "criaturas gordas" acentuou-se; multiplicaram-se as palavras que especificam os diferentes graus da corpulência e rechonchudez (gordinho, rechonchudo, pançudo, gorducho, barrigudo, opulento). Os médicos alertam ainda mais contra os perigos ligados aos excessos de gordura. Mesmo que a magreza feminina seja ainda considerada não estética, a espessura e o volume começam a perder seu prestígio, o medo de engordar se afirma ainda mais. Um novo modelo de corpo se estabelece, no qual a corpulência toma um valor negativo, associado ao que é grosseiro, ao vulgar, ao povo.[16]

Os tratados de beleza do Renascimento celebravam os corpos magros e a estreiteza da cintura das mulheres, a beleza do ventre firme, liso e achatado. Para evitar as carnes pesadas, recomendava-se certo tipo de alimentos, às vezes até mesmo giz ou vinagre, uma vez que se acreditava que os ácidos possuíam poder emagrecedor. No século XVIII, enquanto

---

15   Jean-Anthelme Brillat-Savarin, *Physiologie du goût*, Paris, Flammarion, "Champs", 1982, p. 135. [Publicado no Brasil em 1995 sob o título *A fisiologia do gosto*, pela Companhia das Letras.]

16   Sobre estes pontos, ver Georges Vigarello, *Les Métamorphoses du gras*, Paris, Le Seuil, 2010. [Publicado no Brasil em 2012 sob o título *As metamorfoses do gordo*, pela Vozes.]

a glutonaria não estava mais na moda e a cozinha tornava-se mais leve, nada pior para uma mulher do que se parecer com uma "matrona".[17]

O ideal de leveza se aprimora ainda mais no século XIX.[18] A corrente romântica faz a apologia da magreza, do tom pálido, do ar imaterial e diáfano: o que era marca de pobreza aparece como um ideal estético. Ao longo da segunda metade do século, a luta contra o peso ganha intensidade. A prática de se pesar acentua-se durante os tratamentos. Propagandas para reduzir a barriga e os quadris se difundem, as dietas emagrecedoras e as curas termais multiplicam-se no final do século. A exigência de ser mais magro é acompanhada de números e medidas. Não se trata mais apenas de ser esbelto: são atribuídos proporções e números. Mas a fineza não é mais a magreza como a entendemos, pois a beleza feminina não se concebe sem o charme do macio e do polpudo.[19]

A estética da forma

Foi preciso esperar os anos 1910-1920 para que se manifestasse a verdadeira revolução moderna da leveza, a mudança que institui o princípio de uma magreza feminina que implica o corpo em seu conjunto. A partir de então, não se trata mais de mascarar as abundâncias com o espartilho ou outros truques artificiais, mas afinar o corpo, reduzir objetivamente as partes rechonchudas, lutar contra as corpulências, ou seja, "emagrecer": não é mais uma estratégia de dissimulação,[20] mas um trabalho real para tornar mais leve o corpo feminino. A leveza passa do

---

17 Philippe Perrot, *Le Travail des apparences ou les transformations du corps féminin*, XVIIIe-XIXe siècle, Paris, Le Seuil, 1984, p. 68.

18 Um ideal de magreza que se aplica de forma desigual aos homens e às mulheres. Se há um gordo "ruim" que desperta a gozação, também há um gordo "bom" sinônimo de "bon vivant", de indivíduo divertido, jovial, caloroso, aberto aos outros. O homem gordo é associado ao sucesso social, à riqueza, à distinção, à força também: "o que mais me prejudicou em minha vida foi ter cabelos loiros e ser magro", escreve Alfred de Vigny, citado por Georges Vigarello, *op. cit.*, p. 192.

19 Georges Vigarello, *op. cit.*

20 Este ponto será examinado mais detalhadamente no Capítulo 4.

mundo da teatralidade mundana ao da operacionalidade e da eficácia modernistas.

Enquanto o excesso de peso é apresentado como perigoso para a saúde e incompatível com a beleza feminina, as balanças individuais para se pesar aparecem na América do período entre as duas guerras. A partir dos anos 1920, é celebrado um modelo de estética feminina que exalta as pernas longas, os ventres achatados, os perfis esguios e longilíneos. A leveza toma uma nova significação: esta não é mais celebrada em nome da fragilidade e da delicadeza natural atribuída à mulher, mas como símbolo de dinamismo, mobilidade e autocontrole. A valorização dos atrativos femininos tradicionais dá lugar a uma "linha" estreita e sem cintura, a um corpo esbelto e reto. Ao passo que o imperativo é emagrecer a qualquer preço, a corpulência torna-se com mais frequência objeto de zombaria. É a época em que a duquesa de Windsor lança sua famosa sentença: "Uma mulher nunca é rica demais, nem magra demais."

Um ponto deve ser ressaltado. A nova estética da leveza se impôs mais em razão das injunções da moda, das imagens do cinema e das novas práticas ligadas aos esportes e ao lazer de praia do que em razão das prescrições médicas. As celebridades e modelos fazem sonhar quando exibem seus corpos esguios e fluidos. As misses que se apresentam nos concursos de beleza revelam igualmente a promoção social do ideal de emagrecimento. De forma mais geral, os pesos e as medidas que invadem as revistas assinalam a nova obsessão pelas medidas calculadas, por uma beleza medida, por um ideal corporal cada vez mais difícil de alcançar e que exige ações corretivas: para uma mulher que mede 1,60 m, a revista *Votre Beauté* aconselhava, em 1929, o peso ideal de 60 kg e, dez anos mais tarde, de 51,5 kg.

Obsessão pela magreza

A despeito da revolução estética do início do século, até os anos 1960, a magreza permanecia como um sinal de "saúde ruim", as formas generosas do feminino eram valorizadas e muitas estrelas dos anos 1950 ainda eram "redondas". Mas, a partir dos anos 1960-1970, a cultura da magreza rompeu uma nova etapa: ela entrou em sua fase hipermoderna marcada pelas lógicas de excesso e da formidável expansão social dos desejos e das práticas de emagrecimento. Com essa intensificação do ideal de magreza, uma das figuras exemplares da civilização da leveza entrou em cena.

Medidas

Esse sucesso é testemunhado por modelos magricelas como Twiggy, Penelope Tree e Jean Shrimpton: em 1966, Twiggy pesava 41 kg para 1,69 m. Mais recente, Kate Moss mede 1,73 m e pesa 53 kg, Ana Carolina Reston media 1,74 m e pesava 40 kg. As modelos famélicas, filiformes e de bochechas cavadas tornaram-se referência estética: a moda chega a celebrar a beleza de um corpo que tem um peso inferior a um IMC[21] considerado normal. Estamos no estágio da leveza superlativa, radical, que vai até as últimas consequências.[22] Com as modelos esqueléticas ou "anoréxicas", a leveza obedece a uma lógica hiperbólica e publicitária, típica da hipermodernidade. A leveza rompeu os vínculos que podia manter com a suave fluidez do corpo, com a graça da elegância: entrou no reino do choque, do além do limite, do hiperespetáculo.

A evolução das medidas das vencedoras do título de Miss América testemunha também a intensificação dos critérios estéticos da magreza. Se as vencedoras dos anos 1920 pesavam em média 63,5 kg e mediam 1,73 m, as do início dos anos 1980 pesavam 53 kg para 1,76 m. Em comparação com esse ideal de beleza, até mesmo Marilyn Monroe parece "cheinha". A silhueta do tipo "violão" (peito avantajado, cintura fina, quadris relativamente largos) foi destronada pelo look juvenil, tônico, dinâmico e às vezes "anoréxico": bochechas e quadris cavados, costelas

---

21   O índice de massa corporal permite avaliar o nível de gordura de uma pessoa. Ele é calculado dividindo o peso (em quilogramas) pela altura (em metros) ao quadrado.

22   Jean-Pierre Corbeau, "Les canons dégraissés: de l'eshétique de la légèreté au pathos du squelette". In: Annie Hubert (coord.), *Corps de femmes sous influence. Questionner les normes*, Paris, Cahiers de l'Ocha, n. 10, 2004.

aparentes. Não se trata mais de ser esbelto, mas magro, absolutamente magro, transparente, graças a dietas drásticas e exercícios físicos.

Comida light

Ao passo que os meios técnicos destinados a alcançar o ideal de magreza tornam-se pletóricos, as demandas de leveza explodem. Como prova, a proliferação das dietas, assim como a moda da alimentação leve nos pratos. A partir dos anos 1970, surgiu o que Claude Fischler chamou de "lipofobia", caracterizando-se pela execração da gordura e pela luta sem piedade conduzida contra esta.[23] Nesse contexto, vemos a redução do consumo de carne vermelha,[24] ovos, manteiga e açúcar; privilegiam-se os molhos leves,[25] a carne de aves, o peixe, os legumes. Entramos em um tempo em que o medo estético de ganhar peso substituiu a angústia milenar da fome. É preciso ingerir menos calorias, não para evitar ser gordo demais, mas para estar saudável e esbelto, sem traço de adiposidade.

O espetacular desenvolvimento do light a partir de meados dos anos 1980 faz parte do mesmo fenômeno. A época viu explodir os "produtos com menos gordura", os "produtos com menor valor energético", os produtos etiquetados "sem colesterol", "com menos açúcar", "0% de gordura". Se nos anos 1960 apareceram os laticínios desnatados e semidesnatados, vinte anos mais tarde todos os outros setores investiram nos produtos mais leves: enlatados, pratos cozidos, carnes, aperitivos, sorvetes e geleias, biscoitos e confeitaria, refrigerantes e chocolate. Tornar os produtos mais leves não se resume apenas às matérias gordurosas, mas também ao açúcar, colesterol, álcool, cafeína e sal. Por volta do

---

23   Ver Claude Fischler, L'*Homnivore*, Paris, Points Seuil, 1993.
24   Depois de um aumento do consumo de produtos de carne no começo do século XIX até os anos de 1980, ocorre um nítido recuo: entre 1999 e 2007, o consumo de produtos de carne na França diminuiu em mais de 20% em relação à população global.
25   Datando dos anos de 1970, a "Nouvelle Cuisine" francesa ilustra o recuo do reino do gorduroso com a condenação dos molhos calóricos e pesados em prol dos molhos leves.

final dos anos 1980, perto de 100 milhões de americanos consumiam produtos mais leves.

Em 1990, no Salão Internacional da Alimentação que acontece em Paris, cerca de um produto novo a cada dois era mais leve ou leve e 150 novos produtos "light" apareciam todos os meses no mundo; nos supermercados franceses, contam-se por volta de 4.500 referências de produtos mais leves, ao passo que havia apenas trezentos no início dos anos 1970. Entre 1995 e 2003, as vendas cresceram em média 9% a cada ano. Agora, ela está passando por uma real perda de velocidade: o mercado dos produtos mais leves na França era de seis bilhões de euros em 2008 e 1,5 bilhão em 2011.

Os produtos mais leves desenvolveram-se inicialmente levados pela onda de emagrecimento dos anos 1990. Depois, sua expansão se apoiou na tendência da saúde, do bem-estar e do natural dos anos 2000. Ainda que muito mais pessoas se mostrem preocupadas com seu peso e façam dietas, os produtos light veem sua participação no mercado recuar em prol dos produtos saudáveis e orgânicos. Atualmente, um a cada dois franceses pensa que é preciso evitar ou consumir apenas de vez em quando produtos light, que nestes últimos anos têm sido rejeitados por terem sido associados à imagem de que são excessivamente artificiais. Divulgados com o chamariz de que não têm nenhum impacto sobre a massa ponderal, os produtos light deixaram de aparecer como milagrosos: apenas os refrigerantes light continuam prosperando.

Ativismo e consumismo

A magreza não é mais apenas um ideal estético, ela se impõe como uma indústria e um mercado de massa em constante expansão. Esse mercado multidimensional comporta, por um lado, produtos (produtos light, complementos alimentares, substitutos de refeição, produtos dietéticos, cosméticos que emagrecem) e por outro serviços e tratamentos emagrecedores. A época vê surgir um número crescente de operadores que reagrupam médicos nutrólogos, nutricionistas, laboratórios que fabricam complementos alimentares e produtos dietéticos, *coaching* de emagrecimento e nutrição, especialistas em dieta. Em 2010, segundo um estudo realizado pela consultoria Xerfi, o mercado do emagrecimento (suplementos alimentares, produtos dietéticos, livros, tratamentos) era estimado, na França, em 1,5 bilhão de euros, sem contar os produtos mais leves. Em 2008, os americanos gastaram 62 bilhões de dólares em produtos e programas para lutar contra o sobrepeso.

Vivemos um momento em que o medo do excesso de peso atinge a todos, homens, mulheres e crianças. Na França, um em cada dois homens e sete em cada dez mulheres perdem peso; oito americanas em cada dez e uma francesa em cada duas começaram uma dieta pelo menos uma vez. Perto de 30% das mulheres já fez cinco dietas ao longo da vida e 9% já fizeram mais de dez. E isso também diz respeito aos mais jovens: 48% daqueles entre 18 e 24 anos já fizeram uma dieta,[26] 63% das estudantes americanas fazem dietas, 80% das meninas entre 10 e 13 anos declaram ter tentado emagrecer.[27] E a literatura das dietas emagrecedoras invade as colunas das revistas e as prateleiras das livrarias. De acordo com a lista Ipsos-*Livres Hebdo*, em 2010, dentre os cinco livros mais vendidos na França, três eram obra do médico nutrólogo Pierre Dukan: *Eu não consigo emagrecer*, que vendeu perto de 600 mil exemplares.

A obsessão hipermoderna pela leveza se vê igualmente na expansão da indústria e das práticas relacionadas ao *fitness*. Em 2008, entre 14 e 15 milhões de franceses, ou seja, quase um terço da população adulta, dedicavam-se, em casa ou em uma academia, ao exercício físico, à musculação, a recuperar a forma. A prática do *fitness* é mais forte entre as mulheres do que entre os homens e a motivação principal das pessoas que a praticam é a saúde, mas seis pessoas em cada dez privilegiam o desejo de manter a silhueta, de ganhar músculos e perder peso. Cerca de 2,5 a 3 mil academias comerciais operam na França, de um total de 10 mil academias sem fins lucrativos. Em 2008, 3,5 milhões de franceses

---

26   Estelle Masson, "Le mincir, le grossir, le rester mince". In: Annie Hubert (coord.), *Corps de femmes sous influence. Questionner les normes*, op. cit.

27   Gérard Apfeldorfer, *Je mange, donc je suis*, Paris, Petite Bibliothèque Payot, 1993, p. 51-53. [Publicado no Brasil em 1997 sob o título *Como, logo existo*, pelo Instituto Piaget.]

estavam inscritos em uma academia de ginástica, o que representava um volume de negócio perto de 2 bilhões de euros.

Os produtos, as técnicas e os métodos de emagrecimento proliferam de maneira constante, constituindo mercados em plena expansão. Florecem géis redutores, adesivos e cremes que emagrecem, assim como as técnicas anticelulite: adesivos para diminuir, lipotomia e mesoterapia. Um pouco mais radical, as técnicas de lipoaspiração que se diversificam estão em plena expansão: lipoaspiração ultrassônica, lipoaspiração tumescente, vibrolipoaspiração, lipoaspiração a laser. Nos Estados Unidos, as lipoaspirações eram dez vezes mais numerosas em 2000 do que em 1990. Em 2009, mais de 28 mil foram realizadas na França. No mundo, a lipoaspiração aparece em primeiro lugar dentre as cirurgias plásticas (mais de 18% de todas as intervenções), à frente do aumento dos seios.

Dietas, exercícios físicos, cirurgia plástica: diminuir o peso do corpo tornou-se para inúmeras pessoas uma preocupação permanente que implica esforço, restrição, "escultura" de si. Entramos na era da leveza ativista, individualista e consumista. Não é mais uma leveza indolente e lúdica, mas uma que exige trabalho persistente de si sobre si para ter um corpo jovem e esbelto de acordo com o modelo veiculado pelas imagens midiáticas. Como "gordura" tornou-se sinônimo de feiura, de falta de vontade e desleixo, tudo deve ser posto em ação para melhorar nossa aparência. Aqui a leveza não remete a Ícaro, mas a Narciso, um Narciso hipermoderno que se dedica a otimizar sua aparência, a valorizar seu capital corpo. No deserto das finalidades coletivas, triunfa um Eu autocentrado obcecado por um corpo que deve ser continuamente embelezado e mantido. A cultura do leve, apoiada pela cultura hiperindividualista, apenas a exacerba quando celebra uma norma estética que implica uma mobilização narcísica sem fim.

Sob este ponto de vista, a revolução da leveza é indissociável da cultura do indivíduo performativo reconhecidamente responsável por seu corpo e, ao mesmo tempo, cada vez mais sob o domínio da norma padronizada da beleza e da juventude. Nossa época acompanha o "*design*" hiperindividualista do corpo e ao mesmo tempo um maior domínio social exercido pelo modelo uniforme e implacável da estética da magreza. Há menos culpabilização moral, porém mais ansiedade narcísica e voluntarismo autoconstrutor, mas também mais consumismo desenfreado para conquistar ou conservar a "linha". O que se constrói é uma civilização da leveza ao mesmo tempo hiperindividualista, hipernormativa e hiperconsumista.

O modelo triunfante da magreza se aplica aos dois sexos: homens e mulheres têm indistintamente a obrigação de sair à caça dos tecidos adiposos e da corpulência. Por isso, há a ideia de que esse código trabalharia para reduzir a diferença masculino/feminino em matéria de formas, para dissolver o dimorfismo sexual. Ao passo que o valor da beleza masculina é reabilitado, o corpo feminino tenderia a perder suas formas específicas, redondas e generosas. A diferença dos "emblemas" tradicionais do masculino e do feminino se enfraquece, criando uma espécie de androginia das aparências: a revolução da leveza ou a marcha para a desdiferenciação dos gêneros.

No entanto, são muitos os fatos que impedem a adesão a esse modelo teórico. A época vê, do lado feminino, o sucesso social das intervenções para aumentar os seios, do Wonderbra e das calcinhas *push-up* que levantam o bumbum. E do lado masculino, vemos, em particular nos Estados Unidos, espalhar-se a onda dos corpos atléticos ultramusculosos. Segundo um estudo publicado em 2012 pela revista *Pediatrics*, mais de 40% dos estudantes do ensino médio e fundamental americanos afirmam que treinam regularmente para aumentar sua massa muscular.[28] Em Hollywood, o metrossexual não é mais o modelo dos heróis da tela: passamos de Cary Grant a Stallone, de Antony Perkins a Arnold Schwarzenegger, de Roger Moore a Daniel Craig ou Chris Evans. Assim como as mulheres se dedicam a valorizar seus atrativos sexuais tradicionais, da mesma forma muitos homens treinam apaixonadamente para poder exibir um físico potente e viril.

---

28   Estima-se que perto de 3 milhões de homens nos Estados Unidos podem ter feito uso de esteroides anabolizantes para aumentar sua massa muscular.

É imperativo observar que a revolução da leveza não provoca de forma alguma um movimento de indiferenciação "transsexualista". É até mesmo o inverso que é verdadeiro, pois assistimos atualmente a uma refeminização e remasculinização dos corpos sexuados. Quando as mulheres fazem musculação, elas buscam, salvo algumas exceções, não esculpir músculos salientes e volumosos, mas eliminar "o que sobra", fortalecer as partes do corpo tidas como "moles, flácidas e gordas". O objetivo é afinar o corpo, aperfeiçoá-lo na direção do longilíneo e do tônico, e não competir com os homens no plano da aquisição de massa e de volume muscular.

Evidentemente, o código da magreza não conduz à abolição da diferença entre feminilidade e masculinidade. Apenas as mulheres continuam valorizando um corpo estético associado à leveza. Quanto aos homens, eles ainda estão ligados à demonstração da virilidade cujos músculos peitorais potentes são um dos símbolos. A revolução da leveza não é um instrumento de dissolução das diferenças: ela é principalmente um agente de responsabilização individual em relação ao corpo que é então colocado como um antidestino. O inimigo não é a dissimilaridade sexual, mas o peso das carnes e a passividade em relação ao corpo.

Consagração da magreza, planeta de obesos

Nunca se fez tantos esforços, consagrou-se tanto tempo e gastou-se tanto dinheiro para se manter a forma. A era da leveza hipermoderna é marcada pela proliferação do comportamento lipofóbico, pelas lógicas exponenciais do emagrecimento, pelas imagens hiperbólicas do corpo perfeito e pela obsessão generalizada em relação à magreza. Pesquisas revelam que entre as mulheres que têm um IMC normal, ou seja, 61,4% das francesas, apenas 14% se sentem confortáveis com seu corpo e 65,4% desejariam pesar menos, em média 6 kg abaixo de seu peso. Mais de 50% das mulheres que têm um IMC normal já fizeram dietas. São as imposições estéticas que comandam a proliferação das dietas, muito mais do que as normas médicas que condenam o sobrepeso. Não queremos mais apenas ser magros, mas mais magros do que o normal: essa é a lógica *hiper* que conquista a revolução da leveza.

Por toda parte celebra-se o ideal estético da magreza, por toda parte proliferam as práticas que aperfeiçoam a esbeltez do corpo. E, no entanto, nunca a obesidade afetou um número tão grande de indivíduos. O fato está aí: a civilização da leveza é contemporânea de uma crescente proporção de obesos no mundo, onde 1,4 bilhão de pessoas sofrem de sobrepeso ou de obesidade, ou seja, mais de um adulto em cada três. Entre 1980 e 2008, o número dessas pessoas praticamente multiplicou por quatro nos países em desenvolvimento e por 1,7 nos países ricos. Nos Estados Unidos, a obesidade aumentou em 31% entre 1971 e 1991 e em 24% entre 1994 e 2000: dois terços dos adultos americanos ou são obesos, ou têm sobrepeso. O aumento médio do peso afeta homens, mulheres e crianças: o número de crianças americanas com sobrepeso dobrou em vinte anos. Na França, a progressão é sensível: a obesidade afetava 5,5% da população em 1992 e 14,5% em 2009. Quanto mais o indivíduo hipermoderno se sonha leve, mais mostra excesso ponderal.[29] É uma manifestação patente do fracasso da civilização da leveza em seu estágio atual: quanto mais onipresentes as injunções à leveza, menos os corpos se alinham a esse ideal.

Magreza e autodomínio

Ainda que a norma da magreza tenha sido consagrada no século XX, esta foi analisada por certo número de autoras feministas não como uma lógica em ruptura com o passado, mas como o prolongamento de uma cultura religiosa milenar. Nessa perspectiva, desde as santas medievais às jovens anoréxicas de hoje, desde as jejuantes do século XV às *fasting girls* do século XIX, todas dedicariam a mesma recusa da alimentação, as mesmas práticas de abstinência alimentar, o mesmo dever de renúncia aos prazeres da boa carne. Nossa cultura lipofóbica estaria assim em continuidade com as práticas de mortificação dos místicos religiosos, com a ascese cristã relativa à alimentação. Por essa razão, Kim Cherkin, Susan Bordo ou Naomi Klein veem na obsessão

---

[29] Todas as categorias socioprofissionais estão envolvidas, mas os meios com baixo nível econômico e cultural são os mais afetados pelo fenômeno.

pela magreza contemporânea a continuação de uma mentalidade religiosa milenar cujas consequências são a detestação do corpo, a culpabilização das mulheres e a ruína da sensualidade. O culto da leveza seria a nova via da antiga depreciação religiosa da vida, a nova bíblia geradora do ódio feminino pelo próprio corpo.

As analogias que podem existir entre o jejum místico e as renúncias alimentares contemporâneas são, contudo, enganadoras. Elas escondem de que maneira o culto da magreza é portador dos princípios mais radicais da modernidade desencantada, secularizada e técnica. As práticas de jejum místico eram exercidas para se aproximar de Deus, viver a experiência extática da presença do Altíssimo por meio do abandono de sua própria vontade e do amor do indivíduo por si mesmo. O sistema que nos rege se constrói em oposição frontal com semelhante lógica de despossessão de si. É um processo pós-teológico que está em ação, o culto hipermoderno da leveza funcionando de acordo com uma lógica estritamente autônoma, emancipada de qualquer relação com um além sobrenatural: o corpo não está mais a serviço da alma e de uma espiritualidade religiosa, ele se impõe como fim em si. As restrições alimentares também não implicam o despojamento de si mesmo e a renúncia a toda forma de gratificação social do Eu, mas sim a autovalorização pelo viés do manejo do corpo. A um ideal espiritual e místico se sucedeu um ideal corporal autônomo que, obedecendo a uma dinâmica de desempenho, dá satisfação ao narcisismo individual. Trata-se de escapar à nossa finitude renunciando aos poderes do Eu, trata-se agora de aperfeiçoar nossa condição terrestre, de otimizá-la indefinidamente tornando-nos "mestres e possuidores" de nossos corpos.

No princípio de nossa estética da magreza encontra-se a ambição moderna de domínio daquilo que é recebido naturalmente, a recusa da aceitação da fatalidade. Não é mais o reino passadista do corpo, mas o do corpo-responsabilidade que exige controle, correção, combate voluntarista e ilimitado contra o peso e as rugas, a natureza e o tempo. Em vez da heteronomia do corpo, o princípio do autogoverno e do domínio soberano é aplicado ao campo das formas físicas. A cultura da magreza tem como objetivo responsabilizar os indivíduos em relação ao seu corpo, fazer deste um campo que deve ser controlado, vigiado, mantido continuamente: um corpo que deve parecer como uma "obra", um sucesso pessoal obtido por um trabalho permanente de si sobre si.

O culto da magreza traduz assim para o campo do corpo os valores modernos de apropriação técnica do existente: sob a leveza estética é ainda a razão prometeica moderna que continua em sua recusa do destino, do não fazer nada e da negligência. Com os modernos, o corpo estético tende a ser pensado como aquilo que se merece por meio de esforços contínuos e regulares, pelo controle alimentar, pelos exercícios físicos, pela cirurgia plástica. O fato de que esse código se impõe sem recuo há um século, mostra que não podemos considerá-lo como um capricho estético fabricado artificialmente pelo *marketing*: é preciso lhe reconhecer o eco do próprio espírito da modernidade técnica e individualista em seu ideal de domínio ilimitado do mundo e de onipotência sobre si.[30]

Se as mulheres dedicam-se mais do que nunca a permanecerem magras, isso também ocorre porque a atividade profissional feminina adquiriu uma plena legitimidade social. A partir do momento em que se rejeita uma identidade constituída exclusivamente pelas funções "naturais" de mãe e de esposa, a eficácia, a competência profissional, a construção da identidade tornam-se princípios reivindicados pelas mulheres. Paradoxalmente, o investimento feminino na esfera profissional reforça a importância dada à aparência. As mulheres que trabalham praticam muito mais exercício físico e recorrem mais à cirurgia plástica do que as donas de casa. Ao desejar sucesso em sua vida no trabalho e ao mesmo tempo permanecer sedutoras, elas transferem de alguma forma suas competências profissionais e seu dinamismo construtivo à esfera estética. Trata-se para elas de não ser refém de seu corpo, mas mantê-lo, controlá-lo, gerenciá-lo da mesma forma que sua carreira, com a mesma eficiência. Apoiado por uma ética da eficácia, o culto da magreza não expulsa a mulher tradicional: ele traduz o advento da mulher hipermoder-

---

30   Ver Gilles Lipovetsky, *La Troisième Femme*, II parte, Paris, Gallimard, 1997. [Publicado no Brasil em 2000 sob o título *A terceira mulher*, pelo Instituto Piaget.]

na que mobiliza a soberania pessoal da qual ela dispõe, para corrigir o que pode sê-lo, deixar o corpo mais leve de seus antigos pesos naturais.

Leveza e mobilidade
O culto da leveza traduz igualmente, na relação com o corpo, a estrutura temporal que caracteriza a civilização moderna. Com a modernidade, impõe-se um regime de temporalidade radicalmente inédito, dominado pela dissolução do eixo tradicional do passado legislador e por uma formidável aceleração da velocidade dos processos sociais. Essa revolução da velocidade transformou a produção, os transportes, a comunicação, os ritmos de vida, mas também a estética e a cultura do corpo, em particular a do corpo feminino.

Se no passado a beleza feminina raramente era associada à magreza, é porque a mulher estava destinada a papéis sociais sedentários: gravidez, educação das crianças, manutenção da casa, "objeto" decorativo, "ornamento" do homem. Durante milênios, a vocação suprema do feminino não foi a ação, mas a reprodução: as tarefas que lhe incumbiam estavam associadas à imobilidade, à inércia, ao aparentar e não ao "fazer". É esse modelo de sedentarismo feminino que é desestabilizado pela modernidade e por sua mobilidade perpétua, por sua velocidade acelerada, por seu "amor pelo movimento em si".[31] A sociedade móvel e seus instrumentos técnicos (automóvel, avião, esportes) contribuíram fortemente para transformar a imagem ideal do corpo feminino ao tornar legítimo o princípio da mulher em movimento, da dinamização do "segundo sexo": substituiu-se uma estética nebulosa evocando um feminino estático ou entravado pela valorização do corpo em ação, do corpo móvel e maleável, livre em seu movimento, ou seja, esbelto.

Magreza e sonho de juventude
É por isso que esse ideal de beleza intensificou-se constantemente ao longo do último século. O modelo da mulher ainda um pouco roliça

---

31   A fórmula é de Frédéric Ancillon, citado por Hartmut Rosa, *Accélération*, Paris, La Découverte, 2010, p. 54.

dos anos 1950 foi destronado pelo do corpo firme e esportivo apoiado pelo desenvolvimento da cultura juvenil. O *lady look* saiu de moda, sendo substituído pelo modelo da silhueta adolescente erigida como protótipo da moda. O imperativo de classe encontra-se suplantado pela estética jovem em correlação com o modo de estruturação temporal da modernidade: em uma sociedade de mobilidade acelerada, a herança que se torna modelo não é mais transmitida pelos mais velhos, e sim pelo jovem, pois ele personifica a mobilidade, o dinamismo, a abertura à mudança. É preciso vincular a consagração do corpo magro à exaltação da juventude, a qual é inseparável do mundo moderno da velocidade e da mudança permanente. Sob esse ponto de vista, tudo indica que a norma da magreza não é um capricho cultural, pois essa estética expressa o valor atribuído pelos modernos à celeridade, ao movimento e à juventude.

É por essa razão que, na corrida pela magreza, há mais do que obediência aos cânones da moda. Ao lutar contra os quilos "a mais", homens e mulheres não querem apenas seduzir de acordo com os critérios da época, eles expressam uma busca mais íntima, mais existencial, ou seja, uma espécie de juventude eterna, uma vez que a magreza está associada ao corpo jovem. A obsessão pela magreza não traduz unicamente a vontade de autodomínio, mas também um combate contra o tempo, o desejo de conservar um corpo com um porte sempre juvenil.

Fim da ditadura da magreza?

Merece destaque o caráter excepcional do código da magreza em nossa cultura que reivindica a tolerância e o pluralismo dos valores. Temos na realidade uma norma que impõe um modelo uniforme do corpo em oposição direta com a celebração do pluralismo e da diversidade, da diferença e da singularidade individual. Se a moda indumentária, a música, a arte, o *design* e a decoração são dominados pela abundância, pela pluralização e pela heterogeneização dos estilos; quanto ao corpo, ele é obrigado a obedecer a uma norma tão única quanto rígida: a da magreza. Celebramos a tolerância e todos os estilos têm o direito de cidadania, mas o corpo é comandado pelo modelo único da "linha".

Por isso multiplicam-se as críticas aos excessos da leveza, denunciados como tirania normalizadora, ideal tão esgotante quanto inatingível. Seus cruéis detratores proclamam, desde os anos 1960, No more Miss America, depois Fat is beautiful. São incontáveis os livros que fustigam o terror do peso e a "insuportável leveza"[32] exaltada pelas imagens midiáticas. As críticas levantadas em relação ao tema do imperativo da magreza florescem na imprensa. Revistas (V Magazine, Glamour US, Vanity Fair Itália) exibem em suas capas modelos mais encorpadas. Quando a revista Elle fez uma reportagem "Especial gordinhas", publicou em sua capa a modelo Tara Lynn. Em 2010, a revista alemã Brigitte decidiu não mais publicar fotos de modelos profissionais e só de mulheres "reais". Em 2012, os redatores-chefes das 19 edições mundiais da Vogue comprometeram-se a colocar em suas páginas apenas modelos com mais de 16 anos e apresentando uma imagem "saudável", não famélica da beleza. Deve-se também observar que, desde a morte de várias modelos em 2006, diferentes países (Espanha, Itália, Israel, Índia) proíbem nos desfiles de moda a participação de modelos cujo IMC é inferior ao normal. O próprio marketing se engaja em uma via paralela: a marca Dove distinguiu-se por suas campanhas publicitárias "para todas as belezas", mostrando mulheres "normais" com formas mais ou menos rechonchudas a fim de desafiar o terrorismo da magreza.

Mesmo assim, o extraordinário depende menos dessas vontades de quebrar a ditadura da magreza do que do caráter pontual, raro e breve dessas empresas. Dois anos depois de sua espetacular decisão de boicote, a revista Brigitte foi obrigada a dar um passo atrás em decorrência da queda nas vendas de seus exemplares. A polêmica em relação aos corpos famélicos das top models não impediu de forma alguma que uma garota de 15 anos com aparência esquelética ganhasse o concurso Elite Model Look 2001.

As acusações lançadas contra a estética da magreza certamente são muitas, mas é preciso observar que a cultura da leveza continua esten-

---

32 Ver Portia de Rossi, Unbearable Lightness. A Story of Loss and Gain, Simon & Schuster Ltd, 2011.

dendo seu império, conquistando homens, crianças, pessoas idosas e até mesmo mulheres grávidas. Agora, mulheres submetem-se a dietas drásticas e praticam esporte de forma exagerada para continuar magras, antes e depois do parto. A mommyrexia [algo como "anorexia da mamãe] é uma tendência, em particular entre as celebridades: as revistas noticiam, com certa admiração, que Victoria Beckham perdeu todos os quilos ganhos durante sua gravidez, apenas uma semana depois do nascimento de seu quarto filho. De acordo com um estudo epidemiológico da NutriNet-Santé, lançado em 2009, a cada dois homens um deseja ser mais magro e 27% dos homens que têm um peso tido como normal gostariam de perder peso. A cada dez homens que desejam emagrecer, quase quatro declaram ter feito pelo menos uma dieta na vida; em cada sete, um fez mais de cinco dietas e às vezes até dez. O ideal de magreza está mais do que nunca na ordem do dia.

E tudo indica que no futuro ainda será assim. São imensas as forças econômicas e culturais que favorecem a expansão do ideal de leveza: indústrias da beleza, moda, exaltação da juventude, medicalização da sociedade, esportes, desnudamento nas praias, ideal de autocontrole, todos são elementos que apoiam o cânone da leveza. No momento, nada anuncia seu recuo. Muito pelo contrário. Evidentemente, podemos imaginar a proibição das modelos esqueléticas nas passarelas e na publicidade. Já vemos surgir mulheres mais maduras em alguns visuais publicitários. E um relatório enviado à ministra da Saúde no início de 2014 sugere que se proíbam modelos magras demais nos desfiles ou mesmo que sejam retocadas as fotos nas revistas. Contudo, a perspectiva do declínio do cânone da magreza é pouco provável. A ideia simpática de que, no futuro, as mulheres aceitarão melhor as formas arredondadas do corpo, que se mostrarão mais tolerantes em relação a si mesmas, menos severas, menos obcecadas com seu peso, é pouco provável: por toda parte, a era hipermoderna exalta o leve. Podemos duvidar que uma inversão de tendência aconteça a esse respeito.

Sem dúvida, de maneira abstrata, nada nos impede de imaginar uma reviravolta de tendência, a qual estaria, por outro lado, em concordância com uma sociedade que celebra o hedonismo, a individualidade, a livre disposição de si. Após o tempo das imposições da leveza estereotipada, poderia se afirmar o reino relativista e não estereotipado das belezas naturais, individuais, diversas.

É necessário, infelizmente, jogar água fria nessas belas esperanças perfeitamente utópicas, uma vez que esse tipo de cenário tem poucas chances de ver o dia. É ingênuo acreditar que uma sociedade possa existir sem celebrar ideias e normas mais ou menos drásticas que se exercem sobre o corpo. Em todas as sociedades conhecidas, o corpo é corrigido, modificado, marcado por sinais muito diversos. Em lugar nenhum, o corpo é aceito em sua realidade natural imediata: aqui tudo leva ao corpulento, lá espera-se que seja esguio. Desde sempre, o corpo foi submetido a incisões, amputações, escarificações, tatuagens; em toda parte foi coberto de ornamentos, vestido de artifícios, submetido às normas coletivas estritas que permitem distingui-lo do corpo nu animal. As imposições estéticas corporais e as discriminações que as acompanham são fenômenos presentes universalmente.[33]

Essa universalidade do corpo marcado pela ordem social é correlata do fato de que, no plano antropossociológico, o homem é "o animal que não aceita simplesmente o dom natural, que o nega... e que nega a si mesmo".[34] A ordem humana define-se pela recusa do dom imediato, pela negação do mundo exterior e de sua própria animalidade. As normas e ideais estéticos, bem como o trabalho e a religião, traduzem essa potência humana de negativo, na medida em que conduzem ao exercício de uma certa violência sobre o elemento natural, à recusa da animalidade primitiva, à remodelação do corpo.

Os combates atuais que ambicionam o reconhecimento da diversidade, de uma beleza plural livre de toda pressão, de toda imposição coletiva, permitirão, sem dúvida, ver as imagens menos irreais se multiplicarem, menos estereotipadas, menos perfeitas. Mas não con-

---

33   France Borel, *Le Vêtement incarné. Les métamorphoses du corps*, Paris, Calmann-Lévy, 1992.
34   Georges Bataille, *L'Érotisme*, Paris, Éditions de Minuit, 1957, p. 237. [Publicado no Brasil em 2014 sob o título *O erotismo*, pela Autêntica.]

seguirão criar uma cultura relativista em que todos os corpos, todas as belezas, todas as corpulências seriam tratados da mesma maneira e em pé de igualdade. Não há sociedade sem ideais coletivos. Como escrevia Tocqueville: sem ideais comuns, "existem ainda homens, mas não um corpo social. Para que haja sociedade [...] é preciso, portanto, que todos os espíritos dos cidadãos estejam sempre reunidos e mantidos juntos por meio de algumas ideias principais".[35] Os ideais próprios a uma comunidade podem variar, ser mais ou menos interiorizados, mas têm "necessariamente um lugar".[36] É por isso que nossas sociedades não verão logo o eclipse do reino da magreza, e isso independentemente dos protestos que se ergam contra a "tirania da beleza".

Um novo espírito de peso

Estamos, portanto, em uma civilização onde a estética do corpo se reveste de uma crescente importância e tem a possibilidade de gerar pequenos ou grandes dramas pessoais. Ainda que ganhar peso cause horror, a grande maioria das mulheres se considera gorda demais, mesmo quando apresenta um peso normal. Os ideais inatingíveis da magreza que levam inúmeras mulheres a se vigiar continuamente, levam-nas a fazer julgamentos estéticos negativos sobre sua aparência, a não se verem belas, a não amar seu corpo. Nossa cultura é rica em celebrações narcisistas do corpo, mas é menos o amor por este que triunfa do que as autodepreciações estéticas em relação a ele. Somos convidados de forma permanente às volúpias narcísicas do corpo: torná-lo mais belo e mais firme, agradá-lo, massageá-lo, tonificá-lo. Mas por trás dos louvores ao corpo e das volúpias que deveriam reconciliar os indivíduos com eles mesmos, é paradoxalmente um *narcisismo negativo*, insatisfeito, sempre em luta contra si mesmo que se revela. Civilização da leveza não significa existência leve.

---

35   Alexis de Tocqueville, *De la démocratie en Amérique*, vol. II, *op. cit.*, p. 16. [Publicado no Brasil em 2014 sob o título *A democracia na América*, pela Martins Fontes.]
36   Ibid., p. 17.

É nesse contexto que se propagam as dietas que têm como objetivo um corpo livre dos tecidos adiposos. A ironia do fenômeno, como se sabe, é que a grande maioria das dietas culmina, uma vez interrompidas, em uma retomada de peso, ou mesmo um retorno ao peso inicial. O fracasso das dietas não deixa de ter efeitos negativos no plano psicológico: a retomada de peso é vivida como uma falta de força de vontade, as esperanças transformam-se em sentimento de fracasso, culpabilidade, perda de autoestima. O que deve aliviar o peso do corpo aumenta o peso da existência.

O imperativo do leve aplicado ao corpo não é apenas deprimente – tornou-se perigoso para o ciclo vital. São inúmeros os livros e artigos que assinalam a expansão dos distúrbios de conduta alimentares e o aumento da anorexia, especialmente nos países mais desenvolvidos onde a magreza impõe-se como um imperativo categórico. A morte recente de modelos que sofriam de anorexia conferiu um eco particular aos perigos da leveza extrema. A inversão da imagem favorável da leveza encontra-se aqui no seu máximo: sob o aparente glamour dos editoriais de moda, expande-se o trágico da leveza hiperbólica.

De forma mais banal, as dietas emagrecedoras exigem informação, restrição alimentar e autovigilância cotidiana: o ideal de leveza exige exercícios e esforços contínuos, o autocontrole permanente, bem ao contrário do diletantismo espontâneo. Em nome da saúde e da magreza, convém renunciar aos prazeres imediatos, controlar-se, vigiar-se continuamente. Cada vez menos sinônimo de alegre despreocupação, a leveza hipermoderna encontra-se, paradoxalmente, associada à obsessão pela medida, à disciplina das dietas, à "depressão" pelos quilos a mais ou readquiridos.[37] Assimilava-se a leveza à frivolidade: agora ela é portadora de insegurança psicológica e de ansiedade estética, de dano à autoestima, de degradação da confiança em si. Uma leveza ruim nos governa e cria uma nova representação do espírito de peso. Sofrimento

---

37 Um estudo publicado em 2011 pela Agência Francesa de Segurança Sanitária da Alimentação revela que apenas 20% das pessoas que seguem uma dieta mantêm o peso a longo prazo; a maior parte recupera o peso inicial ou engorda ainda mais.

criado pelo derrisório: por meio da ditadura da magreza, a civilização da leveza gera constantemente pequenos dramas subjetivos, desenvolvendo a arte de nos envenenar a vida por nada ou quase nada. Sob esse aspecto, a leveza é inimiga da leveza.

Nietzsche vinculava "o espírito de peso" ao fardo da transcendência dos mundos ocultos, aos ideais da religião, da moral e do Estado que impede o homem de viver mais leve. É inegável que, com a hipermodernidade, a força coercitiva dos grandes valores idealistas dissipou-se; o espírito de peso, contudo, de forma alguma se dissipou, uma vez que se difunde sob a forma da falta de autoestima, da depressão e da ansiedade. Na verdade, nossa época nada avançou em direção à vida leve, se esta significar, como diz Nietzsche, "amar a si mesmo":[38] a vida continua sendo difícil de carregar. O extraordinário é que seja uma cultura de leveza que contribua para devolver ao niilismo o "espírito de peso". O peso não resulta mais do mundo suprassensível, mas das normas de uma cultura narcisista que deve favorecer a leveza. Os apelos insistentes à leveza funcionam contra a leveza de viver.

---

38   Nietzsche escreve: "Aquele que quer se tornar leve como um pássaro deve amar a si mesmo", *Ainsi parlait Zarathoustra*, III parte ("De l'esprit de lourdeur"), Paris, Gallimard, 1947, p. 180. [Publicado no Brasil em 2011 sob o título *Assim falou Zaratustra*, pela Companhia das Letras.]

O micro, o nano e o imaterial

UM DOS TRAÇOS MAIS CARACTERÍSTICOS DAS SOCIEDADES MODERnas está vinculado ao advento de um novo modelo temporal dominado pela aceleração do ritmo das mudanças técnicas, sociais e culturais. O fenômeno não poupa nenhum setor: quer seja na produção, nos transportes, na comunicação, nas instituições, no direito, nas relações inter-humanas, na vida cotidiana, em toda parte há um aumento da velocidade, tudo sempre vai mais rápido, "tudo o que era sólido e permanente desmancha-se no ar" (Marx): a tendência à aceleração é consubstancial ao processo de modernização.[1]

Ainda que esteja comprometida com uma corrida perpétua pelo ganho de tempo, nossa época destaca-se igualmente por um trabalho ligado à matéria, ao volume e ao peso das coisas: ganhar tempo é preciso, mas também é necessário diminuir o peso dos objetos e torná-los mais móveis, reduzir as quantidades de matéria utilizada, fabricar micro e nano-objetos, substituir a troca de produtos físicos pelos fluxos eletrônicos nas redes. Estamos numa sociedade em que o princípio de aceleração reveste-se de outro princípio, o *princípio de leveza*, cujas aplicações são inúmeras nos setores mais variados da vida econômica e social. Ele se concretiza nas técnicas de miniaturização e de digitalização, nas microtecnologias e nas nanotecnologias, uma vez que todos os campos de atividades estão orientados para a conquista do infinitamente pequeno e elaboram microssistemas, mini e micromotores, micromáquinas, microcanais, microcaptadores, microacionadores.

A leveza como mundo material

Utilizar materiais leves ou ultraleves, obter mais funções com menos matéria, tratá-la no nível mais minúsculo que seja, otimizar os instrumentos fazendo-os menores e menos pesados, produzir melhor com menos, desmaterializar os suportes de informação: estas são algumas das operações que se vinculam ao princípio da leveza. No mundo dos

---

1   Hartmut Rosa, *Accélération*, Paris, La Découverte, 2010.

semicondutores, é comum se dizer "menor é melhor": esse é um dos sentidos e objetivos do princípio de leveza, princípio "transverso" em expansão vertiginosa. O mundo hipertecnológico se constrói no formidável avanço dos estudos, da manipulação, da fabricação do micro e do nano.

Ao longo das épocas que nos precederam, as representações da leveza foram expressas por meio das imagens poético-mitológicas (asas de Ícaro, anjos, serafins, sílfides e silfos, zéfiros, fadas e tapetes voadores), ou nos estilos artísticos marcados por delicadeza e graça. Esse universo, em grande parte, não é mais o nosso: na era hipermoderna, a leveza dominante não é mais veiculada pela arte e pela imaginação romanesca, mas pelo questionamento do mundo: é a potência da racionalidade científica e técnica que gera agora a expansão das coisas leves. A época hipermoderna é aquela que faz com que o princípio da leveza passe do estágio estético ao estágio demiúrgico tecnocientífico.

Estamos num momento em que, em diversos setores, afirma-se a predominância do leve, do pequeno, do micro sobre o pesado. O culto do sempre mais é acompanhado de um movimento para o sempre menos: menos volume e massa, menos matéria, menos atulhamento. Nossa relação com o universo dos objetos é comandada por um ideal de miniaturização, pela vontade técnica de controlar a matéria em seus mais minúsculos elementos. Estamos agora em um cosmo dominado simultaneamente pela velocidade e pela corrida da miniaturização e da desmaterialização. Reduzir os fluxos de matéria necessários para o funcionamento da economia, produzir mais objetos de alta qualidade com menos matéria-prima, miniaturizar os produtos técnicos, desmaterializar a informação e as trocas, manipular a matéria na escala dos átomos, são essas as tendências de fundo que ordenam a relação hipermoderna com o mundo das coisas: essa dinâmica hiperbólica tornou-se central na civilização da leveza que se inicia.

Por muito tempo, a leveza personificou-se no mundo imaginário, encantado, "irreal" da arte. Mas é um mundo bem diferente que se impõe quando é a própria realidade material que se torna objeto de leveza, miniaturização e desmaterialização: o pesado torna-se leve, e o leve cada vez mais leve. Isso não é mais a exceção, não é mais fato raro ou precioso: tornou-se banal, manifestando-se concreta e cotidianamente. Por meio da arte, a leveza surgia como um outro universo, uma idealização do mundo, um meio de evasão da realidade insatisfatória, apoiado pelo princípio de prazer (Freud). Esse modo de leveza deixou de ser preponderante: o que avança todos os dias não se encontra mais do lado das aparências, da ilusão, da sublimação, mas sim é pautado no princípio de realidade tecnoeconômico que redesenha a realidade comum. Passamos do mundo da ficção ao da produção material, do poético à fabricação industrial, das sílfides à economia do imaterial. Não vivemos mais apenas com a leveza ficcional, superestrutural da arte, mas com a leveza concreta e infraestrutural, das próteses *high-tech*.

Sob muitos aspectos, a dinâmica que nos rege é oposta àquela que prevalecia até então, porque toda uma parte considerável da arte contemporânea dá explicitamente as costas ao ideal estético de leveza. É no momento em que inúmeros artistas (mas não todos, como veremos mais adiante) libertam-se desse ideal que a indústria segue freneticamente por esse caminho. Os grandes mestres da leveza não são mais os artistas, mas os engenheiros. Desde então, essa não é mais uma fuga para fora do mundo ou uma qualidade extramundana; ela é o que muda a própria realidade do mundo material.

Evidentemente, a busca moderna por leveza material não vem de hoje. Ela se anuncia desde o século XIX nas arquiteturas de vidro e de aço, em algumas obras de arte, e depois no mobiliário com *design* de vanguarda, mas também nos dirigíveis, balões, aviões dos quais se procura reduzir o peso dos materiais que os compõem. Tempos depois, Ford dedicou-se a tornar mais leve o automóvel de massa a fim de baixar seu preço: "O peso dos veículos, esse é o inimigo... As coisas mais belas são aquelas cujo excesso de peso foi eliminado."[2] A bicicleta conhece um imenso sucesso popular ao permitir a um número maior de

---

2   Henry Ford, *Ma vie et mon oeuvre*, Payot, 1928, citado por Yves Stourdzé, "Autopsie d'une machine à laver. La société française face à l'innovation grand public", *Le Débat*, n. 17, dezembro de 1981, p.21.

pessoas que se desloquem usando uma estrutura leve e resistente. Ao que convém acrescentar, a partir dos nos 1920, a produção em série dos primeiros aparelhos eletrodomésticos: aspirador, lava-roupa, refrigerador, fogão, torradeira e ferro de passar.

Mesmo assim, a era industrial está profundamente marcada pela primazia dos equipamentos de peso, pelas infraestruturas pesadas (estradas, estradas de ferro, obras de arte), pela indústria do carvão e do aço, pela eletricidade, pelas máquinas agrícolas e industriais. A França, em particular, diferentemente dos Estados Unidos e da Itália, caracterizou-se, em razão de uma cultura de políticos e de engenheiros das grandes escolas, por uma espécie de depreciação dos bens leves do consumo, assimilados aos subprodutos que não superam o nível das invenções do concurso Lépine.[3] Claro que há, desde 1923, um Salão das utilidades domésticas, mas o que é exposto é visto com desdém e não deu lugar a projetos industriais ambiciosos e reconhecidos. Os pequenos utensílios eletrodomésticos, e depois os eletrônicos para o grande público, são atraentes mas não nobres, vagamente desprezados, de importância secundária na ordem das honras e das hierarquias do mundo industrial. Apenas o "pesado" da grande indústria é valorizado, digno do trabalho dos grandes "engenheiros taumaturgos".[4]

Ainda que a modernidade industrial tenha se engajado há muito tempo na via do leve, essa dinâmica passou a uma velocidade superior depois da Segunda Guerra Mundial com o rápido avanço da sociedade de consumo e todos seus pequenos utensílios destinados a melhorar o conforto doméstico. Desde então, o processo acelerou-se de maneira exponencial: a conquista da leveza conhece uma expansão vertiginosa, uma verdadeira transformação impulsionada pelos novos materiais, pelas tecnologias digitais, pela miniaturização extrema, pelo nano e pela biotecnologia. A modernidade heroica na era da mecanização maciça

---

3   N.T.: Concurso francês de invenções criado por Louis Lépine (1846-1933) para incentivar a criatividade dos artesões que, na época, sofriam concorrência, principalmente por parte dos alemães.
4   Yves Stourdzé, *art. cit.*

dos processos industriais realizou a primeira revolução técnica e estética da leveza. Com a época hipermoderna, está em andamento uma segunda revolução que tem como centro as micros e as nanotecnologias, as tecnologias da informação e da comunicação (TIC). Revolução da miniaturização, das nanotecnologias e do digital: vivemos o tempo da leveza-mundo conduzida pelas novas tecnologias. Ela está no centro da civilização nascente do leve.

Tornar mais leve, miniaturizar, desmaterializar
Materiais mais leves

Aplicado ao mundo dos objetos, o princípio de leveza concretiza-se, em primeiro lugar, na invenção e na utilização de todo um conjunto de materiais com menos peso. Ao longo da segunda metade do último século, a indústria das matérias plásticas permitiu o desenvolvimento de uma imensa quantidade de objetos leves, móveis e baratos. A partir dos anos 1960, o poliestireno, o polietileno, o cloreto, o polivinil, a poliamida, o polipropileno e muitos outros entram em todas as casas, substituindo materiais tradicionais. Graças à polimerização, inúmeros pequenos objetos leves puderam ser fabricados industrialmente: potes Tupperware, chaleiras elétricas, aparelhos de rádio e de televisão, barbeadores elétricos, relógios e telefones. Desde 1980, a produção dos plásticos supera em volume a dos metais; eles estão presentes em quase todos os campos da atividade humana: entramos na "era do plástico".

Desde os anos 1950, Barthes anunciava o advento da civilização do plástico: "O mundo todo pode ser plastificado." Em sua fenomenologia do plástico, este é apresentado como uma "matéria milagrosa" que "quase não existe como substância", na medida em que é um "material neutro", com uma "aparência que lembra flocos", com uma constituição "negativa".[5] Pode-se acrescentar que essa frágil substancialidade também se vincula à sua extrema leveza. O poliestireno expandido é composto de 98% de ar: a parte de matéria poliestireno

---

5   Roland Barthes, *Mythologies*, Paris, Le Seuil, 1957, p.192-194. [Publicado no Brasil em 2003 sob o título *Mitologias*, pela Difel.]

representa apenas 2% do material. O plástico bolha utilizado nas embalagens e fabricado com polietileno são constituídos de hemisférios preenchidos com ar, que as crianças acham divertido estourar com os dedos. São materiais sintéticos resistentes, sólidos, mas leves como uma pluma ou como bolhas de ar: como se sabe, as bolinhas de poliestireno voam ao menor sopro. O plástico aparece, aqui, como uma espécie de materialidade volante, "aérea": aí reside também seu caráter "mágico" (Barthes).

Em razão dos progressos tecnocientíficos, o processo de deixar os materiais mais leves está em progressão constante nos inúmeros setores industriais. A construção da Torre Eiffel usou 7 mil toneladas de ferro: 2 mil toneladas bastariam hoje em dia, por causa dos aços contemporâneos. Na indústria das telecomunicações, 25 kg de fibra de vidro podem substituir os serviços prestados por 1 tonelada de fio de cobre. Vemos a multiplicação das novas associações de materiais, os materiais compósitos ou híbridos que permitem melhorar as qualidades de leveza e de resistência. Na ponta extrema, o aerogel, composto de 99,8% de ar, é atualmente o material mais leve do mundo e possui a melhor propriedade de isolamento: material frágil, ele é capaz de suportar 2 mil vezes seu peso. Graças às nanotecnologias, é possível incorporar nanopartículas a certos materiais tradicionais para reduzir seu peso. Os nanotubos de carbono, 100 vezes mais resistentes que o aço, são 6 vezes mais leve do que ele. Eles já são utilizados em certos equipamentos esportivos como quadros de bicicleta, tacos de golfe, raquetes de tênis e picaretas de alpinismo. Uma equipe de pesquisadores americanos acaba de desenvolver o primeiro computador que funciona com a ajuda desse material, para substituir o silício, cujo desempenho começa a atingir seus limites. Outro nanomaterial, o grafeno, 6 vezes mais leve do que o aço (como os nanotubos), mas 200 vezes mais sólido que este, logo poderá se integrar aos materiais compósitos e ser utilizado na fabricação das telas flexíveis e dos componentes eletroeletrônicos ultrarrápidos.

Na indústria aeronáutica, com o objetivo de economizar carburante e diminuir a pegada de carbono, a diminuição das estruturas, principalmente substituindo os metais por compósitos com fibra de carbono, impõe-se como uma necessidade absoluta.[6] Hoje, nos novos aviões comerciais, os compósitos – 60% mais leves do que o aço e 6 vezes mais sólidos – tornaram-se o material dominante: apresentam 50% da massa do Boeing 787 Dreamliner. Essa inovação permitiu a diminuição de seu peso em 20% em relação a uma estrutura de liga de alumínio e igualmente a redução em 20% do consumo de querosene. O novo A350 (Airbus), construído com mais de 50% em materiais compósitos, está 15 toneladas mais leve. Por razões tanto econômicas quanto ecológicas, os compósitos têm um futuro garantido.[7]

Graças aos materiais compósitos e às técnicas de miniaturização, multiplicam-se os sistemas de drones. Ao lado dos drones gigantes, surge uma terceira geração: os drones ultraleves e os microdrones. Um minidrone especializado na vigilância e na prevenção de incêndios pesa apenas 2 kg e pode voar até 150 m de altitude. O Black Hornet Nano é um mini-helicóptero que, equipado com uma câmera minúscula, mede 10,1 por 2,5 cm e pesa 16 g. São esses os engenhos voadores conquistados pela corrida hiperbólica rumo ao mais leve, sempre.

E mesmo o mobiliário interno do avião não é deixado de lado. A utilização das fibras de carbono e de titânio possibilita a construção de poltronas ultraleves e ultrafinas que pesam apenas 4 kg, ou seja, duas vezes menos do que as mais leves disponíveis atualmente. Uma redução de peso que proporciona uma economia de mais de 300 mil dólares de combustível por avião anualmente.

Se durante quarenta anos, e até o início dos anos 2000, os automóveis ganharam cada vez mais curvas, agora se afirma a tendência contrária. O Golf, o 208 ou o Clio 4 pesam cada um 100 kg a menos do que os modelos da geração anterior. Em toda parte, trata-se de fabricar carrocerias menos pesadas e equipamentos mais leves: em trinta anos, o peso do sistema de freio ABS da classe S da Mercedes foi divi-

---

6   Um quilo de peso economizado torna possível uma economia de 5 mil toneladas de querosene ao longo da vida útil de um avião.
7   O alumínio também vai de vento em popa. A nova liga de alumínio e lítio, o *"airware"*, permite reduzir em 25% o peso de certas peças dos aviões.

dido por 5. Graças à utilização do alumínio – 3 vezes mais leve do que o aço –, a nova versão da *pick-up* Ford F-150 perdeu 329 kg para um peso total de 2 toneladas. Na base desses regimes impostos aos aviões e aos carros, encontra-se o imperativo de consumir menos energia e limitar as emissões de CO_2. Essa corrida da redução de peso vai ainda continuar, principalmente em razão do desenvolvimento dos carros elétricos, os quais, para ter uma autonomia satisfatória, deverão ser os mais leves possíveis.

Miniaturização

Paralelamente à revolução dos materiais, desenvolve-se a revolução da miniaturização impulsionada pela invenção do transistor, do circuito integrado em silício e do microprocessador. Graças a uma impressão sempre mais fina, a cada dois anos, aproximadamente, a miniaturização dos chips eletrônicos ultrapassa uma nova etapa. É famosa a chamada lei de Moore, que enuncia que o número de transistores sobre a superfície de um chip dobra a cada 18 meses. Essa corrida pela redução do tamanho dos transistores elementares fez com que a indústria eletrônica recorresse às nanociências, fazendo com que o tamanho dos componentes eletrônicos agora se aproxime ao dos simples átomos. E na medida em que se começa a dominar a fabricação de transistores em nanotubos e de interruptores moleculares, alguns já sonham com o desenvolvimento de computadores cujos componentes eletrônicos serão átomos ou moléculas individuais. A célebre previsão de Moore poderia então ser ultrapassada. Na realidade, um grupo internacional de pesquisadores acaba de anunciar um transistor composto de um único átomo de fósforo sobre uma camada de átomos de silício. Não é o primeiro transistor monoatômico, mas é a primeira vez que se abre a possibilidade de que sua fabricação venha a ser em escala industrial.

Por causa do aumento da potência dos *chips*, os grandes sistemas recuaram constantemente em proveito dos minis e, então, dos microaparelhos eletrônicos, que têm sempre menos volume e peso, sempre mais mobilidade e capacidade: estima-se que um *smartphone* tenha agora tantas capacidades de cálculo quanto os computadores da NASA que permitiram os primeiros passos do homem sobre a lua em 1969. Ao mesmo tempo, os circuitos integrados invadiram os aparelhos de nossa vida cotidiana, do leitor de DVD ao cartão bancário, passando pela televisão, pelo telefone, pela câmera fotográfica digital, pelo computador, pela máquina de lavar, pelo forno de micro-ondas e pelo automóvel.

Graças à miniaturização dos componentes, surgiram os objetos multifuncionais que integram vários objetos em um único (telefone, máquina fotográfica, disco rígido, câmera, leitor de música e de vídeo). A tendência é aumentar as funções para diminuir o atulhamento. Hoje, vemos surgir óculos *high-tech* capazes de integrar todo um conjunto de funcionalidades: elementos virtuais, agenda, troca de mensagens, GPS, fotos, vídeos, *e-mails* e chamadas. Os jogos de videogame são cada vez menos disputados nos consoles e cada vez mais nos *smartphones* e *tablets*. A leveza do objeto conectado já supera a simples questão de seu peso, ela remete à variedade de funcionalidades que ele preenche em relação a seu peso ultraleve.

Em nossa época, a leveza, assim como a velocidade, é comandada por uma dinâmica hiperbólica. Os objetos mais cotidianos encontram-se engajados em uma corrida sem fim pelo ultraleve, pelo hiperfino, pelo que ocupa sempre menos espaço. Telefones, aparelhos de som, câmeras fotográficas, microcomputadores, MP3, *tablets*, objetos conectados, *wearable devices*: em toda parte, trata-se de reduzir ao máximo o volume e o peso dos objetos. Estamos no momento em que predominam o peso pluma e os equipamentos da hipermobilidade digital. Mais e mais funcionalidades, capacidades de conexão e de comunicação, como também mais e mais objetos compactos e leves. O primeiro computador eletrônico, o ENIAC, fabricado em 1946, pesava 80 toneladas e consumia a energia de várias locomotivas; o primeiro computador pessoal IBM, em 1981, pesava mais de 20 kg. Agora, um MacBook ultraportátil, ainda que dotado de uma potência amplificada, pesa pouco mais de 1 kg e não tem mais do que 2 cm de espessura. O leitor áudio-digital Kana Micro pesa 10 g e tem 1 cm de espessura. Já temos os *minitablets* de 17,8 cm, as máquinas fotográficas menores do que um cartão de crédito, as impressoras fotográficas de bolso, filmadoras ultracompactas com um peso inferior a 100 g. E logo mais estará no mercado todo um conjunto de objetos com tela flexível, maleável, final como papel de seda.

A revolução da leveza avança a uma velocidade enlouquecedora. Graças à miniaturização dos *chips* e aos progressos do digital, desenvolve-se a *Internet of Things* (a internet dos objetos) já superada pela *Internet of Everything* (a internet de tudo), o que nos leva a crer que não há mais limites para a conectividade. Cidade, estrada, carro, eletrodomésticos, animais, agora todos podem ser incluídos. Surge um novo *slogan*: "conectar o não conectável". O centro de estudos Idate avalia em 80 bilhões o número de objetos conectados até 2020. Cidades, casas, portões, objetos, todos inteligentes: passamos dos tapetes voadores aos *chips* eletrônicos, da leveza poética à leveza "inteligente", miniaturizada e conectada.

Nesse caminho, os equipamentos *wearable*, carregados pelas pessoas, estão em fase de decolagem. Braceletes, relógios de pulso, óculos, são tantos os objetos ultraleves que, conectados à internet ou a um *smartphone*, são capazes de trazer informações, fazer vídeos e fotos, indicar um itinerário e, não demora muito, de pagar suas compras no caixa passando-se simplesmente o punho perto de um dispositivo NFC (comunicação por campo de proximidade). Relógios inteligentes que permitem acesso aos aplicativos de troca de mensagens e *e-mails*; anéis equipados com transmissores que abrem as portas; óculos com comando de voz que registram vídeos, mostram informações em sobreimpressão visual: agora é o momento dos dispositivos conectados que carregamos conosco. *Smartphone, smartwatch, smart textiles*: o paradigma da leveza remete cada vez mais às tecnologias inteligentes, conectadas e portáteis. Quanto mais os objetos são miniaturizados, mais podem enriquecer a realidade de elementos virtuais: coisas mais leves, realidade aumentada.

Multiplicam-se os aparelhos discretos e leves dedicados ao *quantified self* (pedômetros, captadores, braceletes conectados) que medem o ritmo cardíaco, a porcentagem de oxigênio no sangue, as distâncias percorridas, o número de calorias queimadas. Depois dos pedômetros e braceletes, vemos surgir captadores diretamente integrados nas roupas, calçados, bonés e até mesmo sapatos. Roupas inteligentes que medem o pulso, o ritmo cardíaco e respiratório, a temperatura externa. Não são mais instrumentos pesados de medida, mas captadores miniaturizados presos aos objetos do cotidiano que recolhem dados relativos à saúde, à forma e à higiene de vida.

Desmaterialização

O fato esta aí: na produção dos bens materiais, já é possível utilizar proporcionalmente cada vez menos matéria e energia. Isso é o que se chama "desmaterialização relativa": fazer os mesmos objetos com menos matéria, produzir mais bens a partir de uma quantidade de matéria idêntica ou menor, diminuir o consumo de recursos materiais por unidade de valor agregado.[8] Uma desmaterialização sustentada pelo processo de miniaturização e pela fabricação de materiais e de objetos mais leves, isto é, que exigem menos matéria.

De agora em diante, a desmaterialização baseia-se cada vez mais na expansão da digitalização de todo um conjunto de serviços e de conteúdos. Com as novas tecnologias da informação e da comunicação (TICs), a desmaterialização consiste na transformação de atividades físicas ou com suporte material em atividades imateriais tornadas possíveis pelas ferramentas informáticas. As TICs permitem a realização por via eletrônica daquilo que era feito por meio de um processo físico. Na era da invasão digital, os dados informáticos, os arquivos eletrônicos e o tratamento digital desempenham um papel central em todos os campos da atividade humana. Fazemos parte de um mundo marcado pela "substituição informacional": o *e-commerce* pode substituir a loja; o *e-learning*, a sala de aula; a teleconferência, as reuniões físicas; o *home office*, o escritório; ouvir música por *streaming*, os CDs; o *e-book*, o livro de papel: "Este verão, vou viajar mais leve: um biquíni, uma saia e mil livros" (publicidade do leitor Kobo).

Com o *cloud computing*, a desmaterialização afeta agora a própria informática. Não há mais necessidade de passar por um computador

---

[8] Suren Erkman, *Vers une écologie industrielle*, Éditions Charles Léopold Mayer, 2004, p.110-112.

local para acessar serviços informáticos que já estão na rede, não há mais necessidade de potência de cálculo pela aquisição de material: utiliza-se, por meio da rede de internet, as aptidões e a potência de um sistema desmaterializado. Não há mais necessidade de instalar fisicamente o famoso programa Word no disco rígido do computador: tudo está disponível "nas nuvens". Os modernos, procurando realizar o sonho imemorial de voar, criaram engenhos voadores, mais leves do que o ar (os balões dirigíveis a ar quente ou a hélio): esse estágio ficou para trás. Não é mais o "mais leve do que o ar" que ilustra o ideal de leveza, mas os "armários virtuais", "a informação nas nuvens", a informática desmaterializada.

A desmaterialização impulsionada pelas TICs é constitutiva da revolução da leveza, não apenas porque processos físicos são substituídos por operações informacionais, mas também porque elas podem contribuir para a diminuição do impacto no meio ambiente das atividades em que estão implicadas. É claro que inúmeros estudos ressaltam os efeitos negativos das novas tecnologias sobre o meio ambiente. Nem por isso, são menos portadoras da esperança de um mundo onde o fluxo de informação substitui os fluxos físicos de mercadorias, onde o imaterial ocupa o antigo lugar das máquinas-ferramentas, onde o crescimento econômico seria compatível com a redução de seu impacto global sobre a biosfera. Com a expansão das tecnologias digitais, surge a ideia de uma economia do imaterial que não seria sustentada pelos fluxos físicos com efeitos deletérios para os ecossistemas. Depositam-se muitas esperanças nas TICs como vetores de uma economia desmaterializada, de uma "economia leve"[9] que diminui a carga que pesa sobre a bioesfera. Seria necessário deixar claro que nos encontramos apenas no início dessa economia leve cujo balanço é controverso e as manifestações ainda muito limitadas?

---

9   Thierry Kazazian, Il y aura l'âge des choses légères. Design et développement durable, Victoires, 2003. [Publicado no Brasil em 2009 sob o título *Haverá a idade das coisas leves: Design e desenvolvimento sustentável*, pela Editora Senac SP.]

A conquista do nanomundo

A dinâmica do leve passou a uma velocidade superior. O momento atual é o das nanociências e das nanotecnologias, que manipulam os materiais nas escalas atômicas, moleculares e macromoleculares. Desde os anos 1980, graças ao microscópio de efeito túnel, é possível deslocar e combinar as moléculas ou os átomos um por um.[10] Constituiu-se um imenso campo de pesquisas que investe e recompõe o mundo do imperceptível nos confins do infinitamente pequeno. A era hipermoderna é contemporânea à exploração dos universos liliputianos, da intervenção do mais leve do que o leve, das entidades do minúsculo na escala do "nano", isto é, do bilionésimo de metro. O velho *slogan* "pequeno é maravilhoso" encontra uma apoteose absoluta no *"small bang"*[11] que, resultando da combinação do progresso da informática, das nanotecnologias, da biologia e das ciências cognitivas, é capaz de fabricar nano-objetos com finalidades diversas.

Ainda que a definição exata das nanotecnologias provoque debate, é bem provável que uma revolução de primeira grandeza esteja em andamento, cujas aplicações já afetam campos muito variados e que, em um prazo mais ou menos longo, modificará nossas maneiras de viver, de proteger o meio ambiente, produzir, consumir e cuidar. Com a nanorrevolução, a medicina está vencendo uma nova etapa. Algumas pesquisas em andamento almejam fabricar nanorrobôs capazes de desempenhar diversas funções médicas: detecção rápida de doenças e de anomalias celulares, reparação e "vigilância" das células e nanocirurgia. Estão sendo produzidos nanorrobôs destruidores de vírus, nanolimpadores de colesterol, nanopartículas magnéticas capazes de transportar genes saudáveis para um tecido celular doente (terapia gênica).

---

10   Dispõe-se agora de um sistema nanoeletromecânico (Nems) capaz de pesar individualmente os átomos em temperatura ambiente. E a balança Karin deve permitir, em 2016, pesar a mais leve das partículas elementares: o neutrino. Será necessária a maior balança do mundo (200 toneladas) para pesar um nano-objeto, alguns dez milhões de vezes mais leve do que a mais leve das partículas: o elétron.

11   Étienne Klein, *Le Small Bang. Des nanotechnologies*, Paris, Odile Jacob, 2011.

Em particular, a nanomedicina deixa entrever profundas mudanças no diagnóstico, na prevenção e no tratamento do câncer: as nanocápsulas já estão trabalhando na erradicação das células cancerosas sem prejudicar os tecidos normais. Um novo mundo está sendo elaborado impulsionado pelos esplêndidos progressos dos nanomateriais, das nanomáquinas e de outros nanomedicamentos. Cada vez mais, a manipulação dos constituintes elementares da matéria aparece como a via real da luta contra a morte, o instrumento-chave que alarga os limites daquilo que parecia possível em matéria de miniaturização, de ciência dos materiais, de medicina.

O que motiva as maiores esperanças, alimenta as utopias futuristas e também os novos medos é o paradigma "nano", a ação sobre os elementos da matéria no nível atômico e molecular. A fabricação de materiais com propriedades novas, o desenvolvimento de uma medicina capaz de regenerar os tecidos do organismo e de enfocar exclusivamente nas células doentes, o advento de um planeta mais verde, os projetos de um "homem aumentado" com desempenhos aperfeiçoados: o domínio do ínfimo, do nanomundo, vai abrir de maneira vertiginosa o campo das possibilidades e dos poderes do homem. Agora, a manifestação por excelência da potência da racionalidade instrumental não se expressa mais tanto na conquista do pesado, mas por meio da extrema miniaturização das tecnologias e do controle do infinitamente pequeno.

Contudo, o leve nanômetro também é aquele que alimenta os temores de um certo número de pesquisadores que alertam sobre os potenciais perigos que ele traz. Ao invocar seus riscos sanitários, alguns movimentos, em nome do princípio de precaução, exigem uma moratória total ou parcial sobre as nanotecnologias. Quase em todos os lugares, elas suscitam a desconfiança, a hostilidade, e dão origem aos alertas contra os "riscos incalculáveis" que o contato de nosso organismo com as nanopartículas poderiam conter. São inúmeras as inquietudes em relação aos "nanoalimentos" e outros nanoprodutos utilizados nos produtos de limpeza, artigos de esporte e produtos cosméticos. A inalação de uma grande quantidade de nanopartículas, sua penetração no corpo, poderia causar problemas circulatórios, inflamações dos tecidos pulmonares e prejuízos ao cérebro. À medida que se multiplicam as publicações sobre nanotoxicologia, alguns não hesitam em reconhecer, nas novas criaturas tecnológicas, realizações "diabólicas" que, ao ameaçar toda a humanidade, apresentam riscos tão grandes quanto a tecnologia nuclear.

Até então, a leveza estava associada a um convite poético à viagem, a um imaginário "aéreo libertador", a uma impulsão feliz para o alto. As imagens de leveza ligavam-se a uma estética da graça, ao maravilhoso, à felicidade de se livrar de nosso peso.[12] Não é mais assim. No tempo dos nanomateriais, o infraleve encontra-se associado à transposição das barreiras biológicas, à toxicidade, aos riscos sanitários e ambientais. Não é mais um imaginário fantasioso e suave, mas o medo dos efeitos patógenos sobre o organismo, da difusão de partículas biopersistentes, não geradas pelas células. O leve, que era ascensional, agora se exibe sob o signo obscuro das pesquisas dos aprendizes de feiticeiro, de uma penetração perigosa nos organismos biológicos, de um poder total ainda mais intrusivo, uma vez que suas ferramentas são invisíveis a olho nu, impalpáveis, nanoscópicas.

Quaisquer que sejam as apreciações feitas sobre os efeitos do progresso tecnológico, não há espaço para a dúvida: a civilização da leveza está destinada a conhecer um imenso desenvolvimento por meio das nanotecnologias. O futuro pertence à extrema miniaturização, à ação sobre o ínfimo e o real quase invisível: o que seremos dependerá cada vez mais de nossa força para reunir e explorar os elementos mais minúsculos da matéria. Não será mais o "biopoder" (Foucault) exercendo-se por meio de medidas maciças sobre as populações, mas um nanopoder que, ao investir no infinitamente pequeno, decompõe e recompõe a matéria como em um jogo de Lego. "O papel do infinitamente pequeno é infinitamente grande", escrevia Pasteur: essa maneira de conceber o papel dos confins do invisível está mais do que nunca verificada com as nanotecnologias. Por meio delas, a ideia de Foucault de "microfísica do poder" pode encontrar uma nova significação e perspectivas de alcance infinito. Na realidade, é a capacidade de moldar dispositivos de

---

12   Gaston Bachelard, *op. cit.*

tamanho nanoscópico, de manipular a matéria no nível atômico e molecular, que abre o caminho para a maior potência existente. A potência extrema ganha-se menos pela ação pesada sobre os grandes conjuntos do que pelo poder sobre as "ínfimas materialidades" (Foucault). É possível que essa microfísica da potência humana seja mensageira de uma ruptura maior na aventura de nossa espécie.

Nessa escala de intervenção sobre os elementos, as nanotecnologias fabricam materiais totalmente inventados e que têm funcionalidades e potencialidades novas. Um dia, talvez, nas nanofábricas do futuro, as novas tecnologias poderão instaurar uma nova natureza, transformar radicalmente nossa relação com o mundo, o que alguns chamam de vivo, a própria condição humana. A convergência das nanotecnologias, das biotecnologias, da robótica, das técnicas da informação e das ciências cognitivas abriu o caminho aos tecnoprofetas, às utopias pós-humanistas e transumanistas que anunciam o advento do ciborgue, a fusão da humanidade e da máquina, o crescimento ilimitado de nossas capacidades físicas e mentais, a juventude eterna, a superação de nossa condição humana imperfeita e mortal. Trata-se, nada menos, nessa corrente de pensamento, de vencer a própria mortalidade biológica ao produzir uma ciber-humanidade imortal graças à transferência, em breve possível tecnologicamente, como nos garantem, do "conteúdo informacional do cérebro" para as redes informáticas.

Na era do nanopoder, da recomposição da matéria e das biotecnologias, a conquista demiúrgica do mundo infinitesimal surge como uma "quarta revolução industrial", um dos principais motores da tecnologia do século XXI, o vetor da maior potência de transformação futura do mundo e da vida. Com a revolução "nano", afirma-se não apenas um novo poder sobre a matéria (produção de materiais novos), mas sobre o vivo e a saúde, principalmente pelo intermédio da medicina regeneradora e da nanomedicina, que lutam contra o envelhecimento e as doenças degenerativas ao buscar reproduzir artificialmente os processos biológicos de regeneração das células. Ninguém sabe, evidentemente, o que será dessas promessas vertiginosas que povoam o mundo das nanotecnologias, mas a imensa revolução, que de todo modo se anuncia, passará menos pelas intervenções pesadas do que pela ação controlada sobre o infinitamente pequeno, abrindo um mundo de possibilidades quase ilimitadas.

Revolução digital e fluidez nômade
A *hipermobilidade digital*

Por muito tempo, o aspecto positivo da leveza referiu-se à elegância, à graça das obras de arte. Hoje, um novo paradigma predomina: antes de revelar uma qualidade estética, a leveza designa um desempenho técnico, dos objetos que, miniaturizados e conectados, permitem a mobilidade, a fluidez, a facilidade das operações informacionais e cotidianas.

É a mobilidade conectada, o nomadismo dos objetos e das pessoas que ilustram cada vez melhor a leveza ultracontemporânea. Esse processo, que começou com o *walkman*, acentuou-se de forma considerável com os terminais móveis, os telefones portáteis, os microcomputadores, *netbooks, smartphones* e *tablets*. A combinação da mobilidade e da internet criou um novo paradigma da leveza, inscrito sob o signo do nomadismo digital. Não é mais exclusivamente o domínio estético que é o lugar da leveza positiva, mas a hipermobilidade, o "borboletear", a fluidez de navegação sobre as redes virtuais.

Com a internet móvel, novos aplicativos são constantemente propostos, tornando possível uma navegação tão rápida quanto fluida. Recentemente, os aplicativos de troca de mensagens efêmeras acabam de oferecer um novo exemplo de leveza digital, ao permitir aos internautas trocar mensagens e fotos em seus celulares que se autodestroem automaticamente segundos depois de serem vistas. Uma foto aparece na tela e depois desaparece sem deixar traços: eis o tempo do digital que, tornado leve como um sopro de ar, afirma-se sob o signo da evanescência pura.

Um novo cosmo de leveza está sendo construído, e seu impacto sobre o modo de vida é considerável. Na época do nomadismo digital, a leveza conquista os gestos cotidianos: ela não é mais apenas sinônimo de objetos menos pesados, mas o advento de um universo humano social feito de facilidade, de mobilidade e de conectividade generalizada. A leveza hipermoderna significa a possibilidade de cada um estar simultaneamente em vários lugares, de intervir à distância qualquer que seja o lugar onde se encontra, de ter acesso a uma infinidade de conhecimentos, a tudo e em toda parte, sem restrições de tempo e de localização: à medida que triunfa a navegação virtual, o nômade conectado impõe-se como uma figura influente da leveza hipermoderna.

Promessa e servidões da vida digitalizada

O elo das tecnologias digitais com a leveza é duplo: além de permitirem o nomadismo virtual, elas são capazes de reduzir o peso que certas organizações exercem sobre as vidas individuais: trabalho, ensino, transporte e vida social estão diretamente envolvidos.

O *home office* apresenta a vantagem de eliminar o desconforto dos trajetos entre o domicílio e o local de trabalho, permitindo ainda gerenciar o uso do tempo livremente. A videoconferência possibilita que se evitem os deslocamentos inúteis, que se ganhe tempo, que se reduza o cansaço ligado aos transportes. Analistas de tendências já anunciam que as empresas digitais não terão escritório fixo, nem restrições de horário e lugar. A administração não funcionará mais baseada na autoridade e no poder hierárquico, mas na confiança e na liberdade de organização do trabalho dos colaboradores. O trabalho realizado poderia substituir o controle dos assalariados.

No ensino, está em andamento a revolução digital que poderia transformar radicalmente, em um prazo mais ou menos longo, tanto a relação pedagógica quanto os modos de aquisição de conhecimento. A mobilidade urbana torna-se mais flexível graças aos sites que organizam a carona compartilhada; os viajantes vivem a experiência da expectativa de maneira menos pesada a partir do momento em que podem dispor de informações atualizadas em relação aos atrasos e horários dos transportes coletivos. Esses mesmos viajantes ouvem música no metrô, veem filmes ou trabalham no trem, que se transforma em escritório. Os sites de encontro e as redes sociais facilitam a multiplicação dos contatos. É dessa forma que as tecnologias digitais contribuem para a emergência de uma sociedade de mobilidade personalizada, diversificada e comunicante, na qual os indivíduos têm a possibilidade de se libertar de diferentes pesos do real e de se beneficiar de uma nova desenvoltura em seus deslocamentos e na organização de suas vidas.

Quase não há mais setores de atividades que não sejam transformados pelos sistemas eletrônicos no sentido de se ter uma maior flexibilidade. Ao passo que a época conhece uma explosão de sites de *e-commerce*, um número cada vez maior de consumidores fazem compras *on-line*, visitam lojas virtuais e informam-se nos sites comparadores. Não há mais necessidade de se deslocar para fazer suas compras e se submeter aos horários de abertura dos lugares comerciais: uma parte considerável do consumo oscilou para o reino imaterial da imediatez, do impalpável, do ultraleve.

O próprio dinheiro registra essa dinâmica por meio das transferências bancárias, saques automáticos, pagamentos *on-line*, pagamentos por cartão, PayPal, carteira eletrônica. Vivemos o tempo da evaporação da dimensão tátil do dinheiro, do desaparecimento dos volumes e dos pesos, em prol de uma moeda virtual eletrônica. Graças às técnicas digitais de reconhecimento facial ou gestual, em breve os pagamentos poderão ser efetuados com simples movimentos da cabeça ou do rosto. Será possível livrar o consumidor da atual dependência em relação ao computador e seus programas específicos.

A *fluidez e sua sombra*

Por mais inegável que seja, essa leveza tem também seu lado contrário. Os progressos técnicos e a terceirização da economia com certeza permitiram o aperfeiçoamento das condições de trabalho, pelo menos em relação ao desconforto físico das tarefas. Mas o reino do computador pode ser acompanhado de novas formas de desconforto; muitos assalariados passam a maior parte do dia imóveis, com os olhos fixos na tela. Se esse tipo de atividade não se assemelha mais ao "inferno" da mina, nem por isso as questões do mal-estar, do estresse e do sofrimento no trabalho deixaram de tomar uma importância nova que afeta categorias de funcionários muito diversas. Será que os assalariados que tratam da informação vivem muito melhor seu trabalho imaterial do que os operários do velho mundo industrial? As novas condições da concorrência e os imperativos de rentabilidade estão, certamente, na origem desses desconfortos, mas as tecnologias do digital também têm sua parte na medida em que instauram a ditadura das respostas imediatas, a impossibilidade de se distanciar, uma pressão temporal permanente, o sentimento de viver "enterrado no trabalho". Em toda parte, as grandes empresas pedem para reduzir os prazos, fazer mais com menos: uma implacável lógica de urgência invadiu a esfera do trabalho. Ela engendra muito mais um homem hipertenso, despossuído do sentido de sua atividade, do que um homem leve.[13] À medida que desmaterializam o trabalho, as novas tecnologias aumentam constantemente o peso da carga psicossocial suportada pelos assalariados. O imaterial digital é menos mensageiro de existência nômade do que de vida em fluxo tenso, em "zero de atraso".

Na esfera da vida privada, os efeitos positivos do digital são tão numerosos quanto indiscutíveis. Porém, mais uma vez, ele é acompanhado de novas ameaças e servidões. Prejuízos e incivilidades ligados à utilização intempestiva do telefone celular no transporte público. Confusão entre a esfera do trabalho e a do privado. Perda de eficácia e de tempo por causa da hiperconexão. Observa-se também a expansão de novas formas de submissão e de dependência. Segundo diversos estudos, mais da metade das pessoas sofrem quando são privadas de conexão com a internet. Três quartos dos adolescentes dormem com seu telefone celular ligado sob o travesseiro ou colocado sobre o criado-mudo. Estudantes submetidos a uma experiência em que deviam se abster do uso das ferramentas *high-tech* durante 24 horas reconheceram que experimentaram sentimentos de abstinência, angústia, solidão e depressão. Compulsão do "*checking*", obrigação interna de responder no mesmo instante, navegação perpétua na nebulosa internet: se o digital torna possível a libertação em relação ao peso do espaço-tempo, ele favorece ao mesmo tempo a do *homo addictus*. Ainda e sempre, o pesadelo da queda substitui o voo icariano.

---

13   Ver Nicole Aubert, *Le Culte de l'urgence*, Paris, Flammarion, 2003.

As ameaças ligadas ao império do digital não param aqui: elas afetam o respeito das liberdades públicas e da proteção da vida privada. Desde as revelações de Edward Snowden sobre o programa de vigilância eletrônica PRISM, sabemos que, desde 2007, o FBI e a NSA tiveram acesso aos dados pessoais alojados pelas gigantes americanas da *web*. Esse caso provocou uma onda de indignação internacional e criou inquietude entre os governos europeus e asiáticos. A CNIL reiterou suas inquietudes quanto ao programa PRISM e sua reprovação quanto a uma "mecanização da vigilância". Segundo a Comissão: "O tratamento PRISM constitui uma violação da vida privada dos cidadãos europeus com uma amplidão inédita e ilustra concretamente a ameaça que representa o estabelecimento de uma sociedade de vigilância." Esse escândalo ilumina sob outro ângulo a natureza da vida conectada, na medida em que, sob a fluidez da internet, oculta-se uma vasta rede mundial de vigilância das trocas por *e-mail*, mensagens instantâneas, telefones e redes sociais. Sob este ponto de vista, é menos a imagem leve do navegador que se encontra associada à internet do que aquela da vigilância ou da espionagem digna de Big Brother.

Nuvem digital e Big Data
A galáxia do digital veicula uma imagem de fluidez e de leveza nômade. Mas é inseparável, ao mesmo tempo, de uma forma de obesidade que se concretiza na massa de informações exploradas. O aumento das capacidades de armazenamento e a generalização do uso da internet permitem captar e cruzar uma quantidade vertiginosa de dados que provêm dos indivíduos conectados. Eric Schmidt, presidente executivo do Google, sustenta que todos os dias criam-se tantos dados quanto entre o início da humanidade e o ano de 2003. Estima-se que o volume de dados produzidos dobra a cada dois anos. Em 2013, cerca de 80 bilhões de *e-mails* foram trocados no mundo. Em relação ao fenômeno chamado Big Data, fala-se de "tsunami de informações", de "dilúvio de dados". O imaterial produziu estranhamente uma nova forma de excrescência: a "infobesidade".

Tudo indica que esta vai se intensificar ainda mais, pois cada vez mais objetos, TV, geladeira, videogame portátil, lojas, digitalizam-se e conectam-se, aumentando assim as fontes de dados. Contam-se atualmente em média seis objetos conectados por domicílio. Em 2020, cada usuário terá, em média, acesso a vinte objetos conectados. Segundo um estudo da Ericsson, serão então 50 bilhões de objetos conectados no mundo. A revolução da leveza gerou finalmente um fluxo de dados que não cessa de aumentar e cujos volumes são tão gigantescos que exigem novos métodos de armazenamento, de gerenciamento e exploração.

É decorrente disso o desenvolvimento de uma nova tecnologia denominada Big Data, que tem a função de analisar o corpo maciço dos dados estruturados e não estruturados, para fins geralmente de previsão. A partir de um imenso acúmulo de dados infinitesimais, torna-se possível, por meio de um tratamento estatístico, realizar uma abordagem preditiva das patologias, fazer recomendações personalizadas, avaliar os riscos, preconizar itinerários em função do tráfego. Ao realizar o encontro entre o "bem pequeno" e o infinitamente grande, a revolução da leveza contribui para o aumento do poder das correlações e não mais da explicação. Não é mais a experiência do devaneio leve, mas o poder do preditivo e da "governabilidade algorítmica".

Com a expansão das tecnologias e da indústria do digital, assistimos à expansão de duas tendências contraditórias. O universo da internet é acompanhado de processos de descentralização, de desintermediação, de interação congruentes com a revolução da leveza. Em vez da troca unilateral e "direcionada" dos *mass media*, manifestam-se operações individualizadas que respondem às necessidades de cada um: o dispositivo piramidal do *um na direção de todos* foi destronado pelo reino maleável do *todos na direção de todos* e do *self-media*.

Contudo, ao mesmo tempo, a *web* é testemunha de uma nova concentração do poder e da riqueza por meio de plataformas gigantescas: o universo da fluidez informática deu origem a gigantes mundiais, a uma oligarquia que, no momento, é americana e cujo peso é desmedido. De um lado, cresce o poder dos particulares que, tendo acesso a um oceano de dados, podem se comunicar e se expressar, fazer compras de maior qualidade, estar mais bem informados. De outro, afirmam-se as multinacionais da *web*, que se tornam superpoderosas ao explorarem os bilhões de pequenos traços digitais deixados pelos consumidores e coletados sem que saibam durante as compras, conversas nas redes sociais, envio de fotos, visitas a sites da internet. É a partir de enormes quantidades dessas ínfimas informações disseminadas, depois encaminhadas para os centros de dados, que se constroem os novos macroatores da rede. No universo do Big Data, pleno de dados pessoais, o bem pequeno é o que alimenta a potência dos mastodontes da internet.

Diante do poder conferido pelo Big Data e pelos tratamentos maciços de dados, alguns alertam para a ameaça de um 1984 digital, a sombra de uma nova forma de dominação cheia de perigos para a liberdade e a dignidade humana. À medida que as tecnologias do Big Data investem constantemente em novos campos, levantam-se inúmeras questões quanto às implicações éticas de seu uso. Em um momento em que predominam as correlações fornecidas pelos sistemas algorítmicos, não seria o roteiro de *Minority Report*, em que os criminosos são detidos antes de cometerem um delito, que está sendo traçado? E, de uma forma mais abrangente, qual estatuto conceder aos dados pessoais disponíveis na *web*? Como proteger a vida privada dos internautas? Como regulamentar e garantir a efetividade do direito ao "esquecimento digital" sem prejudicar o direito à informação? Quem deve decidir e segundo quais regras? Este não é o lugar para se responder a essas questões. Apenas ressaltaremos que se, no momento do Big Data e dos sistemas algorítmicos, não se trata de compreender o por quê dos fenômenos, mas apenas de revelar as correlações e avançar as previsões pontuais e úteis. Nem por isso, esse universo deixa se ser fonte de reclamações e de pedidos de proteção por parte dos indivíduos, o que não ocorre sem levantar diversos problemas de aplicação. O mundo leve que surge não se refere muito mais à doce poética do voo: ele é feito de reclamações, controvérsias, arbitragens complexas em matéria de direito ao esquecimento, à desconexão.[14]

14 Depois de uma decisão da corte de justiça da União Europeia, o Google permite

O peso das tecnologias leves

A revolução da leveza investe cada dia mais em um número maior de setores. Contudo, um certo número de campos não oscilou de forma manifesta para essa órbita e tudo não é sutil na revolução da leveza. Sob a desmaterialização impõe-se o peso da poluição, das indústrias extrativas e da rematerialização por meio do consumo. A leveza hiperbólica dos objetos, o peso crescente dos prejuízos e dos volumes de materiais explorados; este é o rosto da civilização da leveza que emerge.

O acúmulo de resíduos

O formidável desenvolvimento dos materiais leves, dos objetos miniaturizados e das atividades desmaterializadas não impede o fato de que nunca produzimos tantos resíduos. Ao longo dos últimos vinte anos, os resíduos sólidos produzidos pelos países industrializados triplicaram: um europeu produz em média 600 kg de resíduos por ano e um americano, 700 kg. Entre 2008 e 2020, a quantidade de resíduos sobre o planeta deve ainda aumentar em 40%. Hoje, mesmo as tecnologias do leve contribuem para o acúmulo de resíduos: aqueles que vieram dos equipamentos elétricos e eletroeletrônicos representam, na França, cerca de 1,7 milhão de toneladas (25 kg/habitante/ano), e aumentam todos os anos em média de 3 a 5%.

O plástico, os componentes químicos e eletrônicos transformaram a natureza e os volumes dos resíduos. Inúmeras indústrias depositam nas águas de seus conglomerados grandes quantidades de metais pesados extremamente tóxicos como mercúrio, cromo, chumbo e cádmio. A retirada do gás, o esvaziamento dos reservatórios dos petroleiros e as manchas negras de petróleo provocam uma poluição considerável, distante da imagem ideal da civilização da leveza. Contendo elementos tóxicos, os resíduos industriais, os fertilizantes e os pesticidas aumentam os principais riscos sobre o meio ambiente e a saúde pela contaminação dos solos e da água.

desde 2014 aos internautas europeus que exijam a remoção dos links que os envolvem pessoalmente quando estes são "não pertinentes, obsoletos ou inapropriados".

Ainda que não sejam tóxicos, os resíduos são um prejuízo, pois acumulam-se na natureza e nas profundezas do mar. Um estudo do Ifremer revela que 540 milhões de toneladas de resíduos estão presentes nos fundos marinhos europeus. Segundo o Programa das Nações Unidas para o meio ambiente, são encontrados 18.500 pedaços de plástico por km^2 de oceano a uma profundidade de 30 metros.

Em 2012, 288 milhões de toneladas de matérias plásticas foram produzidas no mundo, cuja maior parte um dia terminará no meio ambiente, em particular nos oceanos. No mesmo ano, a União Europeia gerou 25 milhões de toneladas de resíduos plásticos, sendo 40% deles oriundos das embalagens. Desse total, 38% vão para os lixões, 36% são incinerados e apenas 26% são reciclados. Os sacos plásticos, essa maravilha de leveza tecnológica capaz de suportar uma carga 2 mil vezes superior ao seu peso, trazem cada vez mais problemas ecológicos com seu 1 bilhão de unidades produzidas no começo dos anos 2000 e precisando de até quatro séculos antes de começar a se degradar. Uma vez abandonados, os restos plásticos reduzem-se lentamente em pequenas bolhas tóxicas, os microplásticos, que, podendo ser consumidos pelos seres vivos, acumulam-se nos ambientes terrestres e marinhos. O superleve plástico ameaça agora o rebanho, as espécies marinhas, o litoral: seu rastro ecológico torna-se cada vez mais pesado. O universo consumista transformou a leveza dos produtos sintéticos em peso agressivo para o planeta.

A Terra transformada em lata de lixo não é uma fatalidade. Sete países-membros da UE, bem como a Noruega e a Suíça, reciclam mais de 80% de seus resíduos de plástico. Desde 2002, o volume de resíduos anuais por cada francês está declinando: em Paris, o volume de resíduos era de 587 kg em 2000, contra 519 kg em 2011. Contudo, tanto o volume de resíduos quanto os sistemas de eliminação permanecem um problema na maior parte do globo. Para assumir sua identidade, a fim de contribuir com o respeito ao meio ambiente, a civilização da leveza deverá se engajar resolutamente nas políticas de despoluição, de tratamento das águas usadas, de reciclagem dos resíduos industriais.

Tecnologias digitais e impacto ambiental

Paralelamente à poluição das terras e das águas, a da atmosfera pode atingir níveis muito elevados, em certas megalópoles. Pequim está quase que permanentemente mergulhada em um nevoeiro de poluição; no Estado de São Paulo, a poluição do ar mata mais do que os acidentes nas estradas. Esse tipo de poluição acaba de ser classificado como cancerígeno por uma das agências da OMS. A leveza dos objetos tecnológicos faz progressos prodigiosos, mas a poluição atmosférica intensifica cada vez mais o peso sobre a saúde das populações com crescimento industrial rápido.

Além da questão dos resíduos, o "superconsumo ecológico global" acentua-se constantemente. Todos os países da OCDE ultrapassam extensamente as capacidades da Terra de se regenerar e deixam um rastro ecológico pesado demais. Segundo o Fundo Mundial para a Natureza (WWF), "hoje, mais de 80% da população mundial vive em países que utilizam mais do que seus próprios ecossistemas podem renovar". Para um consumo sustentável, se dependessem apenas de suas fronteiras, os japoneses necessitariam de um território sete vezes maior do que o deles. E se todos os países adotassem o modo de vida dos americanos, seriam necessárias quatro Terras. Os objetos estão em regime de emagrecimento, mas desde os anos 1970, nossa "dívida ecológica" não para de aumentar.

E não são apenas os resíduos que estão em alta. Também somos testemunhas do crescimento das emissões de CO_2, em grande parte responsável pelo efeito estufa e pelo reaquecimento climático. São incontáveis, a esse respeito, os relatórios que tocam o sinal de alarme, pois são imensos os desastres que se anunciam se não reagirmos. E mesmo as novas tecnologias contribuem para a emissão de gás com efeito estufa. O arquivo baixado de um jornal consome tanta eletricidade quanto uma lavagem na máquina e "já se utilizam 50% de energia a mais para fazer circular os octetos do que para deslocar todos os aviões do mundo", relata a revista *Time*. Por trás da imaterialidade dos octetos, encontra-se o peso pesado do carvão que produz a energia. Na França, segundo um estudo do escritório Carbonne 4 publicado em 2013, as emissões de gás com efeito estufa ligadas ao aquecimento baixaram 14% por pessoa desde 2008, mas os resíduos provocados pela fabricação dos produtos eletrônicos aumentaram 40%. O equipamento dos produtos leves (TVs de tela plana, *smartphones* e *tablets*) levaram a um aumento da pegada de carbono: a fabricação de um televisor de tela plana gera 1,2 tonelada equivalente de CO_2, ou seja, 12% da média de carbono anual de um francês. À medida que aumenta a revolução da leveza, aumenta a pegada de carbono.

Estima-se que as tecnologias da informação e da comunicação consomem 10% da produção mundial de eletricidade, ou seja, a produção anual da Alemanha e do Japão somadas. Esse consumo de eletricidade deve continuar crescendo por causa dos aparelhos sempre mais potentes e que utilizam cada vez mais tecnologias sem fio. Segundo o Greenpeace, se a "nuvem" fosse um país, ela ocuparia a 5ª posição mundial em termos de exigência de eletricidade e, sem dúvida, suas necessidades serão multiplicadas por três até 2020. Os centros de dados informáticos no nível mundial consomem em eletricidade o equivalente da produção de trinta centrais nucleares. Alguns deles, extremamente energívoros, consomem tanta eletricidade quanto 250 mil lares europeus. E como em inúmeros países a eletricidade provém do carvão, os centros de dados provocam grandes emissões de CO_2. Paradoxalmente, a revolução da leveza participa no aumento da pegada de carbono de maneira não negligenciável.

Toda uma literatura dedica-se a demonstrar os efeitos negativos das TICs sobre a biosfera. Como a multiplicação dos equipamentos eletrônicos e sua obsolescência programada mobilizam enormes quantidades de materiais e de energia, nem as quantidades de matéria consumida nem a pegada ecológica diminuíram desde o aparecimento da economia informacional. Na verdade, as tecnologias eletrônicas e digitais exigem quantidades consideráveis de recursos naturais e, muitas vezes, geram um "efeito ricochete" ou "bumerangue", uma vez que o avanço do imaterial conduz o consumidor a consumir mais. Paradoxalmente, as ferramentas da economia desmaterializada têm um efeito pesado no meio ambiente. A era hipermoderna vê se desenvolver uma nova figura oximórica: o imaterial pesado.

Mas tudo deve permanecer assim? A redução do impacto ambiental não está fora de alcance e alguns progressos estão em andamento. A Apple anuncia que seus *data centers* agora são 100% alimentados por energias renováveis. Os futuros centros de dados do Google, na Finlândia, e do Facebook, na Suécia, serão 100% verdes. Em 2015, mais de um quarto do consumo energético do Facebook provirá de fontes próprias. A revolução da leveza avança: existem inúmeros projetos que reduziriam o consumo de energia das "fábricas digitais", inscrevendo-se assim de maneira positiva no âmbito do desenvolvimento sustentável e da redução do impacto do carbono.

Não faltam especialistas que privilegiam o papel positivo que as TICs podem desempenhar para promover o desenvolvimento sustentável. Pois, se inegavelmente estas emitem CO_2, isso ocorre em uma proporção relativamente baixa (2% do total) e, sobretudo, segundo um relatório da GeSi (Global e-Sustainability Initiative), daqui até 2020, elas poderiam reduzir em 15% os 98% de emissões restantes, geradas pelas outras indústrias e pelos consumidores. As tecnologias digitais podem amplamente contribuir para a otimização da gestão dos aparelhos eletrodomésticos, da iluminação, do aquecimento e da climatização; elas oferecem oportunidades para a redução da poluição e do desperdício, propondo soluções alternativas (visualização das trocas, *home office*, transportes coletivos "inteligentes") a inúmeras atividades devoradoras de energia. Fazer melhor com menos, otimizar os consumos totais de energia, reduzir os fluxos materiais, minimizar o impacto ambiental. Ninguém duvida de que as novas tecnologias guardam um potencial importante para avançar rumo a uma economia sustentável, mais leve.

Desmaterialização e economia material

Se há crescimento dos resíduos, assistimos também a uma produção e a um consumo crescentes de bens materiais. Como se viu mais acima, as TICs têm um custo ecológico e são vorazes em recursos materiais. Sob a desmaterialização, oculta-se uma economia bem material. Os materiais secundários necessários para produzir um circuito integrado de 2 g representam mais de 630 vezes o peso do produto final. E, contrariamente ao que se pode esperar, as técnicas digitais não reduziram de forma alguma os transportes físicos e certos consumos materiais. Tomando apenas um único exemplo, o consumo de papel, nos Estados Unidos, aumentou em 33% entre 1985 e 1999 e a produção mundial deve ainda dobrar daqui até 2050.

Por outro lado, em trinta anos, as compras de bens manufaturados efetuadas pelos franceses dobraram, os equipamentos elétricos praticamente foram multiplicados por seis em dezoito anos, o que implica uma utilização crescente de matérias-primas. A elevação do nível de vida, a curta duração da vida dos produtos e o crescimento dos países emergentes provocaram um forte aumento da demanda por minerais de todos os tipos. O Sustainable Europe Research Institute estima que, em 2010, a humanidade consumia 50% de recursos naturais (renováveis ou não) a mais do que nos anos 1980, com cerca de 60 bilhões de toneladas de matérias-primas por ano; esse nível pode ainda aumentar em 65% até 2030.[15] A civilização da leveza mostra-se paradoxalmente cada vez mais voraz por bens materiais e matérias-primas.

No entanto, especialistas apresentaram, desde os anos 1980, a ideia de desmaterialização ou de "fim da era dos materiais".[16] Desde esse momento, na realidade, a economia americana consome 40% menos aço do que nos anos 1920; segundo Marc Giget, "o Japão consumiu em massa, em 1984, 47% menos aço do que em 1973, 18% menos alumínio e 8% menos plástico. Há uma menor demanda por todos os outros grandes metais, cobre, zinco e chumbo": uma diminuição que também envolve materiais como cimento ou vidro.[17] A ideia é que nossas economias consumam cada vez menos matéria na produção industrial. Menos

---

15   Commissariat général au Développement durable, "Recyclage et réemploi, une économie de ressources naturelles", março de 2010.
16   Eric D. Larson, Marc H. Ross, Robert H. Williams, "Beyond the Era of Materials", *Scientific American*, vol. 254, n. 6, 1986.
17   Citado por Bernadette Bensaude-Vincent, *Se libérer de la matière? Fantasmes autour des nouvelles technologies*, INRA, 2004, p. 11.

matéria-prima, mais tecnologias da informação: o futuro se anuncia sob o signo da desmaterialização da economia.

A tese acaba de ser retomada sob outro ponto de vista pelo economista Chris Goodall: segundo suas análises, o Reino Unido atingiu, entre 2001 e 2003, o que ele chama um *peak stuff*, um "pico dos objetos", e isso antes mesmo do início da crise econômica.[18] Desde então, o país consome menos carros, energia, materiais de construção, água, papel ou carne; e o volume dos resíduos também está recuando. Esse estudo é interessante porque mostra o recorte relativo entre crescimento econômico e consumo de bens físicos: o crescimento econômico poderia caminhar junto com uma diminuição do consumo dos recursos materiais.

A tese, de fato, desperta algumas objeções. Em primeiro lugar, porque ela não leva em conta o consumo de recursos materiais que foi necessário nos países estrangeiros para fabricar os produtos que são importados. Em segundo lugar, a tese está longe de ser verificada em toda parte. Um estudo de *Futuribles*[19] observa realmente alguns picos na França nas áreas dos combustíveis, jornais, revistas, carros e móveis. Mas esses fenômenos não permitem diagnosticar uma inversão de tendência global, uma vez que o consumo material não deixou de crescer. A verdade é que muitas dessas baixas frequentemente apenas ocultam "efeitos de substituição": o recuo do consumo de carne é compensado pelo do leite, do queijo ou dos ovos; a queda das vendas de jornais em papel efetua-se em prol da compra dos computadores e *tablets*. De fato, nunca se consumiu tanta matéria-prima. Evidentemente, são necessários cada vez menos recursos materiais para obter mais desempenhos técnicos, mas, ao mesmo tempo, os objetos, considerados uma dinâmica de inovação acelerada e de moda, têm uma meia-vida cada vez mais

---

[18] Chris Goodall, "Peak Stuff: Did the UK Reach a Maximum Use of Material Resources in the Early Part of the Last Decade?", trabalho de pesquisa, 13 de outubro de 2011. E a análise de Audrey Garric, "La consommation a de l'avenir", *Le Monde*, 11 de janeiro de 2014.
[19] "Produire et consommer en France en 2030", *Futuribles International*, em Futuribles.com.

curta. Sendo assim, fabricam-se cada vez mais objetos e há, portanto, uma alta no consumo global de recursos físicos. No momento, civilização da leveza não significa "desmaterialização relativa" da economia.

O peso do pesado

Também não se deve perder de vista que a corrida à miniaturização e à digitalização é inseparável de infraestruturas pesadas e de uma inflação de aparelhos que são perfeitamente materiais. É por essa razão que se dá, em um contexto de extensão global dos modos de consumo ocidentais, um crescimento exponencial da demanda por metais e energia para fazer funcionar a informática desmaterializada. Portanto, igualmente, atividades industriais extremamente pesadas para obter a energia e as matérias-primas são necessárias para a nova economia: perfuração profunda, exploração mineira de grande dimensão, fratura hidráulica e fissão nuclear. A extração de minerais e de combustíveis fósseis exige gigantescos deslocamentos de terra e de água, bem como reagentes químicos de grande impacto ambiental. Mesmo em um momento de desmaterialização da economia, nada é possível sem os recursos do subsolo e das indústrias mineiras que acionam meios colossais: são os materiais escondidos sob a terra que permitem o mundo imaterial da *cloud*. Ainda nos encontramos hoje no momento em que o leve baseia-se na extração massiva de minerais e nas megaexplorações mineiras. Não há desmaterialização da economia sem a realidade de fato material da exploração dos recursos da Terra e, no momento, não é possível haver economia do imaterial sem todo um conjunto de intervenções "agressivas" contra o meio ambiente.

Ademais, nossa atividade econômica depende em grande parte das energias fósseis e nucleares. Estas constituem indústrias pesadas, seja em razão de seu impacto sobre o meio ambiente, seja em razão dos resíduos altamente radioativos que têm uma meia-vida que pode atingir centena de milhares, ou mesmo milhões de anos. As energias renováveis avançam, mas sua parte na produção de eletricidade ainda permanece baixa. Se a civilização da leveza está em andamento, certamente está, neste momento, apenas no início: para ir até seu próprio limite é necessária uma "transição energética", que implica a passagem das energias fósseis ou baseadas no urânio às energias renováveis.

A civilização da leveza manifesta uma crescente necessidade de energia e de materiais sólidos. Ainda que inúmeros produtos precisem de menos matéria, a civilização da leveza baseia-se no fluxo de materiais globais em alta[20] e bem superiores às matérias-primas propriamente ditas. Para obter 30 g de platina, deve-se tratar 10 toneladas de minério; 1 tonelada de cobre exige de 100 a 350 toneladas de rocha. Além disso, o teor dos minerais tende a diminuir: é por isso que sua extração consome cada vez mais energia. Em 2012, a indústria mineira consumia de 4 a 10% da energia primária produzida no mundo. Na era da hipermodernidade nômade e digital, o polo pesado não é o oposto do leve, ele é sua condição de possibilidade. Não se trata do leve contra o pesado, mas do leve graças ao pesado. O imaterial hipermoderno deve sua existência às matérias naturais escondidas nas entranhas da Terra e às explorações mineiras. Na existência, a leveza se vive como o contrário do pesado; no campo da produção das "coisas", ela não pode descartar o pesado.

E amanhã? De todo os lados aumentam as críticas contra o produtivismo industrial, o nuclear, os combustíveis fósseis, a agricultura e a pesca intensivas. A agricultura orgânica, os carros elétricos, as energias alternativas, a fiscalidade verde estão de vento em popa. A ideia de uma casa com energia positiva faz seu caminho e multiplicam-se os equipamentos domóticos que visam dominar o consumo energético das moradias. Por sua vez, os equipamentos solares e eólicos dobram a cada dois anos. O "Pacote clima-energia" votado em 2008 prevê que os países europeus deverão reduzir, antes de 2020, pelo menos 20% das emissões de gás com efeito estufa, aumentar para 20% a parte das energias renováveis na produção total de energia e diminuir em pelo

---

20 A demanda por minérios foi multiplicada por 27 desde o início do século XX. Segundo um relatório do Programa das Nações Unidas para o meio ambiente, por volta de 2050, 9 bilhões de seres humanos deverão consumir 140 bilhões de toneladas de minérios, de hidrocarburantes e de biomassa (madeira, produtos agrícolas e pecuária).

menos 20% o consumo de energia. O Conselho Europeu de Energia Renovável (EREC) estima que quase 45% do consumo energético da UE poderia provir de fontes renováveis até 2030. Segundo a Associação Europeia da Energia Eólica (EWEA), apenas o eólico poderia responder por quase 30% da demanda europeia de eletricidade.

Analistas de tendências evocam o advento de uma era pós-carbono, o desaparecimento da infraestrutura industrial baseada no petróleo e nas outras energias fósseis. Na civilização que se apresenta, marcada pela conjunção da internet e das energias renováveis, as atividades centralizadas da primeira e da segunda revolução industrial serão substituídas por milhões de microcentrais energéticas (escritórios, casas, imóveis) capazes de coletar as energias verdes no próprio local, estocá-las e enviar os excedentes para milhões de outras. O século XXI deve presenciar o recuo das infraestruturas pesadas, das megacentrais, das grandes companhias do petróleo, do gás ou do átomo, em proveito do reino disseminado dos miniempreendedores e das minicentrais energéticas, dos mecanismos de gestão cooperativos e não hierárquicos.[21] Assim como os imensos computadores deram lugar aos microcomputadores, às redes, à informática móvel, assim também o sistema energético deve evoluir ao longo deste século para a tecnologia descentralizada e reticular do leve. A revolução da leveza, nesse cenário, daria um grande salto para a frente, investindo no próprio campo energético.

Mesmo assim, não devemos sonhar. No futuro, as grandes centrais continuarão desempenhando um papel fundamental. Atualmente, mesmo as energias limpas são produzidas com infraestruturas enormes: barragens e usinas de equipamentos hidroelétricos. A China continua mostrando seu entusiasmo pelos canteiros de obras gigantes, pelas centrais nucleares e pelas barragens hidráulicas colossais. Com uma altura de 185 m e uma largura de 2.305 m, a barragem das Três gargantas, a maior do planeta, compreende um reservatório de 600 km, e provocou o deslocamento de cerca de 1,5 milhão de ribeirinhos e o desapareci-

---

21 Jeremy Rifkin, *La Troisième Révolution industrielle*, Paris, Les Liens qui libèrent, 2012.

mento de várias cidades. Por outro lado, 72 centrais nucleares estão sendo construídas no mundo e 581 projetos de reatores foram anunciados de hoje a 2030: ainda que, segundo o escritório Roland Berger, o extremo mais crível oscile entre 123 e 224 novas unidades, o número de reatores passaria de 435 a 489. O próprio Japão acaba de anunciar, apesar da catástrofe de Fukushima, que não vai renunciar ao nuclear. E as centrais térmicas a carvão geram mais de 40% da produção mundial de eletricidade: primazia do carvão que deve continuar durante os próximos trinta anos. Na luta do leve contra o pesado é manifestamente este último que continua, sob esse aspecto, a prevalecer.

Nem por isso deixam de surgir diversas interrogações. Será preciso continuar nesse caminho? Levando-se em conta o imperativo que há em reduzir o mais rápido possível as emissões de gás de efeito estufa, será que a condenação do nuclear é legítima? Ela é realmente possível? Segundo alguns especialistas, abandonar o nuclear parece impossível no curto e no médio prazo por causa da explosão da demanda mundial por energia e da baixa presença das energias alternativas em nosso grupo energético. As eólicas fornecem 1,5% da eletricidade mundial, e o fotovoltaico, 20 vezes menos. Nessas condições, apenas o gás e o carvão poderiam substituir o nuclear, mas ao custo de um aumento das emissões de CO_2. Na medida em que a questão do reaquecimento climático constitui o desafio prioritário, o nuclear é apresentado como a indústria que permite escapar a uma transformação climática catastrófica ao longo da segunda parte deste século: no imediato, o leve não parece capaz de resolver os problemas que se colocam para a humanidade hoje. Amanhã, certamente será diferente e tudo deve ser feito para reduzir a participação do nuclear. Mas, por mais algumas décadas, o pesado "evita mais riscos do que cria".[22] Estes não são menos reais e aterradores, o que exige a multiplicação dos esforços no caminho da "transição energética" que a civilização da leveza implica.

---

22   Para uma discussão detalhada desse tópico, ver Jean-Marc Jancovici, "Le mur de l'énergie rare", *Le Débat*, n. 166, setembro-outubro de 2011, p. 91-101.

O micro e o mega: uma nova aliança

E para além do nuclear, o pesado poderia ser substituído pelo leve? É pouco provável, pelo menos no médio prazo, como se viu no campo energético. Mas e em outros setores? Em um grande número de setores, o princípio da leveza avança no mesmo passo que a expansão dos equipamentos pesados. A lógica do hiper concretiza-se tanto no investimento do minúsculo quanto nas realizações titânicas. É um recorde depois do outro em matéria de gigantismo, de megaexploração, de grandes infraestruturas portuárias, aeroportuárias, rodoviárias, ferroviárias e energéticas. Manipulamos o infinitesimal e construímos megaestruturas, produzimos conjuntamente o nano e os gigantes, o micro e os mastodontes: fábricas digitais, barragens hidroelétricas, cruzeiros, Super Jumbos "peso-pesado", superpetroleiros, cargueiros gigantes, arranha-céus, centros comerciais monstruosos e megalópoles. A revolução hipermoderna do leve não avança senão paralelamente com a expansão de infraestruturas e de equipamentos faraônicos. A revolução da leveza concretiza-se, inegavelmente, com mais evidência nos objetos comuns do que nos equipamentos coletivos.

Se os equipamentos superdimensionados chocam a dinâmica do leve, mesmo assim o gigantismo nem sempre está em contradição com ela. Os imensos centros de dados permitem a redução do impacto do carbono. Em outro registro de leveza, as grandes infraestruturas ferroviárias, rodoviárias e aeroportuárias contribuem para a democratização da mobilidade, para a velocidade dos transportes. Não se trata de justificar todos os projetos desse gênero: não vamos simplesmente perder de vista que eles são necessários para a leveza-mobilidade das pessoas.

A aspiração ao leve expressa-se com esplendor nas reações hostis ao gigantismo das infraestruturas consideradas como uma representação da desumanização. "As pessoas gostam apenas da energia sem carbono disponível em pequenas quantidades, pois justamente por ser tão pequeno, não deve causar problemas... Mas basta ser grande que não gostam mais", observa Jancovici.[23] Porém, outros campos e

---

23 Art. cit., p. 95.

outros combates ilustram ainda o culto contemporâneo pelo leve e a rejeição pelo "sempre mais". Multiplicam-se os oponentes aos projetos de linhas de trem de grande velocidade, aos arranha-céus em Paris, às autoestradas, aos aeroportos, ao túnel sob os Alpes. Se alguns desses combates podem ser justificados, nem sempre esse é o caso. O leve é um valor, mas o tudo-leve é um impasse, uma ideologia antimodernizadora, uma perspectiva nostálgica que impede de estar à altura dos desafios de nosso tempo.

As infraestruturas pesadas são fustigadas por razões ecológicas, econômicas, mas também estéticas, por serem acusadas de desfigurar as paisagens. As grandes obras públicas aparecem como a inimiga do charme, do belo e do agradável: é o "complexo da cicatriz" de que fala Alain Roger.[24] Mas seria sempre esse o caso? Como se sabe, não faltam construções de arte de grande elegância. O viaduto de Millau desenhado por Foster desperta uma admiração unânime: seu peso total de 242 mil toneladas em nada prejudica sua soberba leveza estética. Não está na essência da revolução da leveza recusar as grandes infraestruturas; talvez ela devesse se dedicar a promover uma "estética das infraestruturas" capaz de criar paisagens, "infraestruturas-espaços públicos" que associem realização de grandes obras e integração à paisagem.[25]

Não vamos identificar os valores paisagísticos e os valores ecológicos, o culto do verde que, com demasiada frequência, conduz a uma concepção patrimonial da paisagem: conservar, preservar e proteger. É evidente que a revolução da leveza e a revolução ecológica estão de mãos dadas, mas a primeira deve largar a segunda quando esta se afirma como uma abordagem conservadora da organização territorial. A revolução da leveza pode e deve se engajar na criação de novas paisagens sem se tornar prisioneira de uma "visão bucólica e arcaica da paisagem".[26] É preciso rejeitar a mística do "pequeno" e do patrimonial que, erigidos

---

24 Alain Roger, *Court traité du paysage*, Paris, Gallimard, 1997, p.141-144.
25 Rachel Rodriguez Malka, "Esthétique des infrastructures et régénération urbaine". In: *Infrastructures, villes et territoires*, Paris, L'Harmattan, 2000.
26 Alain Roger, *op. cit.*, p.138.

em absoluto, impedem a invenção do novo. A leveza também é uma qualidade estética e esta não é de forma alguma incompatível com o "grande" e o monumental.

É dessa maneira que a revolução da leveza pode trabalhar, principalmente, para pôr um fim não à autoestrada, mas à autoestrada concebida como operação maciça que degrada as paisagens por sua indiferença com os territórios que atravessa. Desde o final dos anos 1980, surgiu uma nova abordagem que visa a valorização das regiões e das paisagens, a inserção paisagística das grandes infraestruturas de transportes. Agora, trata-se de integrar funções e critérios diferentes do que unicamente o valor técnico da circulação rápida. A redução de peso não é o único caminho que a revolução da leveza pode tomar; ela também se manifesta pela ambição paisagística dos grandes programas de obras públicas. "A autoestrada torna-se um monumento, um lugar significativo e uma ferramenta de compreensão das paisagens", declara o paisagista Marc Marcesse.[27] Este é o tempo das autoestradas "inventoras de paisagens".[28] A leveza, pelo menos estética, não é incompatível com as grandes obras quando estas respeitam o meio ambiente e as curvas dos espaços que atravessam. É preciso pensar a leveza hipermoderna de maneira multidimensional, técnica, ecológica e paisagística.

A revolução da leveza não é apenas um fato observável, uma tendência forte impulsionada pela evolução das técnicas. É preciso considerá-la como um imperativo destinado a concretizar o projeto ou o ideal de qualidade de vida que se aplica tanto aos contemporâneos quanto às gerações vindouras. Ela tem a obrigação, nesse sentido, de escapar aos impasses do *less is beautiful* e da diminuição. O leve não é o inimigo obrigatório do mega, o que torna possíveis diversas formas de leveza-mobilidade.

---

27   Citado em "Ingénieurs, paysagistes et autoroutes. La réconciliation du béton et de la nature", *Revue générale des routes et aérodromes*, n. 676, julho-agosto de 1990, p. 8.
28   A frase é de Christian Leyrit, citada por Yannick Rumpala, *Régulation publique et environnement*, Paris, L'Harmattan, 2003, p. 220.

Por essa razão é que a revolução da leveza deve se engajar na via das novas alianças características da ecologia industrial e da eco-concepção: as da informática e das energias renováveis, do *high-tech* e das considerações ambientais, da inovação e da reciclagem dos equipamentos, da produção industrial e do *remanufacturing*, do crescimento e do desenvolvimento sustentável. Por meio dessas hibridações eco-industriais, a revolução da leveza poderá continuar sua obra e de fato mudar as condições de vida sobre o planeta ao escapar dos perigos dos impactos ecológicos negativos.

Moda e feminilidade

HÁ SÉCULOS, A MODA APRESENTA-SE COMO A QUINTESSÊNCIA, O próprio símbolo da superficialidade, da futilidade e da leveza. Por muito tempo qualificada de "deusa caprichosa", a moda é a manifestação social mais emblemática do espírito e da estética frívolos.

Os laços que unem a leveza e a moda são particularmente estreitos. Primeiro, em razão de sua versatilidade, de sua inconstância e de sua fugacidade. Em seguida, porque ela se afirma sob o signo de um ideal estético de elegância, de graça e de refinamento. Por fim, porque seu domínio é o das mudanças insignificantes, dos enfeites, penduricalhos, berloques e outros ornamentos. Todos são aspectos que fazem da moda uma das grandes expressões da leveza estética.

Se na arte a leveza é uma qualidade admirada, na moda ela é cercada de calúnias e sarcasmos. Estes são, há muito tempo, dirigidos principalmente, se não exclusivamente, para as mulheres acusadas de vaidade, de superficialidade, de pensar apenas nos "paninhos", nos "pequenos detalhes" sem importância nem profundidade. Hoje, essas críticas machistas da futilidade feminina estão bem mais moderadas. E, não faz muito tempo, a própria moda ganhou uma respeitabilidade nova, sendo consagrada nos maiores museus. Estamos agora em um momento em que a leveza fútil da moda deixou de ser desprezada e considerada como uma esfera estética inferior.

Por mais importantes que sejam, essas mudanças não devem ocultar as continuidades que ligam o universo da moda hipermoderna ao passado. Em particular, aquelas que dizem respeito à relação dos gêneros com a apresentação. O interesse pela moda, portanto, ainda permanece mais marcado pelo feminino do que pelo masculino. Assim também, uma forte dissimetria entre os gêneros permanece em relação à valorização da leveza na estética do vestuário feminino. A esse respeito, a civilização da leveza mais prolongou e tornou complexa a dinâmica desencadeada no século XIX do que subverteu os códigos modernos da moda. A despeito de toda sua força, a revolução da leveza não conseguiu construir a igualdade dos gêneros em matéria de leveza das aparências.

Da leveza aristocrática à leveza moderna

Nem sempre a esfera do vestir foi sinônimo de leveza frívola. Durante a maior parte da história da humanidade, as roupas e os adereços ignoraram as variações rápidas, as excentricidades e os exageros do capricho estético. Sem dúvida, as mudanças de estilo existem, mas são pouco frequentes; em toda parte, são a regra de imobilidade e a repetição dos modelos do passado que impõem sua lei. Ainda que o gosto pelos adornos e algumas manifestações de coqueteria estejam inegavelmente presentes nessas sociedades, o domínio da apresentação indumentária depende estruturalmente da ordem dos costumes ou da tradição que exclui o culto das novidades, a inconstância e a teatralidade luxuriante da moda.

Ludismo, conformismo e individualismo

Essa milenar organização tradicional oscila no final da Idade Média. Com a revolução do vestuário do século XIV, que constitui a certidão de nascimento da moda no Ocidente, vestimenta, versatilidade e frivolidade tornam-se inseparáveis nos círculos superiores da sociedade. Desde então, as mudanças aceleram-se e tornam-se sistemáticas, expressando-se em modas repletas de imaginação e teatralidade, de uma extravagância sem precedente histórico: calçados com bicos pontudos (*à la poulaine*) podem medir até 70 cm, proeminentes braguilhas acolchoadas, pernas bicolores para os homens; decotes, chapéus pontudos para as mulheres com alturas vertiginosas. A leveza da moda remete a esse arrebatamento da imaginação estética, da gratuidade dos adornos, do capricho na apresentação: ela coincide com a estetização ostensória do adereço e a teatralização do dimorfismo sexual. Não se trata nem de imaginação pura, nem de revelação do corpo – a moda é uma encenação que erotiza o corpo feminino e exalta o poder masculino.

A frivolidade da moda implica a ruptura com a ordem da tradição bem como uma nova valorização social da diferença individual, a qual se manifestou na originalidade da aparência, nas nuances e nas personalizações decorativas. O sistema da moda, desde então, tem como característica conjugar mimetismo de classe e preocupação de particularização individual. Como dizia Simmel, a moda é esse fenômeno social em que é preciso ser como os outros, seguir a corrente e ao mesmo tempo diferenciar-se, destacar-se, afirmar uma singularidade. Na moda, o conformismo relativo à estrutura de conjunto da vestimenta conjuga-se com uma certa liberdade individual na escolha dos pequenos detalhes, motivos de adereços e outras variantes periféricas. A leveza frívola, que acompanha estruturalmente a ordem da aparência, é inseparável de um individualismo estético nascente, ainda que circunscrito nos estreitos limites sociais.

Com a revolução da indumentária do século XIV, a leveza se vê na aparência geral dos dois sexos. A mesma veste longa do tipo "saco", sem laços, usada tanto pelos homens quanto pelas mulheres, é substituída por um tipo de vestuário nitidamente diferenciado de acordo com o sexo: casaco curto e ajustado para eles, longo e rente ao corpo para elas. Para os dois sexos, essa revolução do vestuário traduz-se pelo alongamento de sua aparência. A dos homens elegantes torna-se mais leve com a cintura mais marcada e as longas pernas que terminam em sapatos estreitos, desmedidamente alongados. Os chapéus altos, as plumas que os enfeitam, as golas em forma de funil alongam a silhueta masculina para o alto, dando movimento ao conjunto. A roupa curta e ajustada sugere ao mesmo tempo graciosidade e leveza.

Os vestidos com cauda, os decotes, os ombros nus, a testa exposta, os adornos de cabeça "com cornos" também alongam o parecer feminino: nas miniaturas da época, os bustos são finos, retos e esguios, os rostos são magros e frágeis. A moda valoriza os corpos delgados de aspecto aéreo que apresentam graça, uma elegância ágil. A revolução do vestir no final da Idade Média coincide com silhuetas mais alongadas e mais leves, tanto masculinas como femininas.[1]

Essa leveza não é uniforme e é acompanhada de efeitos contrastados. Ela é evidente no casaco de corte masculino ajustado na cintura que deixa as pernas livres cobertas por longas meias de cores frequen-

---

1   Odile Blanc, *Parades et parures. L'invention du corps de mode à la fin du Moyen Âge*, Paris, Gallimard, 1997.

temente muito vivas. Mas essa parte de baixo mais leve tem como contrapartida uma jaqueta acolchoada e às vezes mangas bem compridas, peles que, aumentando o volume do corpo, expressam a virilidade do homem e sua "superioridade" sobre as mulheres. Por outro lado, os eruditos, os eclesiásticos e os magistrados usam longas vestes sóbrias em tons escuros. A aparência das mulheres do século XV também exibe leveza com a testa descoberta, a linha dos cabelos recuada e a silhueta longilínea, ainda que o ventre seja, às vezes, proeminente, ressaltado por uma pequena almofada escondida sob o vestido, como mostra o quadro O *casamento dos Arnolfini* (1434) de Van Eyck. Por isso, a dinâmica da leveza toma caminhos opostos no masculino e no feminino. A parte de cima da silhueta feminina torna-se mais leve, mas tende a ficar mais pesada na parte de baixo (excesso de tecido das saias, volume exuberante das caudas). Para os homens, é o contrário: a parte superior do corpo é mais volumosa e mais imponente do que a de baixo.[2]

Uma leveza que engana

Não se deve deixar enganar: da forma como se desenvolveu nas épocas aristocráticas, a estética da leveza na moda nada tem a ver com qualquer libertação do corpo. Muito pelo contrário, o corpo feminino foi submetido a restrições ortopédicas muito rígidas. A prova é o espartilho armado com barbatanas que aparece pela primeira vez por volta do século XVI. Para afinar a silhueta feminina, o corpo é cingido por correias – trata-se de corrigir suas deficiências com o uso de um molde inflexível, por meio de compressões externas exercidas por cintos, laços e barbatanas rígidas de ferro. Com o espartilho que esmaga o peito e reduz a circunferência da cintura, o corpo feminino se afina, toma uma forma cônica, cuja surpreendente ilustração é oferecida pelo quadro atribuído a Hieronymus Francken (*Baile no Louvre em presença de Henrique III*, 1581). O desafio, ao recorrer aos estreitamentos extremos do espartilho, é evidentemente afinar o perfil feminino. Mesmo assim, é menos a redução de peso do que a da cintura que é prescrita, é menos

---

2   *Ibid.*, p. 92-94 e 218-222.

a magreza real do corpo do que uma leveza aparente, destinada a dar um ar nobre, altaneiro e teatral à postura.

A imposição da preocupação com o afinamento da silhueta feminina tem relação com a vida da corte, pois esta promove valores de imponência e de leveza em detrimento dos antigos pesos medievais. Ela constitui um dos dispositivos do "processo de civilização" analisado por Norbert Elias. Assim como se exige dos indivíduos, nas cortes, que dominem seus impulsos, da mesma forma eles devem dominar os movimentos espontâneos do corpo. Quer se trate da economia psíquica ou das atitudes corporais, em toda parte os indivíduos da alta sociedade estão submetidos às "autorrestrições", às vigilâncias, às regulações contínuas e uniformes, às regras cada vez mais detalhadas, precisas e restritivas. A civilização é esse processo que exige do indivíduo um controle regular e sistemático sobre si mesmo.

Por isso, a cintura estrangulada imposta pelo espartilho participa de uma moral da manutenção e da correção do corpo dirigida contra a aniquilação do busto. O que é almejado, no mundo nobiliário, não é a leveza física do corpo, mas uma retidão que significa autocontrole, domínio físico e disciplina dos desejos. O mais importante não é a redução de peso do corpo, mas a graça, o comportamento nobre, a "aparência distinta", tornados possíveis pela vitória da postura sobre o relaxamento, da razão sobre a natureza. Desse modo, o artefato do espartilho ("corpo de barbatanas") que afina o corpo funciona ao mesmo tempo como restrição mecânica e instrumento de poetização da silhueta feminina. A leveza do corpo-ampulheta é, aqui, o contrário da espontaneidade: ela resulta de diversas armaduras ortopédicas, de coerções físicas e de instrumentos de contenção.

Com exceção do período revolucionário, o espartilho, até o início do século XX, impõe uma "cintura de vespa" às mulheres, uma leveza conquistada por meio das dissimulações e dos subterfúgios. Durante quatro séculos e recorrendo a vários modelos, a carapaça do espartilho criou uma leveza de ficção ou ilusão, fazendo uso da sustentação "mecânica", da compressão do ventre, da rigidez do tronco. Sem dúvida, a partir do século XVIII, as mudanças na moda transformaram a aparência feminina: às posturas compassadas e majestosas sucedem silhuetas mais frágeis, mais delicadas e voluptuosas, mais leves e móveis. E também mais eróticas no século XIX, com a anquinha ou "traseiro de Paris" que, estrangulando a cintura e escavando os rins, esculpiu uma mulher calipígia que estimulava o desejo masculino. Com o culto da cintura fina, a moda exaltou os quadris largos e o volume das nádegas recorrendo aos vestidos bufantes, com babados, "almofadas", ancas laterais (*panier*), crinolinas e outros artifícios. A consequência é uma leveza não apenas artificial mas paradoxal, uma vez que vem acompanhada pelos aumentos da dimensão dos vestidos, pelos acessórios volumosos e pelos acolchoados para as nádegas. Uma leveza entravada e de ostentação que limitou sistematicamente a mobilidade da mulher.

É notável que os livros de beleza não tratem da mesma maneira o busto e a parte de baixo do corpo: apenas o primeiro tem a obrigação de ser modelado e afinado. Em contrapartida, os quadris rechonchudos, a grossura das pernas e das coxas escondidas dos olhares pela roupa, não exigem ações vigorosas. A delicadeza tão desejada diz respeito apenas à "parte de cima", àquilo que se mostra em público;[3] por isso ela conseguiu coabitar perfeitamente com formas roliças e arredondadas "bem colocadas", com a valorização dos seios generosos, dos "braços redondos e carnudos", quadris largos e coxas grossas. Essa é precisamente uma das finalidades da cintura comprimida: valorizar as formas redondas (seios, quadris) da mulher. Até a aurora do século XX, não era a magreza feminina que era celebrada, mas um corpo ondulante, fofo, polpudo que, no entanto, exibia um ar de leveza. Uma leveza para o espetáculo e o olhar dos outros, não para o próprio corpo.

A feminização do frívolo

Ao longo dos séculos, os autores moralistas jamais deixaram de denunciar a frivolidade das mulheres, sua paixão pela aparência, as maquiagens e as joias. No entanto, a partir do século XIV, é o homem que se torna

---

3   Georges Vigarello, *Les Métamorphoses du gras*, op. cit., p. 108-110. [Publicado no Brasil em 2012 sob o título *As metamorfoses do gordo*, pela Vozes.]

o polo mais marcante nas transformações da moda. Até o século XVII, as roupas masculinas são mais voláteis, mais inovadoras e mais audaciosas do que as das mulheres. Nas mais altas esferas aristocráticas, os homens rivalizam em fausto e elegância, endividam-se com despesas de vestuário, não para realçar sua beleza, mas para marcar sua posição social e sua superioridade estatuária: é mais quem gasta mais. Durante vários séculos, no entanto, os dois sexos permaneceram, de um modo geral, em "igualdade indumentária" no que refere à busca de refinamento e de ornamentos da roupa.[4]

Esse equilíbrio na relação dos gêneros com a roupa rompe-se na época do Iluminismo. Em torno de 1700, em certos meios nobres, o valor do guarda-roupa feminino já representa o dobro daquele dos masculinos.[5] As mudanças, os caprichos, as extravagâncias e outros refinamentos da moda tornaram-se muito mais manifestos na moda feminina do que na dos homens.[6] Efetuou-se uma grande reviravolta da qual ainda somos os herdeiros: a moda tornou-se um território reservado ao feminino.

A partir do século XVIII, as tendências da moda ilustram o triunfo do feminino nesse sentido. A plena feminilidade não poderia ser valorizada sem a leveza das aparências. Essa leveza é distinguida no século XIX, evidenciada no penteado, nos tecidos (cetim, musselina, gaze, seda), nos vestidos decotados, nas cinturas comprimidas pelos espartilhos, nas saias, nos acessórios e ornamentos: pérolas, fitas coloridas, plumas, flores, chapéus, leques, calçados e saltos altos. Ao passo que a frivolidade é colocada como uma característica natural do feminino, Freud pode declarar: "Metade da humanidade deve ser classificada na categoria dos fetichistas das roupas; ou seja, todas as mulheres."

A frivolidade da moda vai se associando ainda mais ao feminino à medida que, a partir do século XIX, os sinais pomposos da sedução

---

4 Daniel Roche, *La Culture des apparences*, Paris, Seuil, "Points", 1989, p. 43. [Publicado no Brasil em 2007 sob o título *A cultura das aparências*, pela Editora Senac SP.]
5 Ibid., p. 98.
6 Ibid., p. 116-117.

foram banidos do universo masculino. Enquanto a estética da leveza só é legítima no feminino, a aparência masculina inscreve-se sob o signo do sério, do compassado, daquilo que rejeita a imaginação. Ao substituir os tecidos brilhantes e preciosos dos séculos aristocráticos, a indumentária negra dos homens, rígida e austera, expressa a nova ética do trabalho, do mérito, da poupança bem como os ideais igualitários. Foi na renúncia ascética aos signos do fausto da sedução e da leveza que nasceu o terno masculino moderno democrático analisado por Baudelaire como o "símbolo de um luto perpétuo". À elegância severa do homem opõe-se a estética leve do feminino, uma silhueta de graça e de fluidez, símbolo da pretensa fragilidade e delicadeza natural do sexo feminino.

Deve-se, no entanto, observar que a delicadeza da cintura feminina e dos ornamentos ainda estão longe de criar uma imagem de leveza alada! No século XVII barroco, os babados inchavam os quadris, os acolchoados eram duros, as mangas e as golas eram volumosas: artifícios da moda que desenhavam uma silhueta ainda nobre, mas solene, um pouco rechonchuda e estática. Pouco mais de dois séculos depois, a crinolina, que podia chegar até a 3 m de diâmetro e exigir 30 m de tecidos, constituía um pesado maquinário muito pouco adaptado à mobilidade: a crinolina, com sua amplidão extrema, seus arcos concêntricos, suas pedrarias e a abundância de suas pregas, criava uma imagem feminina piramidal, hierática e majestosa. As mulheres vitorianas com o corpo reto e com a cintura comprimida exibiam um ar de rigidez, de austeridade, de severidade puritana. A cintura retesada da mulher conseguiu criar mais uma postura rígida, afetada e cristalizada do que aérea.

A potência do ideal de leveza estética na moda feminina não se explica apenas pelas lógicas de distinção social. Ela não pode ser compreendida de forma independente da associação milenar da mulher ao "sexo frágil". Sob este aspecto, a moda aparece como a tradução poética da fineza de seus traços e formas, uma sublimação dos atributos naturais do sexo declarado "inferior" ao homem em força física. Como está privada de força, a mulher destina-se a agradar e a encantar. A valorização da leveza na moda feminina pode ser pensada como a expressão simbólica e estética da vocação de agradar do feminino, de seu poder de sedução sobre os homens, de seu *status* de emblema decorativo, de "flor" da vida mundana.

Essa lógica não parou de se ampliar com a era burguesa e com a disjunção estrutural do homem produtivo e da mulher-ornamento que o complementa. Como o homem é destinado ao trabalho e a mulher reservada à beleza e à sedução, a leveza é um imperativo estético do feminino. A obesidade extrema é proibida para todos, mas a leveza é uma qualidade principalmente bem feminina, um símbolo de sua fragilidade e de sua ternura natural.

Leveza, dinamismo e minimalismo

Se o século XVIII instituiu a mulher como paradigma da frivolidade das aparências, o início do século XX marca o advento da era modernista da leveza feminina. Um novo estilo de feminilidade surge: a leveza teatral e restritiva de tipo aristocrático foi destronada por uma leveza de conforto, livre e em movimento, de essência democrática.

Uma importante ruptura despontou. Em 1906, Paul Poiret suprimiu o espartilho e lançou seus vestidos sinuosos e tubulares que escondiam os quadris: celebrava-se um corpo feminino esguio e fluido em oposição com o gosto dominante da mulher carnuda. Os anos 1920 viram o desaparecimento do modelo de mulher cheia de formas arredondadas em proveito de uma aparência de "menino", de uma silhueta com formas achatadas, de um estilo "tábua de passar". A moda eliminou as formas especificamente femininas por meio do estilo *school boy*, e depois *school girl*, que exibia cabelos curtos. A revolução dos cânones estéticos transpôs para a roupa o ideal de mobilidade, de dinamismo e de ação atípica da Idade Moderna. "Não há outra beleza senão a liberdade do corpo", declarou Chanel, que inventou, com seu pequeno vestido preto curto e reto (1926), uma nova silhueta para uma mulher ativa que dançava, trabalhava e dirigia: uma moda para "uma mulher ativa que precisa se sentir confortável em seu vestido".

Ao mesmo tempo, Patou lançou o *sportwear*, criando roupas para golfe, tênis, esqui e natação adaptadas à atividade em movimento. A leveza de representação deu lugar a uma leveza sinônimo de mobilidade:

os desfiles de moda em que as mulheres estão em movimento são seu símbolo concreto e vivo. As grandes revoluções do vestuário do século podem ser vistas como caminhos para promover um arquétipo de beleza feminina menos petrificada, mais viva e mais dinâmica. Uma leveza funcional, ativa e menos decorativa nasceu.

A leveza modernista baniu os penduricalhos, os "fru-frus" e outros adereços: afirmou-se o reino da leveza afilada, depurada e minimalista, que eclipsou a leveza tradicional, fulgurante e romanesca. Lançado nos anos 1920, o estilo reto e simples continuou nos anos 1950 com Balenciaga (o "vestido saco"), Yves Saint Laurent (a linha trapézio) e, sobretudo, Courrèges e suas silhuetas construídas que exaltavam uma leveza dinâmica, sem sofisticação e, pela primeira vez, decididamente jovem, "adolescente". As modelos usavam botinhas leves de salto baixo e longas meias brancas que davam um ar de colegial. Em vez dos vestidos bufantes, pregas e cinturas comprimidas, exibiam-se mulheres em calças, shorts e *collants*, formas retas geométricas, vestidos e saias brancas, curtas e trapezoidais que, eliminando qualquer conotação romântica, esculpiam uma leveza descontraída, voltada para fora e para a ação. O *lady look* cumpriu seu tempo, cedeu lugar para a silhueta tônica, livre e esportiva da jovem, que passou a ser protótipo da moda.

A aventura da leveza modernista continuou: difundiu-se principalmente por meio do sucesso do minimalismo. A partir dos anos 1990, diversos criadores – de Helmut Lang a Jil Sander, de Calvin Klein a Donna Karan, de Margiela a Ann Demeulemeester, de Chalayan a Raf Simons – trouxeram a predominância de uma moda "discreta", mínima e sóbria, sem adereços nem extravagância. Claro, os vínculos minimalistas com a leveza são ambivalentes. Despojado e atemporal, às vezes conceitual ou "monacal", o estilo minimalista vira as costas de forma evidente à leveza glamour da moda: pode parecer mais austero ou severo que o leve. Mas, ao mesmo tempo, com seu estilo despojado de qualquer artifício, depurado e muitas vezes monocromático, o minimalismo revela um ar de leveza específico: aquele do menos. A leveza tradicional destinava-se ao prazer do homem; a leveza minimalista, ao contrário, desenha uma postura feminina libertada do peso do olhar masculino: não mais a leveza-para-o-homem, mas uma leveza-para-a-mulher, repleta de segurança e de serenidade. Não se trata mais de oferecer o espetáculo ostentatório e artificial da mulher-flor, mas o de uma leveza confortável, para si mesma. Impõe-se uma nova moda que, reduzida ao desenho do vestuário, sem supérfluo nem brilho, cria uma beleza sem sofisticação, essencial.

Leveza, feminilidade, masculinidade
Desde o início do século XIX, a moda construiu-se como um sistema fundado na repressão da imaginação masculina e no monopólio feminino dos símbolos de sedução. Esse sistema perdurou com intensidade durante quase um século e meio e, sob muitos aspectos, ainda permanece estruturante, quaisquer que sejam as mudanças importantes ocorridas. Até os anos 1950-1960, a moda feminina se afirmou de maneira triunfal em sua oposição à moda "fraca" dos homens. Apenas a primeira exibe-se sob o signo da leveza estética; quanto à moda masculina, ela está do lado clássico, da não moda, do sério.

Há cinquenta anos, surgiram transformações que suprimiram parcialmente as regras desse modelo secular. Apropriação dos emblemas masculinos pelas mulheres; imaginação e cor, humor e formas fluidas no guarda-roupa masculino: um novo ciclo revelou-se, marcado pela "masculinização" do guarda-roupa feminino e, em menor grau, pela "feminização" do vestuário masculino. Ainda que as maneiras de se vestir no masculino e no feminino não se confundam, aproximaram-se sob um determinado número de pontos. Com o eclipse da "grande renúncia masculina" (Flügel), os códigos estéticos que conotam a leveza ganharam uma superfície social nova: tornaram-se legítimos no masculino.

Em direção ao homem-objeto?
Foi a partir dos anos 1960 que se assistiu ao começo de um processo de integração parcial dos signos leves no visual masculino. Com a impulsão do movimento hippie, as cores vivas do Oriente surgiram no vestuário dos homens, que exibiam então braceletes, colares e pérolas nas orelhas. Nos anos 1970, Jacques Esterel criou uma coleção em que

homens e mulheres usavam vestidos e calças semelhantes. Yves Saint Laurent posou nu para o lançamento de seu primeiro perfume para homens. Mick Jagger, David Bowie e Michel Polnareff emprestavam das mulheres maquiagem, roupa e acessórios. Um pouco mais tarde, Jean Paul Gaultier celebrava o "homem-objeto" ao se vestir com uma saia.

Em meados dos anos 1970, Armani lançou um paletó masculino leve, desestruturado, sem ombreiras e sem forro. Graças a esse corte descontraído, uma postura masculina despreocupada, flexível e sensual se impôs na contracorrente daquela que fazia reinar o clássico terno rígido que apertava os homens. Armani declarou que procurou tornar o "homem mais sexy". Uma sensualização que agora encontra outros aspectos, com calças colantes, camiseta regatas e outras roupas coladas ao corpo. O fluido, o maleável, o sensual, os tons suaves e quentes, não são mais apanágio da aparência feminina.

Mais do que a contracultura e as criações de vanguarda, são o *sportwear*, o *casual wear* e o *funwear* que reabilitaram a imaginação por tanto tempo reprimida na moda masculina. Jeans, camiseta, jaqueta, tênis e bermuda: a época vê a afirmação de uma estética informal, colorida, fluida e esportes, em todos os grupos sociais. Os homens não hesitam mais em usar cores vivas, tênis multicoloridos, camisetas com inscrições divertidas. Apoiadas no hedonismo consumista, as cores vibrantes e fluorescentes invadiram as roupas de lazer e de esporte. Mesmo as peças íntimas masculinas podem se apresentar com estampas chamativas e outros padrões, como tatuagens ou HQs. O esporte tornou-se uma tendência; moda, esporte e lazer misturam-se em busca de um look masculino descontraído. Depois dos grandes sacrifícios, a "descontração" é o que está em alta. Ela dá um ar jovem, um toque moderno e alegre, um ar descontraído ao visual masculino.

Paralelamente, observa-se que os homens adotam, alguns um pouco mais, outros um pouco menos, as atitudes tradicionalmente femininas em relação à aparência: uso de perfumes e colônias, tratamentos em institutos de beleza, cirurgias estéticas, complementos capilares, depilação, tintura para cabelo e interesse pela moda. Fala-se agora de "metrossexuais" em relação aos jovens rapazes obcecados pela aparência, pelo corpo e pela moda. O fato é esse: a era hipermoderna é contemporânea à difusão entre os homens de preocupações e práticas até então reconhecidas como femininas e superficiais.

Um novo look feminino

Na mesma época, a "masculinização" do guarda-roupa feminino estava consideravelmente em ação. Calça, smoking, gravata, camiseta, jaqueta, botas de couro: nada mais daquilo que era especificamente masculino estava proibido para as mulheres. A partir dos anos 1960, Yves Saint Laurent se impôs como o criador máximo desse movimento: com suas coleções, a mulher pôde se apropriar do pulôver, do short, do terninho, do smoking, da jaqueta e do paletó, que eram símbolos do vestuário masculino. Essa dinâmica ultrapassou muito o universo da alta costura: com o *prêt-à-porter* e a liberalização dos costumes, a calça, o jeans, o *trenchcoat*, as roupas inspiradas na maneira de se vestir de caçadores, pescadores e pilotos de avião passaram a ser amplamente difundidas e inúmeros elementos do vestuário masculino figuram agora no guarda-roupa feminino.

De uma forma ainda mais radical, diversos criadores de moda dedicaram-se a questionar os próprios cânones da feminilidade tradicional, da "mulher-flor" etérea, evanescente e frágil. Jean Paul Gaultier concebeu modelos de sutiãs em forma de obuz; desenhou sapatos cobertos por rebites inspirados no equipamento fetichista. E ele não está só: Thierry Mugler, Azzedine Alaïa, Montana, Vivianne Westwood, John Galliano, Gianni Versace e Dolce&Gabbana também conceberam modelos em um espírito fetichista. As modelos e as moças se exibiam com *piercings*. Os vestuários de estilo punk difundiram-se com mulheres usando jaquetas de couro com tachinhas e botas militares. O couro, o látex, as botinas com zíperes invadiram a moda cotidiana. Inúmeros modelos remetiam às roupas guerreiras e às vestimentas de combate (saia de gladiador com pregas de Versace, "casaco-armadura" de Jean-Charles de Castelbajac). Nos anos 1980, apareceram os portes de mulheres "masculinas", dominadoras, quase militares com casacos largos, ombros "potentes", botas de moto (Thierry Mugler):

"mulheres guerreiras", cheias de força nova, com sensualidade mais agressiva do que suave.

Além disso, surgiu toda uma corrente antiglamour, inaugurada na rua com os movimentos punk, grunge e gótico que, rejeitando as noções de elegância e de sedução, emprestaram os emblemas "duros" masculinos: jeans rasgados, pregos, correntes de bicicleta, alfinetes, caveiras e uniformes recuperados dos estoques do exército.

Sob outro ângulo, a partir dos anos 1980, criadores japoneses de vanguarda rejeitaram igualmente a sedução do chique e abalaram radicalmente a estrutura da indumentária recorrendo às roupas rasgadas, desestruturadas e lúgubres, criando mulheres com ares sombrios, quase monacais. Com esses cortes desconstruídos de estilo *destroy*, o "chique Hiroshima" e o *"look farrapo"* apareceram para se opor ao imaginário do leve.

Um marcador central de feminilidade

Todos esses estilos de moda trouxeram desconforto à estética leve da aparência feminina. Mas até que ponto? Será que conseguiram definitivamente colocar um fim à valorização da feminilidade e aquilo que a expressa na moda: a fineza, a fluidez, o aéreo, o frescor, a imaginação? Nem de longe.

As peças masculinas adotadas pelas mulheres não são reproduzidas de forma idêntica, mas redesenhadas em um espírito de glamour e de leveza. Quando uma mulher empresta de um homem uma de suas roupas (mantô *boyfriend*, pulôver enorme, camisa masculina), há um conjunto de acessórios (colar, maquiagem, *legging* leve, saltos) que a impede de se parecer com um homem. O look "masculino-feminino" não é nem andrógino nem uma reavaliação do masculino: usados pela mulher, os casacos, saias e *tailleurs* reconstituem uma feminilidade plena e inteira, que brinca com as aparências. É apenas uma maneira de ressaltar a feminilidade, uma feminilidade discreta, lúdica e confortável, que brinca de embaralhar a diferença masculino/feminino para recompô-la com sutileza. Mesmo vestindo *tailleur* com ombros largos e calça cheia de tachinhas, a mulher nada perde de sua feminilidade sedutora, ainda que mais dominadora. E Yves Saint Laurent já havia assinalado: "Uma calça é provocação ou sedução, um charme suplementar, não um signo de igualdade ou de libertação."[7]

A feminilidade sempre atrai a leveza estética: não ocorreu nenhum divórcio radical. O estilo leve é conotado "mulher", ele não deixa de remeter prioritariamente ao "segundo sexo". São testemunhas exemplares as modas de verão que se apresentam como hinos à leveza. Aquela dos contornos fluidos e flutuantes, dos decotes, dos vestidos curtos e sinuosos que descobrem o corpo, das roupas amplas e depuradas. A dos têxteis: organza, tule, musselina de seda, *shantung*, cetim, gaze e outras matérias impalpáveis e vaporosas. A das cores aciduladas ou pastel, das estampas multicoloridas e com padrões. Em toda parte destacam-se as cores portadoras de leveza, os materiais evanescentes, as transparências e os efeitos aéreos. Simplesmente, o que é celebrado não é mais a leveza à moda antiga, delicada e virginal, ingênua e melancólica, etérea e lânguida, mas uma leveza ativa e eficaz.

Outros signos perpetuam a valorização da leveza na moda feminina, começando pelas roupas de noite em cetim, crepe ou musselina, com decote profundo e costas nuas. Mas também o vestido tomara que caia, o vestido de coquetel com alças finas, o vestido *baby-doll* e o vestido bailarina. Ao que se acrescentam os micromaiôs de banho, os biquínis e as tangas, a lingerie fina e sexy. Os relógios-braceletes, os chapéus e os guarda-chuvas femininos apresentam um *design* mais delicado do que o dos homens. E o que há de mais leve do que os sapatos de salto alto e os *scarpins*? Na realidade, são inúmeros os signos da moda feminina que se casam com o imaginário da leveza, com a estética da fineza e da fluidez. O parecer feminino ideal sempre manteve laços muito estreitos com o ideal da leveza estética. Simplesmente, esta não é mais uma obrigação sistemática, é uma opção que pode coabitar com as maneiras de se vestir pouco aéreas e às vezes mais "agressivas".

As coleções mostram; os cortes, as matérias e as cores revelam: o referencial do leve na moda permanece um marcador distintivo de

---

7   Laurence Benaïm, *Yves Saint Laurent*, Paris, Grasset, 1993, p. 188.

feminilidade. O grunge, o neopunk e os estilos "desconjuntados" não impediram que as coleções Pleats Please dos anos 1990 tivessem um sucesso mundial com seus plissados permanentes de poliéster, sua linha tubular emancipada da rigidez da cintura e dos ombros. Dos vestidos às saias, dos *chemisiers* às calças, Issey Miyake criou roupas funcionais que pesavam apenas poucos gramas. São coleções que, exibindo-se sob o signo da mobilidade, da flutuação e da leveza extrema, fazem prevalecer o peso pluma, o "pronto para voar".[8] Em resumo, os vínculos do feminino e da leveza estética estão tudo, menos rompidos.

O mesmo vale para o universo do perfume.[9] Vê-se, sem dúvida, multiplicarem-se os perfumes que, rejeitando a ideia de segmentação por gênero, dirigem-se aos dois sexos. Na era do individualismo predominante, cada um deve poder usar o que gosta em função de suas próprias preferências: "A arte dirige-se a todos, sem distinção de gênero. Quando crio, penso unicamente no aroma do perfume, na forma que estou buscando, naquilo que é a minha intenção", declara Jean-Claude Ellena. Todavia, esse universo permanece profundamente dominado pela diferença entre os sexos. A elegância e o refinamento impõem-se, evidentemente, aos dois sexos, mas o que é considerado "masculino" deve evocar potência, energia e virilidade, ao passo que aquilo que é "feminino" expressa delicadeza, fineza e leveza. Ainda que às vezes as

---

8   Laurence Benaïm, "La chair de la mode", *Université de tous les savoirs. L'Art et la culture*, Paris, Odile Jacob Poche, 2002, p. 206-207.

9   É preciso ressaltar, de forma mais geral, os estreitos vínculos que unem, na modernidade, o perfume à estética da leveza. Desde o final do século XVIII, o código da moda proscreve os aromas pesados. Ao passo que, pouco depois, o homem elegante deixa de se perfumar, a mulher deve banir os perfumes animais (almíscar, âmbar, civeta) com aromas penetrantes e preferir os florais, suaves e discretos. Os perfumes pesados e sufocantes são proibidos porque são julgados incompatíveis com o respeito pelo outro, com a delicadeza do feminino e a valorização da singularidade da pessoa. Essa tendência cosmética continua até hoje, em uma época que cada vez mais lança o anátema sobre fragrâncias muito fortes. Sobre esses pontos, ver Alain Corbin, *Le Miasme et la Jonquille*, Paris, Aubier, 1982. [Publicado no Brasil em 1987 sob o título *Saberes e odores*, pela Companhia das Letras.]

mulheres usem o perfume de seu companheiro ou marido, o inverso é extremamente raro.

As marcas, em sua grande maioria, sempre lançaram seus perfumes como femininos ou como masculinos: o unissex é a exceção. Fragrância, forma do frasco, embalagem, cor, nome do perfume e comunicação publicitária, todos esses elementos são marcados pela oposição masculino/feminino, virilidade/leveza. Por isso, os frascos femininos geralmente apresentam uma forma mais arredondada ou mais esguia do que a dos perfumes masculinos. Um grande sucesso recente, o *spot* publicitário de La Petite Robe *noire* de Guerlain ilustra como a modernização da comunicação no perfume continua apostando de forma ostensiva na imagem da feminilidade associada à leveza estética. Simplesmente, a leveza do perfume romântico (L'Air *du temps*) encontra-se suplantada por uma leveza dinâmica e dançante, espirituosa e sapeca, à imagem de um filme de animação.

Assim como a masculinização do guarda-roupa feminino não pôs um fim ao culto da leveza estética feminina, da mesma forma a "feminização" do vestuário masculino não significa de forma alguma o advento de uma moda unissex. A despeito da potência da dinâmica igualitária, os signos mais emblemáticos da moda feminina e de sua leveza são sempre "proibidos" aos homens. O fato é que: nem a saia nem o vestido adquiriram direito de cidadania no masculino. Onde podemos ver saltos agulhas e *scarpins* masculinos? Nenhum homem pode usar um chapéu florido com pérolas e plumas. Nas passarelas, um terno de homem rosa fúcsia é certamente possível, mas e na rua? Somos obrigados a observar que homens e mulheres estão longe de chegar a um estado de igualdade em matéria de leveza das aparências. Vê-se até mesmo, aqui e acolá, um retorno à virilidade da aparência masculina: dessa forma, os novos *looks* gays que privilegiam o couro, as correntes, os acessórios militares e as roupas que valorizam os músculos. Fora do universo homossexual, estão agora na moda as cabeças raspadas, as barbas de três dias e mais. Os homens não querem oferecer de si mesmos uma imagem de leveza: querem, sobretudo, não parecer femininos. O medo masculino é a resposta ao culto feminino da leveza das aparências.

É verdade que inúmeras roupas (calças, bermudas, casacos, camisetas, tênis e roupas de esporte) já podem ser usadas tanto pelos homens quanto pelas mulheres, mas essa aproximação não deve ocultar o fato principal de que o visual ainda permanece estruturalmente marcado pela diferença sexual, pela dessimetria dos códigos, pela oposição leveza/virilidade. Tudo em princípio está aberto, desregulado e livre; mas, de fato, as formas das roupas, suas cores e seus imaginários não são intercambiáveis. Sob a flutuação dos signos frívolos, continuam exercendo-se os interditos e as inibições, os códigos estruturais da divisão sexual das aparências. A leveza dos signos indumentários sempre encontrou seu lugar privilegiado na moda feminina.

Evidentemente, a leveza no visual permanece um ideal muito mais feminino do que masculino. A permanência dos signos da leveza na aparência das mulheres leva a colocá-la como uma "significação social imaginária" (Castoriadis) constitutiva da feminilidade moderna. A ambição feminina de leveza inclui todos os elementos do visual, representa a principal expectativa estética das mulheres e é para estas o que a virilidade é para os homens. Ontem como hoje, a leveza conota o feminino.

Temos de observar que o processo de masculinização da moda feminina e de feminização da aparência masculina não atinge seu próprio limite. Essa trava não deve ser interpretada como um arcaísmo ou como puro efeito do *marketing*, mas fundamentalmente como uma exigência antropológica: a de expressar a diferença sexual. À medida que declinam os estereótipos de gênero e os signos pesados da diferença sexual, cresce a necessidade de reafirmá-la, principalmente pelo viés dos signos leves da moda. A marcha para a igualdade das condições dos gêneros encontra aqui um limite evidente: as mulheres exigem os mesmo direitos que os homens, mas não querem dar uma imagem masculina delas mesmas. Da mesma forma, os homens buscam novos caminhos para afirmar sua virilidade. O imperativo antropológico de traduzir por símbolos a identidade de gênero é o que torna impossível a generalização de uma moda unissex, a erradicação de todos os emblemas da divisão sexual. A esse respeito, a estética feminina da leveza não pode ser considerada como um código fútil, ela está a serviço de uma exigência imemorial: simbolizar de uma maneira ou de outra a identidade sexual, a diferença masculino/feminino. É por isso que podemos pensar que, amanhã, a valorização da leveza no parecer feminino tem todas as chances ser reconduzida.

Leveza e ansiedade das aparências

A moda traz com ela uma imagem de soberba leveza; uma leveza frívola que é celebrada com brilho nos desfiles e fotos das revistas de moda. Mesmo assim, na dimensão da vida individual e das interações sociais, é de uma leveza paradoxal que se trata, uma vez que a moda deu espaço a comportamentos pesados de sentido social, carregados de pretensões, de obrigações e de rivalidades estatuárias. O desperdício honorável, a corrida pela distinção, a comparação provocante, o desejo, a inveja: por trás da futilidade da moda desencadeiam-se paixões humanas, ansiedades individuais e enfrentamentos simbólicos de classe. Ainda hoje, o universo dos adolescentes e sua paixão desmedida pelas marcas perpetuam uma relação com a moda feita de rivalidades e de conformismo inquieto. Ainda que de essência leve, por muito tempo a moda foi inseparável de uma certa lógica agonística, do peso das exigências de afirmação estatuária e de reconhecimento social.

Esse sistema de normas e de condutas não é mais vigente. Com exceção dos adolescentes e das *fashion victims*, a relação com a moda tornou-se muito mais flexível e descontraída. No momento em que se impõe uma oferta amplificada e heterogênea, feita de uma colcha de retalhos de estilos diferentes, mais nenhum grupo nem nenhuma instituição é capaz de fixar uma norma do visual reconhecida por todos. Um sistema hierarquizado e unanimista deu lugar a um sistema horizontal e descentralizado, desregulado e plural, que corresponde ao avanço da dinâmica de individualização. Essa desunificação estética abriu a paleta das escolhas em relação à própria aparência e reduziu as restrições que as tendências sazonais tradicionalmente exercem. No momento, as tendências atuam menos como imposições do que como indicadores e opções, nenhuma novidade tem mais a capacidade de se impor de maneira uniforme ao corpo social. Os homens e as mulheres "pegam e largam", adotando essa tendência e não outra, sem, no entanto, parecer "fora de moda". À medida que a oposição "na moda/fora de moda" se embaralha, a pressão de conformidade aos últimos modelos está diminuindo. Depois da era diretiva da moda, entramos na era sugestiva e leve da moda aberta.

Nesse contexto, os indivíduos buscam expressar mais escolhas estéticas pessoais do que uma posição hierárquica e uma riqueza. Constroem seu look mais de acordo com o estilo ao qual aderem, do qual gostam, que corresponde à imagem do que desejam apresentar de si mesmos em público do que do ponto de vista da moda. Por muito tempo, a moda não se discutia e devia ser seguida por si mesma, simplesmente por "estar na moda". Ao menos para os adultos, esse momento passou: ele deu lugar a comportamentos menos "ovelha", mais personalizados, mais emocionais. O que se trata de exibir é uma imagem pessoal, mais do que uma posição de classe e uma posição na pirâmide social. À medida que a dieta da moda se emancipa do peso dos imperativos de classe, constitui-se uma nova lógica das aparências que funciona de maneira maleável, subjetiva e afetuosa; assim é o estágio descontraído da moda.

Por isso, homens e mulheres têm uma relação mais descontraída e irônica com a moda. A época cerimonial, em que as aparências fundavam a existência social e dependiam de uma competição sem fim pelo status e o prestígio, já está bem superada. A roupa deixou de ser uma questão "de vida e morte" social. É por isso que se lhe consagra cada vez menos tempo, dinheiro e paixão do que no passado. As críticas do gosto dos outros permanecem, mas perderam uma grande parte de sua antiga acidez. Que mulher ainda sente as marcas da inveja diante de um vestido de noite usado por outra mulher? Um abismo nos separa do tempo em que a moda era tida como um meio de ser aceito e reconhecido nos salões, como um caso da mais alta importância mundana.

A gravidade das questões do vestir deu lugar à distância, ao lúdico, à ironia ou à indiferença. Quando a moda não trabalha mais com a diretividade imperativa dos modelos, é possível "subestimá-la" e divertir-se com ela mais do que ser obcecado. Por isso, é um erro evocar um puerilismo generalizado. Usar uma camiseta estampada com um desenho do Mickey não significa uma volta à infância, mas que se brinca com a moda, que ela não significa nada de crucial na vida: é "divertido" e ponto. A maioria veste-se "jovem", mas a relação com a moda tornou-se, de fato, mais adulta, na medida em que é reconhecida muito mais por aquilo que é: um jogo frívolo, uma estética das aparências sem importância "vital". A moda é apenas moda. Uma nova leveza surge no momento em que se torna cada vez mais fácil "colocar a moda em seu lugar", não considerá-la mais como uma questão em que se arrisca sua própria vida em sociedade.

Será que isso significa o fim da "ditadura" tradicional da moda? A realidade é bem mais complexa. Como visto no Capítulo 2, quanto mais as ordens do vestir se enfraquecem, mais se exibe a potência das normas do corpo magro e jovem; quanto mais a autonomia individual ganha, mais se intensificam as novas servidões do culto ao corpo, as "tiranias" do neonarcisismo. O recuo das restrições da honorabilidade social por meio da roupa tem como contrapartida um culto inquieto, obsessivo e sempre insatisfeito do corpo, marcado pelo desejo anti-idade, antipeso, antirrugas, por um trabalho de vigilância, de prevenção, de correção de si mesmo compartilhado pelos dois sexos; no entanto, mais sistematicamente interiorizado e praticado pelas mulheres.

A tirania da aparência mudou apenas de rosto e de território. Ela estava centrada no vestuário, mas agora depende cada vez mais do corpo; era caprichosa, tornou-se "científica" e mais performativa; desejava a mudança perpétua, agora desejamos uma eterna juventude. A obsessão pelo vestuário enfraqueceu-se, a obsessão pelo corpo cresceu. Estamos em uma época em que a moda é cada vez mais leve e cada vez menos leve.

Da leveza na arte à leveza da arte

ENTRE ARTE E LEVEZA, OS VÍNCULOS SÃO MILENARES. PROVA DISso são certas pinturas rupestres do paleolítico, os cervos e os bisões com formas delicadas e traços sinuosos, a representação do movimento feito com um realismo quase fotográfico. Não faltam às sociedades do neolítico esculturas, máscaras e objetos da vida cotidiana que se caracterizam pela fineza do trabalho e, às vezes, pelas formas maleáveis, longilíneas. Todas as grandes civilizações produziram uma variedade de objetos cuja beleza vem ao mesmo tempo da fineza da execução como da ornamentação delicada. Cerâmicas, bronzes, joias, tapetes, afrescos, caligrafias, em toda parte observa-se um embelezamento das decorações, conforme as "leis da beleza" de que falava Marx. Os arabescos, os entrelaçados e os padrões abstratos ou figurativos criaram decorações marcadas pela fineza, pela harmonia e pela delicadeza. A esse respeito, é possível falar de uma busca universal e trans-histórica da leveza estética, ainda que ela não seja sistemática e não apareça, em inúmeras culturas, como um ideal formalizado, explícito e reivindicado como tal.

A graça e o peso

Há milênios, os homens realizaram inúmeras obras de dimensões muito pequenas, como "modelos reduzidos" do mundo. Um exemplo são as pequenas esculturas de animais dos esquimós do Canadá e os miniobjetos dogons, os marfins esculpidos chineses e os bonsais japoneses, as iluminuras medievais e as miniaturas persas. A leveza não é colocada, nas tribos selvagens, como um ideal estético puro; todavia a miniaturização revela o vínculo imemorial, talvez consubstancial, que existe entre a leveza e a obra de arte. Em um texto famoso, Lévi-Strauss desenvolveu a ideia de que todo modelo reduzido tem uma vocação estética: ele oferece "sempre e em toda parte a mesma sensação da obra de arte".[1]

---

1   Claude Lévi-Strauss, *La Pensée sauvage*, Paris, Plon, 1962, p. 34. [Publicado no Brasil em 2016 sob o título *O pensamento selvagem*, pela Papirus.]

Sob esse aspecto, toda uma dimensão da obra de arte não se concebe fora daquela da leveza.

Tanto quanto, ou mais que a miniaturização, o trabalho de idealização constitui um componente essencial do belo artístico. Lévi-Strauss observa que a obra de arte, mesmo em "tamanho natural", funciona como modelo reduzido, uma vez que renuncia necessariamente "a certas dimensões do objeto: na pintura, o volume; nas cores, nos odores, nas impressões táteis, até na escultura".[2] Mas é igualmente um trabalho de subtração que se encontra no princípio da idealização das formas artísticas. Como disse Hegel, a arte não consegue expressar a ideia no sensível senão depois de um trabalho de depuração "deixando de lado tudo o que, nos fenômenos, não corresponde ao conceito".[3] A arte afirma-se ao idealizar, eliminar o grosseiro, o trivial, a vulgaridade, todo um conjunto de particularidades não essenciais. É o enobrecimento do sujeito que dá às obras seu charme, sua elevação e sua graça. Não há beleza clássica fora desse processo de tornar mais leve: pelo menos nesse contexto, arte, elegância e leveza mantêm vínculos extremamente estreitos.

Se a arte e a leveza se conjugam na miniatura, o mesmo vale "ontologicamente" para as artes da representação. Finalmente, o que seduz na pintura é o fato de ela ser simples superfície, aparência que nos dá uma impressão de realidade, mas livre da espessura do mundo e dos esforços consideráveis que sua fabricação implica. Como em um sonho, tudo é dado imediatamente, sem esforço do espectador. Dessa forma, a arte é realmente um "milagre de idealidade, uma espécie de zombaria e ironia, caso se queira, à custa do mundo natural exterior".[4] O charme e a poética da arte são sua leveza ontológica, "ato pelo qual

---

2   Ibid., p. 34
3   Hegel, *Esthétique*, vol. I, Paris, Flammarion, "Champs", 1979, p. 212. [Publicado no Brasil em 2001 sob o título *Curso de Estética* I, pela Edusp.]
4   Ibid., p. 220.

se encontram reduzidas a nada a materialidade sensível e as condições exteriores" do mundo real.[5]

Miniaturização, idealização: por intermédio desses processos, a obra de arte ilustra a potência dos homens para criar a aparência, a ilusão, uma outra realidade, ao depurar e tornar mais leve o mundo. Essa ambição universal de leveza não pode ser desvinculada do prazer sensível que ela oferece espontaneamente. Em toda parte, a leveza do estilo traz um suplemento de beleza, um tanto a mais de prazer estético. As formas leves funcionam como um convite à viagem, têm a virtude de impulsionar uma doce fantasia, uma paz tranquila, um êxtase interior que nos liberta do real e de nosso peso. A arte e suas figuras leves vêm em resposta a uma necessidade antropológica de levitação imaginária acompanhada do prazer de ser transportado sem esforço, de flutuar, de nos libertar magicamente da gravidade. A leveza na arte é o equivalente de uma carícia, de uma canção de ninar cuja suavidade oferece momentos repletos de serenidade, de uma tranquilidade prazerosa. A leveza ou uma certa melodia de felicidade.

Essa ambição de leveza tem raízes que mergulham igualmente na exigência antropológica de se disciplinar, de obter vitórias sobre o mundo e sobre aquilo que nos resiste (Nietzsche). Se a arte e a leveza estão tão frequentemente ligadas é porque aquela é o signo de uma potência de fazer e de se superar. Fazer o belo, o aéreo e o esguio: a leveza, sob esse ponto de vista, constitui um desafio, um apelo à excelência, à perfeição técnica, ao domínio das coisas: ela representa uma vitória sobre a resistência da matéria. A leveza na arte é contrária da facilidade e do seguir em frente, ela é a manifestação da "vontade de potência", de uma disciplina severa, de um esforço de aperfeiçoamento para uma forma superior. "A própria vida, para ir mais alto, constrói arcos e degraus de onde poderá perceber os horizontes distantes e as belezas que encantam o coração; é por isso que a altitude lhe é necessária. E como lhe é necessária a altitude, também lhe são necessários os degraus e a

---

5   Ibid., p. 221.

resistência que estes opõem aos que os sobem. A vida quer se elevar e, ao se elevar, superar-se."[6]

Todas as criações de arte não têm, evidentemente, uma aparência leve. As "Vênus" da pré-história são obesas, seus flancos são alargados, seus seios hipertrofiados descem até a bacia. No Egito antigo, a Esfinge e as pirâmides revelam a arte colossal. Na Mesopotâmia, os zigurates elevam-se como edifícios com andares, potentes e maciços. Com braços colados ao longo do corpo, punhos cerrados, ombros largos e espessos, os *kouros* da Grécia arcaica são rígidos e maciços. Muito mais tarde, o estilo barroco, que se caracteriza pelo "pesado e denso", faz com que a "leveza graciosa" do Renascimento desapareça.[7]

Contudo, desde a Grécia clássica, aparecem as Vênus com traços elegantes e delicados. Ao mesmo tempo, o templo grego recusa se juntar à terra e apresenta, com suas altas colunas, uma estrutura esvaziada e aerada: ele é construído, dizia Alain, ao se erguer contra a gravidade.[8] Na arquitetura islâmica, as formas alongadas dos minaretes conferem leveza às mesquitas. A catedral gótica, e seu impulso na direção do céu, dá a impressão de se ter libertado do peso da pedra e da gravidade material. O Renascimento inventou uma nova beleza idealizada por meio, principalmente, da pintura de Graças com formas fluidas, suaves, etéreas (Rafael), de Vênus, com uma leveza aérea de forma que parecem flutuar na atmosfera, ignorando as leis da gravidade (Botticelli). Por séculos e milênios, os artistas dedicaram-se a criar formas elegantes e alongadas, expressões da potência dos homens para transformar/transfigurar o real recorrendo a um trabalho de afinamento e de idealização.

Há a leveza dos ornamentos, da pintura, da escultura, mas também da dança e da poesia. A dança clássica se apresenta como movimento

---

6   Friedrich Nietzsche, *Ainsi parlait Zarathoutra*, II, Des tarentules, Aubier, p. 215. [Publicado no Brasil em 2011 sob o título *Assim falou Zaratustra*, pela Companhia das Letras.]
7   Heinrich Wölfflin, *Renaissance et baroque* (1888), Le Livre de Poche, 1967, p. 93. [Publicado no Brasil em 2012 sob o título *Renascença e Barroco*, pela Perspectiva.]
8   Alain, *Propos sur l'esthétique* (1923), Paris, PUF, 1949, p. 10-11.

para o céu, fuga da gravidade, voo que deseja permanecer o mais tempo possível acima do chão: traduz o desejo do corpo de escapar à gravidade. Da mesma forma, um elo íntimo une leveza e poesia, na medida em que esta se afirma ao desfazer os vínculos da sintaxe, ao libertar as palavras, ao tratar a linguagem corrente com "uma extrema desenvoltura".[9] Sendo assim, o verbo poético faz parte da esfera da brincadeira: o poema, diz Valéry, "deve ser uma festa", ele é uma "dança verbal", uma brincadeira que embala o homem, consola-o, acalma sua dor à maneira de uma carícia. Uma atividade lúdica que se livra das restrições da lógica e da significação em proveito da musicalidade e das imagens imprevistas. Canto da alma, música das paixões e das emoções, a poesia é uma expressão essencialmente aérea que "revela" uma realidade nova. O peso do princípio de realidade dá lugar ao princípio de leveza da imaginação criativa, a reaproximação de realidades distantes, o espírito "que paira sobre a vida, e compreende sem esforço/A linguagem das flores e das coisas mudas!" (*Élévation* de Baudelaire). "Toda poesia é uma ontologia", dizia Saint-John Perse: é, sobretudo, uma respiração espiritual, uma arte que faz dançar as palavras.

Mas a leveza é raramente colocada como um objetivo em si mesma. Os gregos almejavam uma beleza calma e harmônica à imagem do Cosmo; os construtores da Idade Média gótica espiritualizaram a matéria das catedrais em razão da busca mística por Deus. Nesses casos, não é a leveza por si mesma que é buscada: ela está a serviço de uma finalidade superior. Até mesmo os motivos e os estilos decorativos não são puramente formais: têm uma função simbólica, pois são carregados de significações cosmológicas, mágicas, religiosas e sociais. O que não impediu que fossem, nas civilizações de alta cultura, apreciados como tal pela graça de seus traçados, porque a fineza, a delicadeza e a maleabilidade são em si mesmas portadoras de prazer visual.

Apenas com o Renascimento começou a história reflexiva e teórica da leveza estética. Foi nessa época que ela se tornou um valor ex-

---

9   Mikel Dufrenne, *Le Poétique*, Paris, PUF, 1963, p. 40. [Publicado no Brasil em 1969 sob o título *O poético*, pela Editora Globo.]

plícito, um princípio reivindicado, por meio da busca de uma beleza que implica, evidentemente, proporção e harmonia, mas também graça, elegância, *leggiadria*. Surgiu uma vontade explícita de sedução que originou textos teóricos e estéticos. Um passo suplementar foi dado com Vasari, que distinguiu a graça da beleza e do sublime. A graça, que se caracteriza pela delicadeza, refinamento, suavidade, doçura e elegância, exclui as cores escuras e pesadas, mas sobretudo tudo o que insinua um trabalho laborioso: ela é inseparável da impressão de leveza, de habilidade e de facilidade de execução que oferece um grande prazer ao olho. Essa estética da graça é diretamente inspirada pela ideia de *spezzatura* formulada por Castiglione: para o autor do livro O *cortesão*, apenas a *spezzatura* garante a "verdadeira arte". Opondo-se ao trabalho aplicado, à afetação, à ostentação da virtuosidade, a *spezzatura* é desenvoltura, habilidade e dissimulação dos esforços. "A verdadeira arte é aquela que não parece ser arte, e deve acima de tudo se esforçar para ocultá-la, pois se for descoberta, perde inteiramente seu crédito e faz com que seja pouco estimada."[10]

Para Castiglione, a graça é uma exigência que se aplica bem além da arte: ela designa o que deve acompanhar todos os atos, todos os gestos, todas as condutas do perfeito cortesão. O fato de que Vasari empreste essa ideia a um tratado que codifica os bons modos e a arte da civilidade revela bem o que está em jogo nessa questão, ou seja, uma arte para a elite social, mundana e culta. A leveza na arte não mais se destina aos dignitários da Igreja; torna-se vetor de uma arte elegante e aristocrática que se dirige a um público composto de pessoas instruídas em relação às quais é necessário se esforçar para agradar, oferecer o maior prazer visual: "o pintor em suas obras procura agradar a todos", escreve Alberti.

O cuidado, o acabamento, a exatidão das proporções e a conformidade com as regras da Antiguidade não bastam para produzir a graça de um quadro. Esta proscreve qualquer insensibilidade, implica suavidade e elegância, leveza e habilidade, rapidez e facilidade de execução. Em

---

10   Castiglione, *Le Livre du courtisan* (1528), Paris, Garnier-Flammarion, 1999, p. 55. [Publicado no Brasil em 1997 sob o título O *cortesão*, pela Martins Fontes.]

sua autobiografia, Vasari vangloria-se de poder realizar suas obras "não apenas com a maior rapidez possível, mas também com uma incrível facilidade e sem o mínimo esforço".[11]

Habilidade, leveza e graça das formas, todas essas qualidades estéticas estão longe de serem valorizadas apenas pelo Ocidente. A pintura chinesa tradicional, em particular, não busca imitar a natureza, mas a "animar os sopros harmônicos" (Hsieh Ho), expressar a pulsação, os fluxos e a corrente vital que habitam o universo. Tornar vivo e animado, fazer sentir a vitalidade rítmica, o movimento e o espírito das coisas, esta é uma das mais importantes ambições da arte. Para que o sopro circule na pintura, o artista deve ir além da semelhança formal, eliminar o supérfluo, capturar o espírito das coisas, evitar um trabalho demasiado aplicado e demasiado acabado que priva a obra de vida, de segredo e de uma aura misteriosa. O ímpeto do pincel tem como objetivo estimular "um movimento de arrebatamento que transcende a matéria e o aspecto exterior das coisas".[12] Trata-se de, no interior do Pleno, revelar o Vazio, o sopro-espírito, o essencial, o inalcançável e o invisível.

Essa é a origem de uma pintura suave, animada, etérea e cuja execução deve ser feita de maneira instantânea, rítmica e sem retoque. É a origem das aquarelas marcadas pela transparência, leveza do traço e das cores. As paisagens reservam um amplo espaço ao vazio e expressam a fluidez do impalpável. Os rochedos têm uma presença tão móvel e fluida quanto a água. Finos galhos de árvore, pássaros e flores, paisagens com contornos vaporosos seduzem por sua delicadeza, sua elegância simples e sóbria. A representação do bambu, das orquídeas e dos crisântemos baseia-se em traços de pincel que se assemelham aos da caligrafia. Os pintores dedicam-se igualmente a tornar sensível, pelas ondulações da roupa, o vento que anima o corpo. Na China, como

---

11   Citado por Anthony Blunt, *La Théorie des arts en Italie de 1450 à 1600*, Paris, Gallimard, "Idées/Art", 1956, p. 164. [Publicado no Brasil em 2001 sob o título *Teoria artística na Itália 1450-1600*, pela Cosac Naify.]

12   A fórmula é de Ching Hao, in François Cheng, *Souffle-Esprit. Textes théoriques chinois sur l'art pictural*, Seuil, "Points", 2006, p. 31.

no Japão, a pintura é pensada como uma poesia sem palavras, e a poesia como uma pintura sem formas. Ao buscar traduzir o sopro e o ritmo vital que animam todas as coisas, a pintura chinesa torna sensível o que chamamos de graça, definida por Bergson como "a imaterialidade que passa na matéria".[13]

Regozijo e despreocupação

Se o Renascimento celebrou a graça dos rostos e das atitudes, o século XVIII valorizou temas frívolos marcados pela despreocupação e pela leveza. As festas galantes de Watteau, as alcovas de Boucher, os carnavais de Guardi e os beijos de Fragonard aparecem como imagens de um século apaixonado pelo refinamento hedonista, pelos divertimentos lúdicos e pela sedução maliciosa. Sem dúvida, desde a Idade Média, os prazeres mundanos inspiraram incontáveis vezes os artistas em quadros ou afrescos que colocavam em imagem o jogo, a bebida, a gula, a luxúria e o ócio. Mas tratava-se de alegorias que, fustigando a vaidade dos prazeres sensuais, almejavam celebrar as virtudes, fazer prevalecer as virtudes cristãs e o amor celeste. Apoiada por uma cultura humanista que reabilitava a natureza humana, a pintura do século das Luzes, ao contrário, dignificava, sem preconceito moralista, a frivolidade, as delícias do amor, os divertimentos galantes, "o prazer de viver": aquilo que o século chamava de "contentamentos".

Triunfam então os prazeres maliciosos e frívolos da mitologia galante, os bailes de máscaras, "Os acasos felizes do balanço" (Fragonard), a arte colocada a serviço da alegria mundana, da imaginação e dos "encantos da vida". A leveza na pintura de gênero ganhou direito de cidadania. Com a modernidade inaugural, o prazer não é mais culpado: passou-se da culpa ao panegírico da leveza despreocupada.

A pintura das festas galantes alcança um grande sucesso. Nas paisagens arcadianas, personagens elegantemente vestidos entregam-se com esmero aos divertimentos da sociedade: bailes, espetáculos teatrais,

---

13   Bergson, *Le Rire* (1940), Paris, PUF, 1962, p. 22. [Publicado no Brasil em 2004 sob o título *O riso*, pela Martins Fontes.]

jogos e contatos amorosos. Todas essas pinturas têm em comum uma representação da vida aristocrática baseada no refinamento, nos jogos, na dança, na música e nos divertimentos galantes. Cansada dos faustos e da rígida etiqueta da corte de Luis XIV, a aristocracia aspira a uma vida mais leve, feita de prazeres, jogos e festas alegres: é essa vida que a pintura rococó ilustra. Após sua desqualificação milenar, a vida leve tornou-se um assunto na moda. Watteau é o grande mestre do gênero. Mas não é nem o primeiro nem o último a pintar essas atmosferas de ócio feliz. Esse gênero encontra sua origem na pintura veneziana do século XVI, principalmente em Giorgione e Ticiano (O concerto campestre, por volta de 1510), depois em Rubens (O jardim do amor, 1633), que são hinos dedicados ao amor e à quietude, à felicidade calma e suave.

Essa tradição fará sucesso ao longo da segunda metade do século XIX com Manet (O almoço sobre a relva, 1863) e as pinturas impressionistas. No O almoço dos remadores (1880-1881), Renoir imortaliza um momento de graça entre amigos, um universo festivo e ensolarado que exala um ar de deliciosa leveza. Quanto ao Baile do moinho da Galette, ele é iluminado pela alegria simples e popular dos bailes de Montmartre. A temática da despreocupação e da alegria de viver também é encontrada em Monet (Mulheres no jardim, 1866) e Signac (No tempo da harmonia, 1894).

Continuando por esse caminho, Matisse compõe Luxo, calma e volúpia (1904) e A alegria de viver (1905). Nessa tela, homens e mulheres se enlaçam ou se beijam, outros dançam, tocam flauta ou ouvem música. As obras de Dufy com o desenho desenvolto e cores alegres têm uma ar de infância, impregnadas de uma alegria imediata e inocente: seus temas (regatas, recepções, concursos hípicos, concertos, etc.) são tratados de maneira serena, evocam um mundo percorrido de felicidade luminosa, rosa e azul. De Renoir a Dufy, é um hino tipicamente francês à "alegria de viver" que se expressa em duas épocas diferentes. Mais tarde, Picasso compõe sua A alegria de viver (1946), que é o ideal da vida feliz, despreocupada e descuidada que todos esses pintores e muitos outros buscaram traduzir em seus quadros.

É também um outro tipo de leveza que os pintores modernos procuraram expressar. Os quadros de Degas cujos temas são as bailarinas da Ópera resplandecem de graça aérea: exaltam a leveza do corpo em movimento. Toulouse-Lautrec pinta o mundo do prazer recorrendo aos divertimentos de Montmartre, aos bailes, aos café-concertos, aos circos e teatros. Uma leveza que não é aquela da felicidade suave e aprazível, mas a da vida de boêmio, dos pândegos, das festas vulgares em busca de regozijos mais carnais e dissolutos. "Lautrec é a revanche do século XVIII libertino", escreve apropriadamente André Chastel.

Sabe-se que, no início, o impressionismo enfrentou a hostilidade do público. Mas essa escola foi rapidamente aceita: desde 1889, Monet conhece a consagração. É provável que esse sucesso não seja estranho à atmosfera feliz e sorridente que dele emana. Eis uma pintura que respira a leveza característica dos momentos em que se sente a alegria de viver, o encanto tranquilo do instante. Por essas telas expressa-se não uma felicidade excepcional, mas a leveza do mundo e de si mesmo quando nos sentimos em harmonia com a vida. Não um estado de elevação espiritual, mas um sentimento de harmonia simples, a felicidade da alegria de viver quando o mundo não parece mais pesar sobre nossos ombros. É essa alegria fácil, leve e ensolarada que é representada pelo impressionismo e que explica o encanto imediato que emana dessa pintura: telas mágicas que ajudam a carregar o peso da vida.

Com algumas poucas exceções, a partir dos anos 1950, a pintura da despreocupação começou a desaparecer. Com a sociedade de consumo, é a publicidade que se torna a grande fornecedora das imagens do prazer e dos sonhos de regozijo. Mesmo assim, o campo da canção conhece o mesmo destino, pois vê desaparecer as melodias leves e ajuizadas que evocam a alegria de viver. O bom humor, a despreocupação e a felicidade de viver deixaram de inspirar os compositores, os cantores e os pintores.

Luz, movimento e ludismo

A leveza na arte moderna não se afirma apenas na pintura da despreocupação e dos instantes felizes. Também se ilustra pelo interesse dado pelos pintores a essa realidade, imaterial ao olho humano, que é a luz com suas cintilações e flutuações errantes. Ao longo do século XIX, afirmou-se, pela primeira vez, uma pintura que, estudando a luz por ela mesma em toda sua diversidade, tornou-a seu motivo central. Os reflexos, a fluidez da atmosfera, as sensações luminosas, a dissociação das formas sob os efeitos da luz tornaram-se o próprio objeto da pintura. Não se tratava mais de representar a materialidade das paisagens, mas de abarcar a beleza fugidia e passageira da cintilação do sol sobre as folhagens, das pequenas variações luminosas, das formas desmaterializadas ao contato com os jogos cambiantes da luz.

Após Turner e sua vontade de captar o poder da luz sobre as formas, assim como Whistler e seus quadros em que água e luz se mesclam, os impressionistas transcrevem a dissolução das formas na luz, os reflexos na água, as nuvens de vapor e a transparência da atmosfera. Em *Regatas em Argenteuil* (Monet, 1872), os reflexos são mais importantes do que a cena representada. Renoir bane o preto de sua paleta e dedica-se ao tratamento colorido das sombras para expressar a luminosidade da natureza. Graças à fragmentação leve do toque e às pinceladas rápidas das cores puras, os quadros são inundados de luz, as imagens apresentadas são frescas, fluidas, plenas de delicadeza e de volatilidade. As paisagens impressionistas são cantos de amor às cintilações da manifestação do mundo, a tudo o que há de mais fugidio e de mais passageiro.

Com a técnica e os temas impressionistas, acabaram-se as pesadas ficções picturais e a sua eloquência. O que está em ação é um processo de tornar mais leve o universo da pintura desvencilhado do peso das convenções acadêmicas, da solenidade, do "peso burguês", como dizia Georges Bataille. A pintura moderna afirma-se como pintura pura que, livre das ficções mitológicas, moralistas e históricas, abandona-se unicamente à alegria do olhar, ao culto do natural, à clareza do ar livre, comunicando sensações de suavidade e vibração sensual. Com o impressionismo, a importância tradicional do "tema" perde força em proveito da celebração da luz e dos efeitos fugidios desta sobre os objetos de qualquer natureza. Surge uma pintura dançante e rápida que exalta as superfícies faiscantes, a poesia da luz e a fugacidade do momento. É uma pintura tecida de ar, rebelde à gravidade e que capta o que se passa em todo seu frescor.

Movimento, jogo e luz

Evidentemente, o impressionismo não é o único movimento artístico moderno no qual a leveza ocupa um lugar primordial. Um grande número de artistas modernos aderiu a essa questão, criando cada uma das vezes universos de extrema singularidade. Aqui, eles serão apenas citados sucintamente.

Leveza de serenidade: a ausência de gravidade das formas, a pureza das linhas e da cor, as finas pinceladas de Matisse sugerem um jardim paradisíaco de leveza e de tranquilidade. Leveza da imaginação: toda a obra de Miró é marcada por alegria, cor, humor e ritmo; as formas e símbolos flutuam no ar e dão uma impressão de alegre movimento: "Para mim, uma pintura deve se assemelhar a um buquê de faíscas" (Miró). Leveza da expressão infantil: emanam dos desenhos e das pinturas de Klee certa ingenuidade e "inocência angelical", dizia Marcel Brion. Leveza do superficial: em um caminho bem diferente, a pintura pop – cujos temas são os objetos do cotidiano, as HQ, os super-heróis, a publicidade e as celebridades – descola-se do sério ostensivo e respira um ar de leveza juvenil.

A arte abstrata também trata da questão de tornar mais leve e do "menos" na medida em que se afirma por um trabalho de subtração, de depuração e eliminação das características da arte figurativa. Desde Kandinsky e Mondrian, a pintura deixa de ser pensada como representação: ao eliminar a profundidade e o objeto, a arte abstrata livrou-se da materialidade da natureza, revelando um "mundo sem objeto" (Malevitch) quando despojou a arte de seus atributos julgados não essenciais. A arte abstrata afirma-se por meio de uma purificação do espaço pictórico, destinada ou a revelar realidades invisíveis e irrepresentáveis, ou a realizar a essência da arte.

Sem dúvida, todas as obras abstratas não são aéreas, mas muitas dentre elas, com suas formas depuradas e simples, inspiram um sentimento de leveza. Os quadros geométricos de Mondrian combinam rigor e leveza; com Kandinsky, as formas parecem muitas vezes dançar e flutuar em um meio indeterminado; nas obras de Rothko, as cores mostram-se imateriais e as formas flutuam em um espaço onde se misturam gravidade e leveza, matéria e fluidez; as estruturas minimalistas de Sol LeWitt desprendem uma impressão de leveza colorida, simples e geométrica. Livres de toda relação com o mundo objetivo, os quadros abstratos ganham uma leveza, um ritmo e uma respiração de um novo tipo. Mesmo assim, não mais uma leveza, mas levezas que podem se prestar a uma variedade de interpretações. Com a arte abstrata, surge o reino estético e semiótico da leveza plurívoca, ambígua, aberta.

Entre as escolas da abstração, as correntes cinéticas e óticas são, sem dúvida, aquelas que se envolvem mais diretamente com a questão da leveza. Maurice Denis dizia que o olho dos impressionistas "come a cabeça", porque nada se encontra por trás dessas pinturas cambiantes e luminosas. Com a arte cinética e ótica, ou *op art*, deu-se um passo, essas obras desprovidas de qualquer conteúdo não têm outra ambição além de oferecer ao espectador o prazer de ver e de sentir. Não mais a representação daquilo que se mexe, a imagem das cintilações e dos reflexos coloridos da natureza, mas a própria realidade do movimento, das luzes que piscam, dos objetos que flutuam no ar: um cinetismo real em que a experiência sensorial do inatingível, do leve e do flutuante triunfa sobre a representação do mundo.

Em 1913, Marcel Duchamp concebe o famoso *ready-made* A *roda de bicicleta*, que repousa sobre um banquinho: "Ver essa roda girar era muito tranquilizador, muito reconfortante. [...] gostava de observá-la assim como observo as chamas que dançam em uma lareira." Man Ray, em 1920, realiza o *Abat-jour* e *Obstrução*, as duas primeiras esculturas móbiles sem motores que se apoiam em um movimento aleatório. No mesmo ano, Naum Gabo cria uma pequena escultura cinética com um fio de aço posto em movimento por um motor: "Proclamamos nas artes plásticas um elemento novo: os *ritmos cinéticos*, formas essenciais de nossa percepção do tempo real", escrevem Naum Gabo e Anton Pevsner em seu *Manifesto realista*. É nos anos 1930 que Calder cria suas primeiras esculturas móbiles em que se introduzem a circulação do ar, a intervenção do acaso e o movimento das peças que se balançam lentamente. Segundo ele, "quando tudo funciona bem, um móbile é um poema que dança com a alegria da vida e de suas surpresas".

A corrente lumino-cinética surge e ganha espaço nos anos 1950 e, sobretudo, em 1960, usando pesquisas que exploram a percepção e as propriedades estéticas da luz e do movimento. Essa arte abstrata dita "perceptual" continua até nossos dias. A exposição "Dynamo", que aconteceu no Grand Palais em Paris em 2013, ofereceu um magnífico panorama dessa corrente em que a leveza, o imaterial, a flutuação, a instabilidade e o invisível não são mais ideias representadas, mas experiências diretamente percebidas por meio de todo um conjunto de instalações, de ambientes e técnicas novas. Jesús Rafael Soto montou uma instalação (*Penetrável*, 2007) composta de longos fios de náilon azul suspensos: ao penetrar nessa massa fluida, o espectador experimenta uma materialidade feita de elementos voláteis e flutuantes. Em *Beyond the Fans* de Zilvinas Kempinas (2013), duas fitas magnéticas dançam e flutuam em círculo, levadas pelos fluxos de ar provocados por dois ventiladores. A delicada escultura de nevoeiro de Fujiko Nakaya é realizada com uma tecnologia que pulveriza gotinhas microscópicas que se exalam em finas brumas voláteis "que sobem para o céu e encontram as nuvens".

Aqui, as obras de arte não sugerem mais a leveza; elas são movimento real, vibração, mudança, nevoeiros cromáticos, nuvens impalpáveis e imateriais (Ann Veronica Janssens). Não há nada para compreender, apenas viver as experiências sensoriais angustiantes ou lúdicas. Vibrações, movimentos, pulsações, piscadelas, transparência, evanescências, todas essas experiências não emitem nenhuma mensagem: trata-se de uma arte voltada para as sensações imediatas, para os choques sensoriais, visuais e táteis. Obras abertas (Umberto Eco) e leves, por não conterem mensagens e serem inseparáveis de uma dimensão lúdica e perceptual.

Outros artistas contemporâneos, no rastro da *land art*, exploram a experiência da leveza com obras que se tornam paisagens mais ou menos abstratas: a escultura gigante *Temenos* de Anish Kapoor flutua acima da zona das docas de Middlesbrough. Com sua instalação *Light*, Bruce Munro transformou os Jardins de Longwood em Kennet Square (Pensilvânia, EUA) em um maravilhoso espetáculo luminoso em grande escala com leveza poética, graças à utilização de 20 mil fontes de Led e de fibra ótica. Outras obras exibem-se em ligação com a arquitetura. A instalação *In orbit* de Tomás Saraceno é uma gigantesca teia de aranha, uma espécie de imensa rede de fio metálico suspensa a 25 m acima da praça do museu K21 Ständehaus em Düsseldorf: pontuada por meia dúzia de balões de plástico, ela convida ao relaxamento, à realização dos sonhos aéreos. Sobre essa estrutura, os visitantes, que podem se deslocar entre as esferas e passar de um nível de rede ao outro, parecendo estar em um estado de não gravidade.

Com o propósito de uma arte pública, Janet Echelman apodera-se dos espaços urbanos e realiza megaesculturas aéreas de formas fluidas e animadas pelos movimentos do vento (1:26); *Unnumbered Sparks* assemelha-se a uma imensa nuvem em cabos pré-tensionados (227 m de comprimento) cujas formas voluptuosas flutuam acima de dois grandes edifícios de Vancouver: com seu *smartphones*, os transeuntes podem fazer com que a obra evolua, modificando suas cores e colocando-a em movimento. Sobre a superfície de aço polido da *Cloud Gate* (Anish Kapoor) instalada em Chicago, refletem-se o céu, os espectadores e a arquitetura circundante. Esses reflexos desmaterializam a obra, transformando o pesado em leve, a massa material em não material evanescente.

Inúmeros fotógrafos contemporâneos também são inspirados pela temática da leveza. Laurent Chéhére e suas casas flutuantes. Matt Sartain e seus personagens que voam. Melvin Sokolsky e suas mulheres dentro de bolhas transparentes de acrílico. Natsumi Hayashi e seus autorretratos que desafiam as leis da gravidade. Li Wei e suas ilusões de levitação humorística.

Evidentemente, a arte contemporânea dedica-se a prolongar a milenar conquista da leveza estética. Hoje, como ontem, a fascinação do aéreo consubstancial se exerce no espírito humano, a atração poética representada pelo que nos liberta de nosso peso. Se a cultura hipermoderna funciona no extremo, nos decibéis, no rap, no pornô, ela também vê se multiplicarem as pesquisas sobre a leveza, e isso como expressão poética. A poesia como gênero literário específico perdeu o fôlego, mas de alguma forma o ideal poético se ilustra na pintura, na música, na fotografia, nas instalações e na escultura. A leveza permanece uma fonte de inspiração para os artistas, porque assim como a poesia, ela é sonho prazenteiro, distante do peso das experiências concretas do cotidiano.

O interesse dessas obras leves vem do fato de se afirmarem na contracorrente da lógica da "desestetização"[14] característica da arte contemporânea. Desde Duchamp, da *pop art*, da arte conceitual, da *land art*, da arte povera e da arte minimal, a função da arte não é mais seduzir e satisfazer os sentidos: o procedimento importa muito mais do que a própria arte. Mas ao se aprofundar na dimensão da leveza, manifesta-se um movimento contrário: todas essas obras seduzem os sentidos, dão um prazer propriamente estético, pois aqui "tudo fala aos sentidos" para retomar a palavra de Balzac.[15] Com essas obras leves, o conteúdo estético é primordial, pois apenas o "produto pronto" merece atenção. Talvez a experiência da leveza seja consubstancialmente estética. Observa-se com alegria que as pesquisas contemporâneas sobre a leveza têm como efeito uma reestetização da arte.

O futuro moda da arte

Os vínculos entre a arte e a leveza não se reduzem ao estilo e aos temas das obras. Na era hipermoderna, essa questão remete ao próprio estatuto da arte e mais precisamente às relações que ela mantém com outras esferas da vida social associadas também à leveza, e evidentemente na primeira posição está a moda.

A *hibridação da arte e da moda*

Com a modernidade triunfante, a arte se colocou como um mundo à parte, opondo-se radicalmente ao reino do comercial e do *mass media*, da publicidade e da moda. Como uma "antimoda", a arte se constrói com fronteiras claramente marcadas em relação às outras esferas da vida social. Ainda que os conflitos entre as vanguardas causem furor quanto às estéticas e à missão da arte, ninguém contesta o princípio segundo

---

14   Harold Rosenberg, *La Dé-définition de l'art*, Jacqueline Chambon, 1992, p. 27-37.
15   Citado por Bachelard, *op. cit.*, p. 81.

o qual a arte é um campo que exclui as motivações de dinheiro assim como o kitsch, o fácil e o fútil.

A arte e a moda impõem-se, assim como universos de essência dessemelhante com ambições heterogêneas. As indústrias da moda são estabelecidas por objetivos de venda e de lucro, ao passo que a arte é comandada por um espírito não mercantil. O produto de moda sai de moda; a obra-prima é eterna. A moda nas sociedades modernas alcança as massas; a arte, um público de elite. Uma está do lado do superficial, do fútil, da sedução leve; a outra do sério, da profundidade do sentido, da elevação espiritual. Assim como a leveza da moda estimulou zombarias e sátiras, também a leveza na arte foi objeto de admiração.

Aparentemente, essas clivagens ainda são atuais. As maneiras de produzir (fabricação industrial padronizada/criação singular), as finalidades (lucro/criação pura), os lugares de exposição (lojas/museus, galerias, centros de arte), os canais de informação e de consagração (revistas de moda/revistas e livros de arte) constituem ainda universos distintos. No entanto, a linha de demarcação que separa a arte e a moda reduziu-se muito; suas fronteiras deixaram de ser nítidas e categóricas, com o mundo "sério" da arte cruzando-se cada dia mais com o mundo leve da moda. Nasceu um novo regime de arte que coincide com a anulação das antigas exclusões, com a destituição das referências e dos ideais "clássicos". Semelhante reviravolta institui o que se pode chamar o sistema moda da arte contemporânea, coroando a civilização da leveza.

Isso se evidencia, primeiramente, pelo fato de que os lugares mais prestigiados da arte acolhem com uma frequência cada vez maior os grandes nomes da moda. Desde os anos 1980, são incontáveis os museus e galerias de arte que homenageiam os criadores e as marcas de moda. No interior do museu Guggenheim Bilbao, Bob Wilson criou espaços espetaculares para valorizar as criações de Armani. Recentemente, o museu Beaux-Arts de Montreal, o museu Groninger (Holanda) e o Victoria & Albert Museum (Londres) organizaram respectivamente retrospectivas de Jean Paul Gaultier, Azzedine Alaïa e Yamamoto. Agora, algumas coleções de estação são apresentadas nesses espaços: o desfile Dior de alta-costura primavera-verão 2011 aconteceu no museu Rodin, que também foi usado de maneira festiva pela rede de lojas H&M para seus modelos do outono 2013. O museu, que era tradicionalmente um templo secular pleno de gravidade que devia celebrar apenas as obras-primas imortais, pode agora se abrir às criações contemporâneas mais atuais. Enquanto os museus apresentam coleções de moda, pode-se ver um galerista e o diretor do *palais* de Tóquio desfilar para Hermès durante uma bienal de Lyon. Todos são fenômenos que ilustram novas interpenetrações da arte e da moda[16] que estabelecem uma transcultura sob o signo da leveza frívola.

Mais que isso, muitos museus estão se reorganizando segundo uma lógica espetacular para o divertimento de massa e o sucesso comercial. Vê-se multiplicar as "exposições-espetáculos" e outros *blockbusters* com reconstituições ilusionistas, temáticas sedutoras, encenações espetaculares, às vezes lúdicas. Na era da hipermodernidade, mesmo os museus integraram em seu funcionamento as lógicas do espetacular, da atração lúdica, da sedução recreativa. O momento é o da fusão da arte e da distração, do patrimônio e do show, da educação e da sedução. Nos santuários da arte desaparecem agora as fronteiras tradicionais entre cultura erudita e distração, arte e lazer.[17]

As feiras internacionais de arte contemporânea, assim como grandes *vernissages*, são ocasião para *brunchs*, eventos mundanos, jantares privados e festas luxuosas; nessas ocasiões todo um *jet-set* internacional encontra-se em qualquer ponto do planeta para comprar e se divertir entre pessoas do mesmo mundo VIP. Não são apenas grandes colecionadores que participam desse mundo de festa, de brilho e de sedução: agora os espaços de exposição funcionam como lugares de encontro, de compromissos de certo modo festivos para uma juventude bem informada que gosta de descobrir "o que está sendo feito", a última novidade,

---

16   Florence Müller, "Art et mode, fascination réciproque", *Repères Mode 2003*, Institut Français de la Mode, 2002, p. 364-377.
17   Sobre esses pontos, ver Jean-Michel Tobelem, *Le Nouvel Âge des musées. Les institutions culturelles au défi de la gestion*, Armand Colin, 2005.

e ao mesmo tempo ver e ser visto.[18] Tom Wolfe observou isso já nos anos 1960: o mundo da arte superou as estreias teatrais – nele as pessoas exibem-se usando roupas que são tendência; tornou-se um *must*, um lugar *in* onde "é preciso estar". Os lugares da arte deveriam elevar o homem: tornaram-se tendência.

Mesmo as compras dos colecionadores e das instituições não são mais desvinculadas das atitudes que vigoram no mundo da moda. Se artistas e correntes são lançados como marcas, colecionadores saem em busca de "marcas" artísticas. Como observa Bernard Edelman, "quando se compra um Duchamp, não se compra o objeto. Compra-se a marca".[19] Evidentemente, essa observação vai bem além das obras do pai dos *ready-made*: ela se aplica às obras emblemáticas da arte contemporânea.

A confusão das esferas em proveito da lógica da moda vai muito além. Atualmente, são numerosos os artistas de vanguarda que colaboram com marcas para coleções de roupas e acessórios. Sol LeWitt criou o visual da embalagem de um perfume Nina Ricci. Takashi Murakami, Stephen Sprouse, Richard Prince e Yayoi Kusama desenharam produtos para a Louis Vuitton, e Thomas Heatherwick uma linha de bolsas para a Longchamp. Hermès convidou Daniel Buren a marcar com seu estilo o quadrado emblemático da marca. Swatch confiou a concepção de um certo número de modelos de relógios a Victor Vasarely, Keith Haring e Sam Francis. A época vê a hibridação transestética do artístico e do comercial, da vanguarda e da moda. O que ainda ontem eram mundos heterogêneos foi substituído por uma realidade hibrida na qual os artistas colocam seu talento a serviço do desenvolvimento da frivolidade da moda e do consumo.

Os próprios artistas tornam-se atores da cena *hype*. Warhol foi o primeiro a endossar os hábitos desse novo modelo de artista que

---

18   Danièle Granet, Catherine Lamour, *Grands et petits secrets du monde de l'art*, Pluriel, 2011, p.32-35 e 266-268. [Publicado no Brasil em 2014 sob o título *Grandes e pequenos segredos do mundo da arte*, pela Tinta Negra.]

19   Bernard Edelman, "De la propriété littéraire et artistique" (entrevista), em *Feux pâles*, CAPC, 1990.

combina vanguarda e *star system*. Ao declarar "sou um artista comercial", Warhol misturou os territórios da arte, da moda e da publicidade, desqualificou o modelo do artista boêmio "suicidado pela sociedade" (Artaud), em benefício do artista mundano que, fazendo tudo para se tornar conhecido, rejeita a ideia de que a pobreza seja a condição de uma criação autêntica. Não mais o artista maldito, mas um artista que frequenta o *jet-set*, quer ganhar dinheiro e ser famoso, encontra sua inspiração na cultura de massa, na moda e nas celebridades, torna-se o produtor e o diretor de sua própria imagem supermidiatizada. Sua ambição é "ter um filme que passa na Radio City, um show no Winter Garden, a capa de *Life*, um livro na lista dos mais vendidos e um disco no topo das vendas".[20] Warhol gostava de andar com as vedetes, e seu ateliê, a Factory, tornou-se um importante lugar da vida *in* onde se cruzavam as pessoas do cinema, da moda, do rock, das mídias, da publicidade e da arte. Ao reivindicar a dimensão comercial, a obra de Warhol inventou o casamento das lógicas leves da moda, do consumo e da publicidade com a arte contemporânea. Em 1965, Warhol foi classificado nos "barômetros da moda" logo abaixo de Jacqueline Kennedy.[21]

O momento não pertence mais à ambição da glória imortal, mas à busca do sucesso material e da celebridade midiática. As correntes são lançadas com grandes operações de marketing e as notoriedades se constroem nos moldes do *star system*, da publicidade e da fuga para a frente espetacular. Os artistas de renome internacional se tornam celebridades no mesmo patamar que os de cinema, Damien Hirst ou Jeff Koons foram capa de revistas, seja pelos preços astronômicos de suas obras, por suas estratégias de marketing ou por sua vida privada (casamento de Jeff Koon com Cicciolina, atriz pornô). Se as marcas dedicam-se a promover incansavelmente sua imagem recorrendo a logos e *slogans* identificáveis, alguns artistas contemporâneos aparecem como publicitários deles mesmos quando exploram uma signalética

---

20 Citado por Irving Sandler, *Le Triomphe de l'art américain, les années soixante*, Paris, Carré, 1990, p. 113.
21 Ibid., p. 106.

indefinidamente repetida. Agora, o sucesso artístico é inseparável de todo um trabalho de espetacularização, de promoção midiática e de comunicação de uma imagem. Em um mercado globalizado e superabundante, o mais importante para ganhar notoriedade é chamar a atenção produzindo obras espetaculares e provocantes que chocam o espírito do público. Na era hipermoderna, a arte e o comercial, o artista e a celebridade, a obra e a comunicação, a arte e a moda não param de se entrecruzar.

A ideia e a própria imagem da vanguarda sofreram uma transformação profunda. O artista famélico, desconhecido durante sua vida, foi substituído pelo artista riquíssimo e midiatizado. À medida que a televisão e as revistas de moda oferecem um grande espaço à criação de ponta, os artistas neovanguardistas não estão mais na sombra, tornaram-se artistas da moda, os *happy few*, os ícones cortejados por todas as mídias. Alguns artistas podem sempre exibir uma postura rebelde, pois são consagrados nas mídias e pela sociedade. Não é mais o retrato do artista como saltimbanco, mas o homem de negócios, como "comunicador", como vedete internacional.

Nesse contexto, o mundo da arte contemporânea caracteriza-se pela conjunção de duas tendências contrárias. De um lado, ele mostra-se como uma esfera cada vez mais dominada pelo peso do dinheiro, como testemunham a forte alta dos preços, a explosão das cotas, as compras especulativas e os recordes dos leilões. É um mercado que se constrói em torno de mega-artistas, de supergalerias e de hipercolecionadores que não se deslocam mais sem uma escolta de conselheiros profissionais que procuram os melhores "investimentos" nos artistas ascendentes. Nossa época é aquela em que o valor artístico mede-se pela elevação do preço de venda: os "maiores" artistas tornaram-se os mais caros e os mais conhecidos, a "importância artística" seguindo de perto o valor de mercado. Agora, a Artprice publica o Top 500 dos artistas contemporâneos mais cotados, o Top 100 dos artistas classificados pelo volume de negócios. Como disse Damien Harris em 2009 nas colunas do *The Observer*: "Warhol realmente trouxe o dinheiro para a equação. Ele tornou aceitável que os artistas pensassem em dinheiro. No mundo em que vivemos hoje, o dinheiro é uma questão importante. É tão necessário quanto o amor, talvez mais importante." O mundo da arte contemporânea sugere menos a leveza do prazer estético do que a abundância da liquidez, a escalada do maior lance nos leilões, os circuitos do dinheiro onipotente, o peso da especulação, dos preços e das somas investidas.

Por outro lado, o mundo da arte contemporânea está estruturalmente conquistado pelas lógicas leves da moda. As obras não remetem mais a nenhum referencial transcendente. Os artistas podem chegar ao sucesso bem jovens e quase imediatamente. As lógicas de imagem, de espetáculo e de promoção midiática são predominantes. O universo da arte contemporânea funciona de maneira cada vez mais leve no momento em que o papel do dinheiro torna-se cada vez mais pesado.

O estágio leve da arte

Nada disso é recente. O novo regime da arte prospera em um terreno que vem sendo preparado há muito tempo pela rejeição modernista do antigo, pela desagregação das categorias estéticas e dos sistemas de referência tradicionais. Em meados do século XIX, Baudelaire já associava explicitamente a modernidade estética à moda, ao transitório e ao fugidio.[22] Mais tarde, a idolatria do Novo estimulada pelas vanguardas reforça o parentesco da arte e da moda na medida em que esta se baseia na busca perpétua pela mudança e na negação do eixo temporal da tradição, ou seja, no passado. O universo artístico não é mais comandado pela tradição e pela ambição do belo mas, como a moda, pela renovação permanente, pela velocidade das mudanças, pela surpresa contínua. O importante é romper os vínculos de continuidade com o passado, provocar rupturas e novos inícios.

Assim como a moda, a arte moderna apresenta-se sob o signo do movimento acelerado e da crítica do passado imediato. Se "a moda

---

22   Baudelaire, "Salon de 1846", *De l'héroïsme de la vie moderne*; igualmente, *Le Peintre de la vie moderne*, cap. IV. [Textos publicados no Brasil em 1995 sob os títulos "Salão de 1846" e "O pintor da vida moderna". In: Charles Baudelaire *Poesia e prosa*, pela Nova Aguilar.]

anula a si mesma permanentemente" e se "seu destino consiste em evanescer",[23] a modernidade vanguardista, por sua vez, é baseada na "negação de si mesma", é uma "autodestruição criadora".[24] Trata-se de criar obras absolutamente contemporâneas e absolutamente modernas, livres de qualquer referência ao passado, nem mesmo o mais próximo. Como a moda, as obras vanguardistas aparecem como hinos apenas à modernidade. Com aquilo que Harold Rosenberg chamava a "tradição do Novo",[25] a estética do Novum e o princípio de obsolescência acelerada alojam-se no coração da arte da mesma forma que dirigem o curso da moda.

A arte moderna e a moda, no entanto, permanecem universos separados que repousam em princípios antinômicos. A arte moderna construiu-se na recusa da gratuidade da moda e de seu espírito comercial. Por toda parte, ela exibe uma intenção iconoclasta, radical e "intransigente", como dizia Adorno. Rejeitando a estética do Belo, as artes de vanguarda se desenvolveram sem levar em conta o gosto do público, reivindicaram uma liberdade criativa soberana, um individualismo criativo emancipado das normas acadêmicas, tradicionais e de mercado.

Por outro lado, a nova autonomia dos artistas foi contrabalançada por uma "sacralização da arte" que deveria se abrir às "realidades últimas" (Paul Klee) e revelar a essência do mundo e da arte. Enquanto a moda é capricho lúdico, sem finalidade superior, os artistas de vanguarda (Kandinsky, Mondrian, Malevitch, Arp, Lissitzky) têm a ambição de dar acesso ao fundo oculto do Ser, às realidades últimas, à plenitude do conhecimento e da existência.[26] Se algumas correntes reivindicaram a arte pela arte excluindo qualquer referência ao político e ao social, outras proclamaram o imperativo de mudar a vida, de abolir a separação da arte e da vida, de realizar o homem total. De todo modo, o modernismo

---

23   René König, *Sociologie de la mode*, Paris, Payot, p. 95-96.
24   Octavio Paz, *Point de convergence*, Paris, Gallimard, 1976, p. 16.
25   Ver Harold Rosenberg, *La Tradition du nouveau*, Paris, Éditions de Minuit, 1998. [Publicado no Brasil em 1974 sob o título *A tradição do novo*, pela Perspectiva.]
26   Jean-Marie Schaeffer, *L'Art de l'âge moderne*, Paris, Gallimard, 1992.

artístico exibiu-se sob o signo de grandes ideias e de grandes finalidades (Verdade do mundo e da arte, Revolução, História, Progresso social) que legitimaram o culto do novo, conferindo uma dimensão de universalidade e de verdade às expressões da subjetividade artista soberana.[27]

Por fim, a aventura modernista concretizou-se nas obras herméticas, dissonantes, deslocadas e escandalosas contrárias à sedução comercial da moda. Esta se baseia em uma lógica de sedução "fácil", ao contrário da arte de vanguarda em guerra contra o *kitsch*, contra a harmonia estética e contra o charme da representação perspectivista.

A arte como hipermoda

Essa era de ouro das vanguardas já acabou. Estamos em um momento em que o mundo da arte deixou de se estruturar pelos grandes "ismos" que pretendem sistematicamente personificar a "linha histórica correta": acabaram-se as grandes narrativas escatológicas, acabou-se a ideia de uma marcha irreversível para a pureza e a verdade da arte, acabou o tempo das rupturas revolucionárias que deveriam corresponder a uma necessidade inscrita na história da arte. Todos os grandes ideais, todos os valores referenciais que sobrecarregavam o modernismo com uma espécie de gravidade evaporaram em prol de um novo regime de arte que é exatamente seu estágio leve. Desconectado de qualquer grande finalidade, desvencilhado da ideia de um sentido irreversível da história da arte, a arte contemporânea funciona como um sistema flutuante em que todos os estilos coabitam, em que tudo é novamente interpretado, em que mais nada é definitivamente obsoleto e "ultrapassado". As grandes correntes "revolucionárias" ficaram para trás: há apenas "tendências" e artistas-celebridades midiatizados. Essa esfera da arte, entregue às promessas visuais, às variações marginais, à busca do efeito pelo efeito, à obsessão da novidade pela novidade, flerta – mas nem sempre – com o fútil, com o insignificante e com o trivial. Constitui

---

27   Luc Ferry, *Homo Aestheticus*, Paris, Grasset, 1990, p. 292-307. [Publicado no Brasil em 2012 sob o título *Homo Aestheticus*, pela Editora 70.]

um universo que o grande público vê como um produto do elitismo, do esnobismo e do parisianismo.[28]

Esfera agora na moda, a arte contemporânea perdeu sua antiga dimensão "subversiva". Torna-se difícil, de fato, desencadear um escândalo real; e quando há escândalo, não é por razões estéticas, mas por razões morais. O princípio do Novo, e mesmo a provocação, foi assimilado pelo público; estamos em um momento em que não há mais resistência cultural às transgressões nem indignação estética: o público culto está habituado a ver tudo, e nada ou quase nada o choca mais. A provocação banalizou-se e institucionalizou-se. A arte deixou de ser uma esfera iconoclasta e revolucionária: pode ser considerada como um prolongamento da moda por outros meios.

Essa indiferenciação da arte e da moda também é revelada pela situação institucional inédita da arte contemporânea, indicada pelo desaparecimento do antagonismo entre a arte e as instituições oficiais. A época é de reconciliação entre as instituições públicas, o mercado e uma arte que outrora os desafiava e os rejeitava de frente. Ao contrário do passado, a criação contemporânea é não apenas aceita, mas encorajada, apoiada, estimulada pelas instituições e pelo mercado. Estamos em um momento de incorporação da vanguarda à cultura oficial[29] e ao mercado globalizado. A arte que reivindica a subversão é cada vez mais uma arte de encomendas públicas e uma arte para o mercado. A rebelião artística não tem mais nada de substancial; é uma postura, um aparato, uma retórica chique que, uma vez que ganhou uma legitimidade social e cultural, não encontra mais obstáculos nem inimigos incontornáveis. Quando a subversão se funde com a institucionalização, a insubmissão com a consagração, o anticonformismo com o sucesso de mercado, a arte muda então de estatuto: torna-se uma instituição que se assemelha à moda.

---

28 Nathalie Heinich, *Le Triple Jeu de l'art contemporain*, Paris, Éditions de Minuit, 1998, p. 211-215.
29 Ver Rainer Rochlitz, *Subversion et subvention*, Paris, Gallimard, 1994.

A moda moderna é uma instituição que combina vanguardismo e empresa comercial, inovação estética e sucesso de mercado, espírito de transgressão e reconhecimento social e midiático. É esse modelo que, precisamente, rege a arte contemporânea. A lógica que organizava a esfera do vestuário conquistou o mundo da arte, que se tornou "radical chique", "aventura confortável" e anticonformismo hipermidiatizado. Não há mais fosso "ontológico" entre a arte e a moda: ao mundo do radicalismo modernista sucedeu o reino do espetáculo pelo espetáculo, do inédito pelo inédito, do kitsch, das hibridações do high e do low. Um universo onde toda e qualquer coisa pode ser exposta, uma esfera desvencilhada de qualquer ideal superior. Na era hipermoderna, a arte aparece como um campo sem aposta superior, sem real desafio, sem oposição maior, um campo que, por não ter mais uma densidade de sentido, tende a se confundir com o da moda.

A despeito da importância da dimensão midiática espetacular, os artistas não renunciaram à vontade de emitir mensagens, de expressar ideias e de fazer com que o público "reflita". Sob essa perspectiva, três pontos merecem destaque. Primeiro, é impressionante a inadequação cada vez maior existente entre as ideias reivindicadas e as realizações finais: conteúdos nobres, obras pobres. Em seguida, se for verdade que a maior parte dos artistas ainda deseja expressar algumas mensagens, o importante para existir no palco da arte é surpreender, criar a surpresa, o espetacular puro, ora complexo, ora lúdico. Por fim, vê-se multiplicar os conteúdos "leves", minúsculos, sem necessidade, às vezes triviais e aflitivos. Muitas obras são agora mais ricas em efeitos espetaculares do que repletas de sentido. Nesse contexto, as galerias de arte podem se assemelhar às *concept stores*, e certas obras não se distinguem mais do *gadget*, da animação, da Disneylândia.

Richard Serra declarava não faz muito tempo: "Há hoje na arte muito de insustentável leveza e divertimento. É uma leveza que não te prende, e que se contenta em destruir tudo em seu caminho."[30] Grandes acontecimentos, provocações, performances, *neo-ready-made*, detri-

---

30 Le Monde, 5 de janeiro de 2012.

tos de toda espécie, vídeos nos quais nada se passa, exibição do íntimo, encenação do imundo, do banal e do incongruente: toda uma parte considerável da arte contemporânea aparece como um espetáculo risível, uma espécie de "desperdício" ostentatório, um espaço onde toda e qualquer coisa pode ser exposta e comercializada. Por isso, a esfera artística tornou-se, de certa forma, mais moda do que a moda, por ter se tornado mais artificial, mais "extravagante", até mesmo mais "inútil" do que a moda. Essa é a situação hipermoderna da arte, transformada em uma manifestação de mundo ao quadrado: uma *hipermoda*.

A arte contemporânea deslocou-se generosamente para a era da imagem, do espetacular, do cartunesco, das promessas mais ou menos fúteis. É uma evolução que coroa o futuro moda da arte, em decorrência das lógicas do efeito, das escaladas gratuitas, dos jogos sofisticados sobre o quase nada que se manifestam tanto que criam um espaço de ressonância superficial. Ainda assim, essa metamorfose da arte não é sistematicamente sinônimo de bazófia, de "qualquer coisa", de "sem valor": criações com conteúdo "modesto", sem mensagem complexa, podem ser obras fortes com um real impacto emocional. Não digamos, à maneira de Baudrillard, que a arte contemporânea é "insignificante": são inúmeros os artistas de talento e não faltam obras de grande qualidade. O que permite qualificar a arte contemporânea não pode ser um julgamento de detestação necessariamente subjetivo, mas seu sistema organizador que não é outro, neste caso, senão o da moda. Aqui está seu traço distintivo. A arte como hipermoda não significa esterilidade criativa e mediocridade, mas um novo regime de arte desvencilhado das normas tradicionais de avaliação bem como das grandes ambições metafísicas ou ontológicas. O abatimento ou o tédio que nos toma em muitas exposições não deve conduzir à declaração do advento de "artistas sem arte" (Jean-Philippe Domecq). Não é a agonia da criação, mas sim a hibridação da arte e da moda, um novo sistema pletórico e eclético no qual o pior não exclui o melhor.

Esse melhor, para mim, encontra-se principalmente nas obras que não buscam emitir grandes mensagens, mas que exploram os temas da visão, do espaço, da luz, do movimento, do ritmo, do aéreo, e que criam atmosferas ou ambientes destinados apenas ao prazer de perceber e de sentir. O resultado pode ser obras surpreendentes, belas e poéticas. Seu efeito é perceptual, sensível, sensorial, ao contrário de inúmeras obras de arte contemporânea que se dirigem ao intelecto e procedem de uma abordagem conceitual ou iconoclasta: possuem ambição de mensagem, mas frequentemente se concretizam em obras entediantes, irrisórias e desestetizadas. Esse través é evitado com as obras que não têm ambição de "verdade" e de significações profundas: o abandono do sentido, os jogos com sensações visuais, o acaso, o inesperado, as palpitações e a flutuação proporcionam obras "mágicas", de grande qualidade artística. Mediante o trabalho estético sobre a leveza, encontra-se uma das vias que "salva" a arte contemporânea e a reconcilia com a beleza, podendo fazer com que ela seja amada pelo grande público.

O kitsch

O reino moda ou leve da arte revela-se de forma clara, por meio do processo de eliminação da dimensão séria e grave das grandes obras clássicas e modernas. Após uma Grande Arte em busca de pureza, Beleza e Verdade, surgiu um novo espírito da arte que exibe sem complexo o fútil, o divertido e o engraçado regressivo. Jeff Koons é sua figura de proa, a ilustração mais famosa no mundo. Warhol já havia transformado objetos da vida cotidiana em obras de arte, dignificado e reproduzido sob a forma de grande arte produtos e imagens da leveza consumerista (HQ, celebridades, latas de sopa). Uma etapa suplementar foi ultrapassada por Jeff Koons nesse trabalho de apagamento da divisão do high e do low. À reprodução fria e "mecânica" das latas Brillo, sucedeu-se a celebração alegre e sentimental das criaturas do mundo infantil.[31] Afastando-se da severidade do minimalismo, ele criou um universo colorido, pueril e divertido que aboliu as fronteiras entre a arte e a Disneylândia, es-

---

31 Nesse mesmo caminho, Florentijn Hofman concebeu uma escultura inflável (*Rubber duck*) que, com a aparência doce e amigável de um pato amarelo gigante, parece a ampliação do brinquedo de banheira das crianças. Urs Fischer fez um "ursinho" amarelo monumental sob uma lâmpada.

cultura e bibelô rococó, artesanato de arte e kitsch, criação e brinquedo. Com cachorrinhos, coelhos gigantescos inflados com hélio e a pantera cor-de-rosa, Koons transformou o mundo do brinquedo em obra de arte destituída de espírito sério, conferiu à arte uma ar de leveza que é aquele do espírito de infância, que constitui um universo artístico cuja única finalidade é divertir ao primeiro olhar, literalmente relembrando os prazeres do passado infantil.[32]

Por fim, na obra de Jeff Koons, tudo se desloca para a moda estética do encantador, do divertimento, do fácil acesso a todos. Dos anjos rococós à efígie de Michael Jackson, de São João Batista à pantera cor-de-rosa, de Rabbit a Puppy, em toda parte aparece a arte lúdica do fútil e do divertimento leve. Mesmo o pornográfico fisgado nas redes do leve é tratado à moda da despreocupação e de amável desenvoltura: o princípio de leveza prevalece ao renunciar à dimensão crítica, do sentido e da profundidade. Warhol declarava que não havia nada por trás de suas obras: isso é ainda mais manifesto em Koons, que nem mesmo exibe os grandes símbolos da sociedade de consumo (dólar, Marilyn, Coca-Cola), mas as pequenas coisas sentimentais, os signos do passado infantil desprovidos de valor ou de dimensão coletiva.

É a mesma arte-moda e leveza jovem encontrada em Takashi Murakami, cuja obra prolonga a herança de Warhol e retira sua inspiração dos desenhos animados, do imaginário mangá e *kawaii*. Com balões gigantes de plástico, quadros com estética de HQ, desenhos infantis, cores aciduladas e esculturas de flores coloridas, Murakami cria um universo de aspecto lúdico, enternecedor e cintilante. Seu personagem fetiche, Mr. Dob, é ora simpático e divertido, ora monstruoso; outro personagem, Kaiki, é uma espécie de coelho branco sorridente, e Kiki, um demônio rosa com dentes de vampiro. São aspectos que, importados dos mangás e da subcultura *otaku*, compõem uma estética lúdica-moda-juvenil. Murakami sem dúvida denuncia alguns aspectos da cultura de massa japonesa e seus efeitos sobre uma juventude fanática pelos desenhos animados e pelos videogames. Mas, de todo modo, a atividade de sua

---

32   Valérie Arrault, *L'Empire du kitsch*, Paris, Klincksieck, 2010, p.136-169.

empresa participa plenamente do capitalismo artístico, do império da moda e dos ícones *kawaii* ao reduzir seus personagens-logos a uma variedade de produtos derivados: bótons, chaveiros, camisetas, relógios, joias, papel impresso e bichos de pelúcias. Mesmo a crítica artística da civilização leve reproduz seus mecanismos e trabalha ativamente para sua expansão. Tanto no Ocidente como no Japão, a estética da leveza frívola apoderou-se da arte e da cultura cotidiana.

Bling-bling e trash

Várias vezes, com toda certeza, encontramo-nos nos polos da leveza da moda, como prova essa tendência denominada de "Mitologias pessoais", carregada de obsessões íntimas e de encenações de temores, fracassos e sofrimentos subjetivos (Christian Boltanski, Annette Messager, Jean Le Gac, Sarkis, Orlan, Cindy Sherman, Sophie Calle). Quando tudo é permitido, o campo artístico vê desencadear a hipertrofia do Eu. Hegel ressaltava que a arte era tudo menos um simples "jogo agradável", considerando que ela expressa o Absoluto ou a verdade no sensível, já que nela se conjugam o universal e o particular. Mas essa dimensão de universalidade desaparece com artistas que, utilizando sua própria vida como matéria artística, expressam apenas verdades intimistas. Esse gênero de arte aparece como esfera monadológica, hiperindividualista, no grau zero da sedução. Tracey Emin tornou-se célebre por suas obras provocantes, nas quais se exibem sua cama, seus abortos, seu estupro, seus amantes e suas pulsões sexuais. Peso das frustrações do Ego, "vulgaridade" dos temas, cólera, decepções, desgostos, isso não impediu, no entanto, que a marca Longchamp a chamasse para a concepção de uma nova bolsa. Agora, mesmo a vulgaridade e a obscenidade podem estar na moda.

A hipermoda flerta às vezes abertamente com o *bling-bling* e o *kitsch*, que serviam para diferenciar as vanguardas históricas (Greenberg). É como a caveira de Damien Hirst, *For the Love of God*, crânio humano todo recoberto com 8.601 mil diamantes, com uma incrustação no meio da testa contendo um enorme diamante em forma de gota. Ela tem o privilégio de ser a obra contemporânea mais cara do mundo, vendida por 100 milhões de dólares em 2007. O interesse dessa obra também é o de revelar sem dissimulação o estatuto da arte contemporânea cada vez mais abertamente análoga a um produto de luxo. Signo de luxo, a arte certamente o foi no passado, salvo que essa dimensão desaparecia diante daquela de suas funções estéticas e significantes (o conteúdo). Doravante, ao contrário, o que prevalece é a significação "luxo", que passa por cima de todas as outras funções. Não se trata tanto, como nas vaidades clássicas, de relembrar ao homem a brevidade da vida e a fragilidade dos bens materiais, mas de exibir um símbolo de luxo extremo sob o signo da arte. Não mais "lembre-se de que vai morrer", mas "veja a força do dinheiro": o show da riqueza pelo excesso suplanta o símbolo da finitude humana. É uma reviravolta que institui uma estética de novos ricos, uma arte de luxo espalhafatosa.

Toda uma corrente da arte contemporânea deleita-se igualmente na encenação daquilo que inspira o horror (cadáveres decompostos, cortados, plastificados) e a repugnância (putrefações, dejeções).[33] Será ainda possível falar de uma moda futura em que performances radicais provocarão a repulsa e a aversão do público? Ainda assim, um movimento como os dos Young British Artists foi vendido como uma marca mediante operações de *marketing* e de promoção que deram uma grande importância ao fenômeno. As performances que ultrapassam os limites são amplamente midiatizadas e Damien Hirst posou como estrela de rock para a capa da revista *Times*. É dessa forma que o repulsivo e o *trash* podem se tornar *in*, criar uma tendência, provocar correntes de imitação em cadeia. Com a desdefinição da arte, esta se desloca para o reino da hipermoda, conseguindo anexar em sua ordem o próprio contrário da leveza: o obsceno, o nauseabundo, o abjeto, o escatológico e o repulsivo.

Somos testemunhas de um novo mundo da arte. Houve a arte religiosa, popular, aristocrática e a arte pela arte: temos agora a arte-moda. Uma arte apenas para a expressão de si mesmo, do choque visual e da experiência sensorial: este é o "regime moda" da arte. É uma nova

---

33 Paul Ardenne, *Extrême. Esthétiques de la limite dépassée*, Paris, Flammarion, 2006.

leveza da arte que surge: uma leveza desembaraçada das mensagens substanciais. Uma leveza paradoxal na medida em que se acompanha às vezes de tédio ou de indiferença, de rejeição ou incredulidade. Hoje, a leveza *high* (arte contemporânea) e a leveza *low* (arte de massa) têm ao menos um ponto em comum: sua capacidade de se transformar em seu contrário ao gerar pesadas experiências vividas. Com a erosão da disjunção arte/moda, a época hipermoderna pode se glorificar de ter criado esse novo oximoro que é a leveza pesada.

Humor

Se é preciso falar de um estágio leve da arte, também é porque o humor tornou-se um dos principais modos de expressão dos criadores visuais. Desde Duchamp, Man Ray, Picabia e Picasso, o humor desempenha um importante papel na arte moderna. A partir dos anos 1960, esse papel acentuou-se fortemente, com inúmeros artistas reivindicando esse estado de espírito em seus registros mais diversos:[34] o burlesco, o circense, o carnavalesco, o lúdico, o escárnio, a paródia e a idiotia. Robert Filliou mistura poesia, humor e inocência, o humor exibido por Glenn Baxter é absurdo, o de McCarthy infantil, o de Cattelan provocador, o de Win Delvoye escatológico, o de Abel Ogier negro, o de Bertrand Lavier elegante, os de Fischli e Weiss extravagante; Ben "pinta" pequenas frases risíveis; Patrick Sorin dedica-se ao autoescárnio e ao humor colegial. "O humor é a virtude que os artistas reivindicam com mais facilidade atualmente", escreve Jacques Rancière.[35]

À primeira vista, o humor destina-se a divertir, provocar o riso e combater o espírito de seriedade. Mas hoje, também é muito usado para denunciar as formas de dominação, os mal-feitos da sociedade, das mitologias e dos estereótipos. Veem-se inúmeras obras que, no

---

34   O movimento Fluxus promoveu a ideia "de arte divertimento" a qual "deve ser simples, divertida, não pretensiosa, insignificante [...] modesta sendo ilimitada, produzida para a massa, obtida de tudo e, eventualmente, produto de tudo" (Manifesto Fluxus, 1963).
35   Jacques Rancière, *Malaise dans l'esthétique*, Paris, Galilée, 2004, p. 76.

caminho traçado por Duchamp, zombam da arte e dos artistas (Manzoni); outros zombam da sociedade capitalista (Rémy Le Guillerm), da sociedade de consumo (Wim Delvoye), da instituição religiosa (Cattelan). Vinculou-se essa promoção do modo humorístico ao declínio das vanguardas históricas, ao fim dos grandes projetos de transformação social e a um questionamento da distinção entre arte maior e arte menor: a crítica irônica ou humorística veio substituir aquela usada pela arte política. Ainda assim, essa predileção pelo humorístico não pode ser mais desvinculada da sociedade de consumo que os artistas, no entanto, denunciam frequentemente.

Como visto, a civilização da leveza trabalha há mais de cinquenta anos dissolvendo os grandes projetos coletivos, celebrando os valores leves, lúdicos e hedonistas. O capitalismo de consumo contribuiu principalmente para arruinar a gravidade do sentido e as visões historicistas em prol das alegrias do lazer, da frivolidade dos signos, dos referenciais lúdicos. A ênfase, o sério, a grandiloquência do sentido, as grandes dramaturgias e os encantamentos perderam sua legitimidade por causa da força social dos dispositivos e das normas que convidam aos prazeres imediatos. Por isso, surgiu uma nova forma artística de crítica social que adota um tom leve, distanciado, sem seriedade. Com a sociedade consumerista-hedonista, a denúncia do mundo social e cultural conseguiu, por sua vez, tornar-se ao mesmo tempo engraçada, irônica e áspera. A difusão do regime humorístico na arte é um dos ecos da civilização da leveza.

Hiperespetáculo

A arte contemporânea pode tomar dois caminhos diametralmente opostos: o extremo menos e o extremo mais. O primeiro cultiva o minimalismo e o pauperismo estético. O segundo trabalha com o gigantismo, o visual impactante, a superestimulação da visão; ele torna excessivamente espetaculares as imagens e os espaços, cria encenações que brincam com o sensacional, o inesperado, as modificações de percepção da realidade; busca produzir um efeito visual emocional que surpreende a imaginação e a visão pelo excesso de cores, volumes e luz.

Os pequenos formatos na arte contemporânea tornam-se raros: estamos no momento do gigantismo. A escultura de Richard Serra, intitulada 7, mede 24 metros de altura; Pawel Althamer construiu um manequim inflável com mais de 20 metros de comprimento representando um homem nu. Veem-se tênis (Olaf Nicolai), *scarpins* (Joana Vasconcelos) e colares (Jean-Michel Othoniel) medindo de 3 a 5 metros de comprimento. Diante de uma sociedade hipermidiatizada, supersaturada de estímulos visuais, as obras procuram se impor cada vez mais pelo choque visual que produzem, por uma monumentalidade geradora de forte impressão imediata. A moda sempre esteve ligada ao desejo de se fazer destacar, de atrair a atenção pela teatralidade da aparência: essa lógica foi exportada, não sem êxito, ao campo da arte por meio do hiperespetáculo.

São incontáveis as instalações que se concentram no impacto visual, na vertigem, nas desorientações perceptuais e nas experiências sensitivas. Instalação luminosa (James Turrell), *trompe-l'oeil* (Leandro Erlich), esculturas de nevoeiro (Fujiko Nakaya), "óculos com visão invertida" (Carsten Höller), sol interior (Olafur Eliasson), obras interativas e neobarrocas (Miguel Chevalier), todos são hiperespetáculos que propõem diferentes experiências sensoriais e emocionais. Desloca-se para o hiperespetáculo quando não há mais densidade de sentido nem missão superior: apenas efeitos hiperbólicos para perturbar, surpreender e despertar sensações. É uma arte leve que, como a moda, funciona ao colocar entre parênteses ou ao reduzir a dimensão do sentido em prol do surpreendente e das sensações imediatas.

Outras obras cercam-se de uma atmosfera de lucidez: *trompe-l'oeil* (Leandro Erlich), casa caída do céu (Jean-François Fourtou), tobogãs (Carsten Höller). A recepção das obras oscila entre a atmosfera de parque de diversões, a da brincadeira e a da arte: a Nuit Blanche[36] não está

---

36   N.T.: "Noite Branca" é um evento cultural e artístico que ocorre um dia por ano em Paris. Alguns museus, instituições culturais e outros espaços públicos e privados têm entrada gratuita e funcionam durante toda a noite.

tão distante da "Paris Plage"[37] e da Disneyworld. A arte minimalista é austera, a arte do hiperespetáculo reivindica o prazer fácil, o divertimento e a imaginação.

Ao se transformar em arte do show, a arte contemporânea aproximou-se estruturalmente da moda, dos jogos, das passarelas criativas, dos exageros artificiais e, agora, dos desfiles-espetáculos, dos quais alguns são concebidos como performances ou obras de arte cinética. Assim como a moda se pretende um pouco arte, da mesma forma a arte contemporânea funciona segundo a lógica leve e atrativa da moda. A civilização da leveza é contemporânea da hibridação da arte, da moda e do divertimento.

A arte "interessante"

A arte nunca foi puro divertimento: expressando as significações religiosas e sociais mais elevadas e portadora dos valores sobre-eminentes da cultura, a arte desempenhou um importante papel na ordem imaginária e simbólica das sociedades. Os modernos puderam ver na arte a atividade cultural suprema que, substituindo a metafísica enfraquecida, devia revelar o Absoluto, o Ser, o Invisível;[38] ela aparece como a estrada real que permitia elevar o homem, transfigurá-lo, fazendo-lhe alcançar um estado de plenitude, de torná-lo melhor e mais justo.[39]

Neste momento, no entanto, o que resta da arte *business*, das performances, dos *gadgets* "experimentais" e de outras instalações sensoriais? Como Hegel perfeitamente expressou, "a arte deixou de satisfazer a necessidade mais elevada do espírito".[40] Desvencilhada de qualquer

---

37 N.T.: A Paris Plage acontece durante o verão e consiste em uma "praia" temporária organizada pela prefeitura de Paris desde 2002. Todos os anos, entre julho e meados de agosto, os 3,5 km da margem direita do Senna e a praça do l'Hôtel-de-Ville acolhem atividades lúdicas e esportivas. O local recebe areia, grama e palmeiras.
38 Jean-Marie Schaeffer, *op. cit.*
39 Schiller, *Lettres sur l'éducation esthétique de l'homme* (1794), Aubier, 1992. [Publicado no Brasil em 1992 sob o título *Cartas sobre a educação estética da humanidade*, pela EPU.]
40 Hegel, *Esthétique*, vol. I, *op. cit.*, p. 153. [Publicado no Brasil em 2001 sob o título *Curso de Estética I*, pela Edusp.]

relação com o sagrado e de qualquer ambição de transformação social, na verdade ela não é mais do que um divertimento de consumo, um "esplêndido supérfluo",[41] uma atividade periférica que, certamente, pode ser muito "agradável", mas incapaz, de todo modo, de criar uma "participação vital".[42] A arte era indispensável à vida religiosa e mundana: agora não passa de um acessório da vida, de uma atividade leve e agradável que não agrega mais nada de realmente importante.

Essa situação da arte é historicamente inédita. Chegamos ao final de um processo de dissolução da aura que Walter Benjamin já havia diagnosticado. Nas obras de arte contemporânea, encontramos no máximo algo de "interessante". Uma das expressões favoritas dos visitantes de exposição: "é interessante". O que significa essa fórmula, a não ser um interesse impreciso, vago, pouco profundo? Talvez esse seja agora um dos grandes modos de recepção da arte contemporânea: interessante, nada além. Edgard Wind observa justamente que uma obra dita "interessante" desperta um interesse, mas que este desaparece muito rápido: ela corresponde a uma curiosidade volátil, sem profundidade nem efeito duradouro. A época da arte "interessante" é aquela da relação leve com a arte, a das emoções fugidias sem peso real sobre a existência.

Se a obra de arte tinha a responsabilidade de responder a uma necessidade de absoluto, ela se tornou um objeto de consumo efêmero, "uma extensão da indústria do lazer, um grau acima da televisão" (Robert Morris). Devia ser contemplada com recolhimento e deferência; agora é consumida rapidamente nos percursos turísticos. Não mais a veneração, mas uma experiência lúdica e distrativa ao ritmo de um zapear acelerado; várias pesquisas mostram que, em média, o visitante de um museu não permanece mais do que alguns segundos diante das maiores obras-primas da arte. A relação com a arte entrou no ciclo leve do hiperconsumo fugidio.

O que compreende o visitante hipermoderno em presença das obras da Idade Média ou do Renascimento? Ele gosta ou não e ponto,

---

41 Edgar Wind, *Art et anarchie*, Paris, Gallimard, 1988, p. 39.
42 Ibid, p. 46.

não dispondo mais de referências da cultura cristã e antiga que lhes dão sentido. Não passa de uma experiência estético-hedonista. Por isso, a relação com as obras nunca foi tão rasa quanto agora, pois diante delas não temos mais que uma experiência subjetiva estética, enquanto desejamos descobrir constantemente aquilo que é recente. A leveza designava uma qualidade das obras; agora remete à relação que mantemos com elas: uma relação de consumidor inconstante, encantado com as novidades pelo prazer do divertimento.

Arquitetura e *design*: uma nova estética da leveza

OBJETOS MINIATURIZADOS E NÔMADES, NANO-OBJETOS, PRODU-tos light, *sports fun* e consumismo frívolo, são incontáveis os campos que, sob formas diversas, traduzem o avanço da revolução da leveza. A arquitetura e o *design* não estão separados dessa dinâmica: também contribuem para moldar a civilização da leveza.

Arquitetura e racionalismo moderno

No mundo das coisas materiais, a conquista da leveza começou sua aventura moderna a partir de meados do século XIX. A arquitetura constituiu sua primeira grande manifestação que foi seguida muito rapidamente, e no mesmo espírito, pela revolução do *design* dos objetos.

Na arquitetura surgiu uma nova abordagem em oposição aos estilos e gostos dominantes da época, marcados pelas fachadas imponentes decoradas com estuque, pela sobrecarga decorativa, pelas cornijas e pela solidez das construções. Três tipos de fatores abalaram de cima a baixo esse universo e estão na origem da arquitetura moderna. Primeiro, técnicas e materiais novos. Em seguida, um novo pensamento arquitetônico que, prescrevendo a adequação da forma à função, baniu a ênfase dos ornamentos, os detalhes em gesso e as curvas, bem como a reprodução dos estilos históricos. Por fim, uma nova sensibilidade estética que, alimentada por Cézanne, pelo cubismo e pela arte abstrata, privilegiava as formas elementares, planas, as linhas geométricas, as cores e as relações puras.[1]

Ao utilizar esses materiais mais ou menos novos – que são o aço, o ferro fundido, o concreto armado e o vidro –, os arquitetos modernos reduziram a solidez das antigas construções de pedra e foram capazes de começar a construir edifícios altos, aéreos e transparentes. Estufas de jardins botânicos, estações de transporte ferroviário, galerias cobertas,

---

1 Sigfried Giedion, *Espace, temps, architecture*, Paris, tomo 2, Denoël/Gonthier, 1978, p. 107-140 [Publicado no Brasil em 2004 sob o título *Espaço, tempo e arquitetura*, pela Martins Fontes.]; Pierre Francastel, *Art et Technique*, Paris, Denoël/Gonthier, 1964, p. 163-179.

grandes lojas e pavilhões de exposições foram as primeiras manifestações dessa leveza moderna em que o vidro e o ferro desempenhavam um papel primordial. Do Crystal Palace (Paxton, 1851) ao Bon Marché (Eiffel et Boileau, 1869), das Grandes Halles (Baltard, 1854) à galeria Vittorio Emanuele II em Milão (Mengon, 1867), da Galerie des Machines (Dutert, 1889) à Torre Eiffel (Eiffel, 1889), nascia uma nova arquitetura que se distingue por um espetáculo inédito de imaterialidade e leveza. As imensas superfícies envidraçadas transparentes, as torrentes de luz e a interpenetração dos espaços externos e internos marcam uma "vitória sem precedente sobre a matéria".[2]

Ao mesmo tempo, a partir dos anos 1890, surgiu o credo funcionalista. Diversos arquitetos modernistas, na Europa e nos Estados Unidos, empreenderam o combate contra as decorações alambicadas, os ornamentos e outros floreios ao exaltar as formas puras, simples e geométricas. Louis H. Sullivan enunciou a fórmula canônica do funcionalismo *Form follows function*, e Van de Velde proclamou: "Tudo o que não tem relação com a função e a utilidade deve ser banido." Adolf Loos começou uma batalha contra o ornamento. Um pouco mais tarde, Le Corbusier desenvolveu o conceito de "máquina de morar", com as construções tendo de obedecer às mesmas exigências de racionalidade que as máquinas técnicas. A beleza buscada definia-se pela sobriedade e economia dos meios, pela adaptação das formas à sua finalidade, pelas formas simples e puras. Segundo a abordagem funcionalista, as construções deviam ser desembaraçadas de todas as gratuidades que impediam os objetos de aceder à sua função de uso, de toda reminiscência estilística, de toda camuflagem que ocultasse as formas reais: foi por intermédio da lógica do menos (o famoso *Less is more* de Mies van der Rohe) que surgiu a leveza moderna. A revolução dos materiais e do estilo contribuiu para a revolução moderna da leveza na arquitetura.

Ainda assim, para o Movimento moderno, a leveza estética não era um ideal em si. Loos rejeitava a própria ideia de estilo: sua ambição

---

2   Sobre essas realizações arquitetônicas, ver Sigfried Giedion, *ibid.*, tomo 1, p. 191-228.

não era estética, mas ética, esta se confundindo com a recusa da mentira, com a autenticidade e a honestidade da estrutura. A arquitetura modernista declarou guerra à leveza à antiga, sinônimo de indisciplina, de falso, de superafetação. A grande arte como a grande arquitetura requerem formas claras, simples e primárias porque são as mais verdadeiras, portanto as mais belas. Tratava-se de edificar construções adaptadas às novas condições sociais e técnicas características da civilização da máquina. Esta despertou um espírito novo, marcado pela lógica e pela coerência racional: a nova arquitetura tinha a obrigação de adotar a estética do engenheiro e suas exigências de ordem rígida, libertar-se dos estilos sufocantes em favor das formas apuradas, simples e geométricas. Daí veio a ideia de "máquina de morar", que devia prover ar puro, luz, sol, calma, higiene e verdor.

Com o trabalho de depuração e abstração dos volumes, a ambição era inventar uma arquitetura que respondesse às necessidades da época maquinista ao estabelecer laços estreitos com a indústria e seus elementos pré-fabricados e padronizados. Le Corbusier declarou que era preciso construir as casas industrialmente, em série, como chassis de carro, empregando o mínimo de meios. Os construtivistas defendiam uma "arquitetura de engenheiro" livre da concepção comum da beleza artística: "um engenheiro vale mais do que um milhão de estetas" (Boris Arvatov). Para muitos funcionalistas, a noção de economia era central, sendo seu objetivo trazer soluções ao problema urgente da habitação social, eliminar as ilhas insalubres em favor de alojamentos "funcionais", arejados e higiênicos. Era muito mais o processo de racionalização e de industrialização da construção do que a estética do leve que fundamentava o funcionalismo e o Estilo internacional. A leveza estética não era a finalidade reivindicada, mas o resultado de uma arquitetura submetida a um racionalismo doutrinal.

Se, no século XIX, as construções mais revolucionárias eram monumentais, no início do século XX foram as obras de pequenas dimensões que ilustraram com mais radicalismo a arquitetura revolucionária do despojamento ou da leveza modernista. As casas Steiner de Loos (1910), de Berlage em Aja na Holanda (1914), Henny de Van't

Hoff (1916), maquetes de Van Doesburg (1923), Rietveld em Utrecht (1924), Café De Unie e as casas populares de Pieter Oud (1925-1930) e as casas Wolf e Tugendhat de Mies van der Rohe (1926-1930): todas são construções que contribuíram para inventar uma nova leveza a partir de um estilo dominado pelo angular, pelo despojado e pela racionalidade geométrica. Em 1925, Van Doesburg avançou a ideia de uma arquitetura separada do solo: "Assim a casa moderna daria a impressão de estar suspensa no ar, de se opor à gravidade natural." Era preciso dar um lugar especial à Villa Savoye (Le Corbusier, 1931) que, suspensa sobre finos pilotis e dotada de janelas horizontais que dão livre acesso à luz, surgia como uma laje flutuante, "um jardim suspenso". Suas formas geométricas desenhadas pelas linhas retas, pelas longas faixas horizontais de janelas, o terraço-jardim, a fachada branca, livre e lisa, criam uma arquitetura depurada, nua como um quadro de Mondrian em três dimensões.

Se o modernismo racionalista insurgiu-se contra a sobrecarga decorativa, nem sempre os resultados foram edifícios de aparência leve. As obras de Loos apresentam um caráter rígido, cúbico e severo (casa Steiner, 1910); seu imóvel da Michaelerplatz (1910), apelidado na época "A Casa sem sobrancelhas", é sem graça, extremamente despojada. Mesmo erigida sobre pilotis, a Cidade radiosa de Le Corbusier dita "a Maison du fada" (1952) não deixa de ser um grande bloco, uma espécie de navio pesado ancorado na cidade de Marselha. Nesse caminho, os conjuntos funcionalistas floresceram no dia seguinte à Segunda Guerra Mundial na Europa, com torres e blocos de alojamentos anônimos, sem consideração pela história e pelo patrimônio arquitetônico circundante. Nos Estados Unidos, os arquitetos adotaram o Estilo internacional, que desenhava imensos arranha-céus de escritórios. A despeito de inúmeros êxitos, essas arquiteturas minimalistas caracterizam-se mais pelas proezas técnicas, pelas fórmulas repetitivas e pela "corrida em altura" do que pela "corrida em leveza".

O mínimo que se pode dizer é que o combate funcionalista contra a gratuidade decorativa teve efeitos estéticos muitas vezes aflitivos. A estética dos volumes simples, dos ângulos vivos e das superfícies geométricas degradou-se em construções monótonas, em mecânica repetitiva gerando espaços urbanos uniformes, frio e cansativos. Os grandes pioneiros da arquitetura moderna edificaram admiráveis construções leves, mas que permaneceram exceções em relação à importância dos grandes conjuntos uniformes e "desumanizados". A esse respeito, o crime não é o ornamento, é o racionalismo em excesso, as lógicas do menos sistemático, um funcionalismo destruidor de qualquer charme e de qualquer singularidade. É preciso, sob esse aspecto, dar razão a Robert Venturi, que afirmou "*More is not less, less is a bore*".

Da casa ao mobiliário

A guerra travada contra a ênfase do decorativo não se restringiu à arquitetura: ela ganhou o campo dos objetos cotidianos e, em particular, do mobiliário. No século XIX, e longo tempo depois, os objetos de uso diário apresentavam superfícies imponentes, por todo lado encontravam-se apenas móveis estorvantes, canapés estofados, almofadas volumosas, poltronas e sofás robustos, divãs maciços e pesados. Todo o entorno burguês expressava o culto do "pesado", que funcionava como signo ostensivo de riqueza e sucesso social.

O *design* moderno afirmou-se contra esse universo *kitsch*. Como na arquitetura, os pioneiros vanguardistas do *design* rejeitavam radicalmente as gratuidades estéticas, o ornamental, o robusto e todas as formas de sobrecarga em nome da simplicidade racional, da verdade do construído, da supremacia da estrutura. Um verdadeiro "culto do menos" surgiu, sinônimo de economia dos materiais utilizados, de purismo e de despojamento geométrico: era elaborado, ainda assim, não por decoradores, mas por arquitetos. A iniciativa pertencia agora aos arquitetos que investiam no campo do *design* de mobiliário em uma perspectiva universalista, funcional e leve.

São exemplos, desde os anos 1910-1920, os móveis de Rietveld, as poltronas e mesas de Breuer, Mies van der Rohe ou Le Corbusier. Em 1928, Rietveld constrói sua "cadeira vermelho e azul", transpondo para o mobiliário os princípios defendidos pela revista *De Stijl*. Reduzida aos seus elementos de base, a um conjunto de elementos ortogonais, a cadeira aparecia como um objeto "abstrato-real" feito de linhas e de superfícies em que o ar circulava entre as diferentes partes. Em 1925, Marcel Breuer revolucionou a concepção de assento moderno ao desenhar a poltrona Wassily constituída de um chassi de tubos de aço, de um assento e de um encosto de couro esticado. Do clássico assento pesado e forrado, restou apenas a estrutura mínima do que devia ser uma poltrona. Reduzida a uma simples ossatura, a estrutura dava uma impressão de leveza e de transparência, reforçada ainda pelo aço tubular niquelado e pela elasticidade da tela esticada. Pouco depois, em 1927, Mies van der Rohe criou a cadeira instável MR534, feita de aço e couro. Esse modelo maleável, em forma de S, explorava a elasticidade dos tubos de aço e dava a impressão de pairar no espaço. Flexibilidade e elasticidade que se encontraram, de uma outra maneira, nas cadeiras de bétula de Alvar Aalto. Concebida em 1957 por Gio Ponti, a Superleggera obteve o título de cadeira mais leve do mundo com seu peso de 1,7 kg. Ao mesmo tempo dura e maleável, essa cadeira surge sob uma forma elegante e graciosa.

Inspirando-se nos princípios da arquitetura modernista, os pioneiros europeus do *design* revolucionaram o estilo dos objetos: criaram um mobiliário esvaziado, "econômico" e racional, emanando um ar de leveza. No *design*, como na arquitetura, a leveza aparece como o correlato do racionalismo moderno: ela se impõe mediante formas abstratas, simples e puras.

Na abordagem inicial do *design*, assim como se expressa no ensinamento da Bauhaus, o importante era eliminar o capricho, o desperdício decorativo em favor do despojamento racional que não era valorizado em nome do desejo dos usuários, mas em nome da autenticidade do objeto. Era a racionalização da atividade criativa que fundamentava a conquista funcionalista da leveza. O ideal ambicionado era a adaptação da forma à função dos produtos, a obtenção da eficácia máxima usando-se um mínimo de meios. A leveza dos objetos é um valor apenas na medida em que materializa a essência pura ou a própria verdade dos objetos, a perfeita correspondência do objeto com sua função de uso: a leveza era uma "leveza-para-o-objeto", não "para-o-usuário".

Flexibilidade e fluidez

A leveza racionalista concretizou-se recorrendo a uma arquitetura ortogonal austera, lógica, intelectualista. Mas, a partir dos anos 1930-1940, surgiu um outro tipo de arquitetura que rejeitava o primado geométrico ao privilegiar a harmonia com as formas naturais do entorno, com os arredondados e as curvas: aos ângulos retos preferiam-se as formas inspiradas na natureza. As construções em ângulo reto sofreram a concorrência das formas orgânicas, sinuosas e maleáveis: tratava-se de dar movimento, vida e suavidade aos edifícios e aos objetos. Uma nova leveza surgiu, feita de dinamismo, de volumes arredondados, de formas amebianas ou curvilíneas.

Movimentos e curvas

Pioneiro da arquitetura orgânica, Frank Lloyd Wright concebeu construções que, marcadas pelos elementos horizontais aéreos, os planos alongados em extensão e com diferentes alturas de teto, integravam-se à paisagem. A célebre Casa sobre a cascata (Maison Kaufmann, 1936-1939) se mostra como um jogo de vastos terraços suspensos acima do rio e dos rochedos. Com a arquitetura orgânica, o dinamismo venceu o estático:[3] a leveza não era mais aquela que resultava do despojamento geométrico, mas a do movimento da vida, de seu dinamismo, de sua plasticidade.

Em reação às formas e volumes do Estilo internacional, surgiu um registro diferente de leveza com arquitetos como Lloyd Wright, Alvar Aalto, Eero Saarinen, Jørn Utzon e Oscar Niemeyer. Evocando formas naturais, suas construções não expressavam mais a lógica da máquina, mas despertavam emoções. É a leveza da vida e do movimento. Visto de fora, o museu Guggenheim de Nova York tem o aspecto de um cone invertido com paredes curvas e apresenta, em seu interior, um espaço de exposição ininterrupto em forma de espiral. O terminal TWE do ae-

---

3   Marinetti já escrevia no *Manifesto da arquitetura futurista* (1914): "Perdemos o sentido do monumental, do pesado e do estático e enriquecemos nossa sensibilidade com o gosto pelo leve e pelo prático, pelo efêmero e pelo rápido".

roporto Kennedy de Nova York evoca as asas abertas de um inseto em voo. A Ópera de Sydney é uma imensa concha para uns e um grande veleiro para os outros. As linhas nítidas e angulares deram lugar às formas curvas e suaves, orgânicas e dinâmicas. Niemeyer foi às vezes chamado de "arquiteto da sensualidade", em razão de seus edifícios em curvas.

"O concreto armado oferece a possibilidade da curva. Ele transformou tudo. Libertou a arquitetura", dizia Niemeyer. É uma transformação que ao mesmo tempo deve muito às novas visões estéticas impulsionadas pelos artistas modernos. Não era mais o cubismo e o Stijl que orientavam o gesto arquitetônico, mas Arp, Miró, Calder e Brancusi. Ao contrário de uma leveza intelectual, ganhou espaço uma leveza sensível e emocional, poética e plástica.

O arredondado e o descontraído

A mesma tendência apodera-se do *design* de mobiliário. À medida que se desenvolve o estilo orgânico, os arquitetos-*designers* do mobiliário, depois de 1945, dirigem seu interesse às possibilidades de flexibilidade oferecidas pelos compensados e plásticos. Saarinen concebe as cadeiras tulipa, com formas curvas, assento em plástico moldado e apenas um pé. Harry Bertoia desenvolve poltronas com encosto de treliças de fio de aço que "se compõem em grande parte de ar e são atravessadas pelo espaço". As Plastic Chairs de Charles e Ray Eames apresentam o conceito da concha sintética de uma peça só, com linhas arredondadas e leves. Com seu encosto, assento e pé feitos apenas de um bloco plástico, a Panton Chair de Verner Panton torna-se um verdadeiro ícone de leveza, flexibilidade e *design* manejável. Todas são estruturas que expressam uma nova abordagem do conforto. Este, de fato, por muito tempo foi associado ao macio, almofadado e à espessura do material. As poltronas e cadeiras em concha invertem esse modelo ao combinar uma forma perfeitamente adaptada ao corpo com uma estrutura fina de grande leveza.

Ao contrário do *design* geométrico, o *design* biomórfico institui o primado do consumidor e de seu bem-estar. Essa problemática intensifica-se a partir dos anos 1960, quando um *neodesign* aparece, em busca de um conforto anticonvencional que traduz os desejos de emancipação individual e descontração típicos da época. As cadeiras Djinn, em jérsei e espuma de poliuretano, "moldam-se sob uma forma flexível a fim de melhor acomodar a curvatura do corpo" (Olivier Mourgue, 1964). Outro exemplo dessa busca por leveza é o famoso Sacco (1968) feito de bolinhas de poliestireno e pesando no total 3,5 kg. Nômade, multiforme e anatômico, o Sacco constrói um novo conforto descontraído e desestruturado que faz com que desapareçam as distinções clássicas do espaldar, assento e pés. Aqui, conforto rima com mobilidade e leveza, não restrição, mas liberdade de posicionamento do corpo. O conforto burguês, opulento e grandiloquente é desqualificado em favor de um conforto maleável marcado pela leveza, em sintonia com as novas buscas de autonomia individual.

Em sua busca por um neoconforto, os *designers* dos anos 1960 exploraram materiais novos com o objetivo de produzir um mobiliário pouco oneroso, móvel, efêmero e leve. Peter Murdoch, Bernard Holdaway e Jean-Louis Avril propõem pela primeira vez móveis de papelão reforçado. São lançados em materiais plásticos modelos de cadeiras empilháveis, móveis organizadores, banquinhos e mesas baixas. Quasar cria cadeiras baixas e pufes infláveis em policloreto de vinila; Fiori concebe uma cômoda de plástico; De Pas, D'Urbino e Lomazzi idealizam a poltrona Blow inflável e transparente de PVC.

Leveza imaginária e leveza prática

Se os *designers* utilizaram novos materiais leves, criaram ao mesmo tempo um mobiliário marcado por um espírito jovem e alegre. A leveza física dos objetos revestiu-se de uma leveza imaginária sob o signo do *fun*, do sensualismo e do lúdico. Tratava-se de uma leveza "jovem" favorecida pela cultura pop, que reivindicava a liberdade, o prazer e a ironia das formas expressivas. A época foi testemunha do ludismo do cabide Cactus (Drocco e Mello), da imaginação do sofá Bocca em forma de lábios (Studio 65) e do sensualismo da poltrona Up 5 (Gaetano Pesce). Inspirados pela HQ, pela FC e pela publicidade, os *designers* recusaram o funcionalismo austero em prol de um ludismo criativo e anticonformista. As cores vivas, a criação desenfreada e a extravagância das formas deram uma "rejuvenescida" na estética da leveza, a qual adquiriu uma tonalidade abertamente "moda".

O processo de tornar o mobiliário mais leve deve muito ao aparecimento de novos materiais. Ele também é inseparável da estética da *pop art*. Mas não pode ser separado dos novos ideais coletivos, culturais e estéticos que acompanharam a expansão da sociedade individualista-consumerista-hedonista. A leveza do mobiliário não surge como um objetivo em si, abstrato e separado: sua busca está relacionada a uma perspectiva mais global que coloca em cena a técnica e a indústria, os modos de vida, os valores, os novos conceitos relativos ao corpo e ao conforto.

O espírito otimista e utópico dos anos 1960 ficou bem para trás. A contestação dos valores conformistas e burgueses já não está em alta. Contudo, a conquista do bem-estar sensorial continua seu caminho. À leveza dos materiais adiciona-se a leveza de uso exemplificada pelo sucesso dos mobiliários modulados ou "peças avulsas": destacam-se, desde os anos 1970, os móveis organizadores modulares feitos com um número reduzido de componentes, as estantes componíveis e sobrepostas, fáceis de deslocar – tudo o que é prático e permite ganhar espaço. Também as cadeiras dobráveis, os móveis equipados com rodinhas, os multifunção que integram cama, bancada de trabalho e espaço de organização. Os móveis escandinavos de madeira clara tornaram-se mestres em matéria de estilo simples e caloroso. O estilo burguês feito de acúmulos e sobrecargas decorativas ficou para trás, assim como o funcionalismo austero. A leveza hipermoderna alia-se à mobilidade e à adaptabilidade, à convivência e à flexibilidade.

A época que ficou para trás impunha de fora a estética da leveza: esta corresponde agora aos gostos dominantes dos consumidores ávidos pela "prática" e pelas emoções sensoriais. Quando a modernização não está mais voltada para a eliminação das formas da cultura tradicional, o objetivo do *design* não é mais tanto conceber símbolos enfáticos de modernidade quanto objetos que reconciliam o funcional e as necessidades psicológicas e sensoriais dos consumidores. A leveza não aparece mais como um hino à racionalidade construtivista em si, mas como um vetor de facilidade de uso, de bem-estar sensitivo adaptável aos indivíduos.

Minimalismo, espetáculo e complexidade
Complexidade e lirismo arquitetônico

A aventura da leveza continua. Surge uma nova sensibilidade em ruptura com o culto modernista da forma depurada e simples, reivindicando a complexidade visual e a singularidade das formas: estamos em um momento em que a leveza fusiona com formas improváveis e esculturais, a Cidade da música do Rio de Janeiro foi concebida por Portzamparc como uma "imensa varanda suspensa" composta de ondas de concreto com formas irregulares. O fino teto de concreto armado do crematório de Kakamigahara, idealizado por Toyo Ito, ondula como o vento, e seu pavilhão da Galeria Serpentine parece um cristal ou um floco de neve: seus ângulos são desmaterializados, não tem fachada ou qualquer elemento de sustentação. A estrutura ondulante vazada verticalmente por pátios com dimensões e contornos irregulares do Rolex Learning Center (Sanaa) apresenta um aspecto aéreo e orgânico. As construções de Zaha Hadid oferecem um espetáculo de linhas tensas e formas fluidas, de planos sobrepostos, de entrelaçados de volumes curvos e elementos instáveis. A era hipermoderna vê a emergência de um novo paradigma estético, uma nova sensibilidade arquitetônica que valoriza estruturas não lineares, aleatórias, que trazem a sensação de equilíbrio instável, mas também de uma leveza de "terceiro tipo" ou pós-racionalista: uma leveza de geometria complexa.

A estética da complexidade ganha até mesmo algumas realizações julgadas minimalistas. A agência Sanaa, fundada por Kazuyo Sejima e Ryue Nishizawa, concebe obras que se caracterizam por simplicidade, pureza e discrição. Mas essas são falsamente simples, de tanto que mantêm laços sofisticados com os jogos da materialidade e do evanescente. Não é mais o princípio *Less is more* do minimalismo que está em ação, mas a "minimização" do *More for less*. Como escreve Kengo Kuna, "a minimização é muito diferente do minimalismo. Seu objetivo não é a simplificação e a abstração da forma, mas antes uma crítica da matéria". Matéria e volume desaparecem em favor de uma translucidez frágil, a superfície das construções aparece como uma "pele" transparente, lisa e impalpável. A presença da matéria se eclipsa em uma estética da desmaterialização, do desaparecimento e da evanescência.[4] O prédio Dior em Omotesando, assim como o New Museum of Contemporary Arts de Nova York (Sanaa), ilustram essa arquitetura da evanescência, da dissolução da materialidade.

A leveza hipermoderna não era mais sinônimo de equilíbrio e de simplicidade estilística: observa-se que ela se afirma em formas audaciosas, não lineares e poéticas, que privilegiam as sensações visuais, espaciais e táteis. As estruturas tornadas mais leves desejadas pelos arquitetos modernistas respondiam a uma exigência de expressão exata de uma função: não é mais assim no momento em que se exibem arquiteturas que parecem resultar de um certo acaso e cujas funções são indefinidas. Passou-se da leveza racionalista e formalista a uma leveza expressiva, estetizada e lírica.

A leveza funcionalista afirmou-se com o uso de formas ortogonais e anônimas que apresentam um aspecto austero. Em vez disso, vemos agora erguerem-se edifícios singulares com formas curvilíneas e maleáveis, criando uma impressão de sensualidade. Não mais o idealismo desencarnado do funcionalismo que privilegia o intelecto, mas uma arquitetura subjetivista, sensível, fonte de emoções multissensoriais. Com a economia das formas e dos meios, tratava-se de atingir a própria gramática da arquitetura, própria verdade da construção. Trata-se agora, nessas arquiteturas-paisagens, de criar uma linguagem sensorial, a surpresa, a emocionalidade sensível. Desenha-se uma nova leveza que, emancipada da ditadura do ângulo reto, dos cubos e dos paralelepípedos, casa-se com a suavidade e o jogo, o movimento e a sinuosidade, o imaginário e o poético.

4   Esse pontos estão bem demonstrados por Jean-Philippe Hugron e Emmanuelle Borne, "SANAA, esthétique de la disparition, pratique de la dislocation", *CyberArchi*, 8 de abril de 2010.

A ideia de arquitetura formal e autônoma é igualmente questionada por meio das construções que evoluem e interagem com seu entorno como um organismo vivo. A Torre dos Ventos (Toyo Ito), destinada a disfarçar uma chaminé de ventilação, jamais se apresenta sob o mesmo aspecto. Graças às placas refletoras, aos anéis de neon, aos projetores e a um sistema informatizado, sua estrutura externa muda de cor em função das horas do dia e da velocidade do vento. O culto do objeto material é substituído por "uma arquitetura virtual, fictícia e efêmera como uma entidade permanente", declara Toyo Ito. Ao criar uma arquitetura de superfície, a leveza material estática e determinada dá lugar a uma leveza complexa, efêmera, gerando percepções sempre novas e leituras simbólicas diferentes. Não se trata mais da "caixa" funcionalista", mas de um painel que apaga a materialidade da construção.

Hiperespetáculo, sedução e arquitetura digital

A arquitetura modernista construiu-se contra o excesso decorativo e as "mentiras" do ornamento. Ao contrário desse estilo, a partir dos anos 1970, as correntes pós-modernistas e depois construtivistas engajaram-se em uma corrida pela imagem, pelos efeitos visuais enfáticos e pela sedução das aparências baseada em uma espécie de luxúria estética. Apoiando-se em ferramentas informáticas e em materiais de alta tecnologia, uma das tendências da arquitetura contemporânea se dá como uma arquitetura de sedução superestetizada, uma "arquiescultura" em que a estrutura está a serviço do hiperespetacular. Se alguns arquitetos não adotam essa perspectiva, a exaltação formal não deixa de ser a lógica mais representativa das três últimas décadas. Daí provêm novas formas de leveza arquitetônicas que, combinando-se com a singularidade expressiva e o maximalismo formal, conseguem atrair um grande público e se erigir como ícone de uma cidade ou de uma região.

Passamos da recusa do espetacular ao hiperespetáculo das arquiteturas com formas complexas e livres. Após a consagração da sobriedade linear, a leveza hipermoderna se busca na procura do nunca visto e de uma certa exuberância formal. O momento é o da estetização de edifícios não padronizados em todas as direções:[5] o despojamento rígido e ortogonal deu lugar à sedução dos efeitos visuais. A arquitetura da transparência modernista era impulsionada pela fé no progresso, a arquitetura hipermoderna empenha-se em surpreender, encantar e tocar as sensações visuais e táteis do público: a utopia foi suplantada pelo fetichismo da personalização da construção, o culto dos objetos singulares, a sedução das formas fluidas e as curvas livres, em sintonia com a cultura hedonista do consumismo triunfante.[6]

Tudo o que parecia contraditório com a leveza (gigantismo, memória, ornamento e formas simbólicas) deixou de sê-lo. Ela pode se associar agora com a monumentalidade do arranha-céu: o edifício cônico The Shard concebido por Piano ergue-se no céu londrino como um estilhaço de vidro ou uma flecha evanescente que culmina 310 metros. E as três Dancing Towers (Zaha Hadid) fluem em uma "coreografia espontânea que une os volumes em um mesmo movimento". Mesmo a solidez não é mais o oposto da leveza, como confirma a Ópera de Pequim, em relação à qual Paul Andreu declara: "Precisamos de uma dialética entre a leveza e o pesado." A leveza hipermoderna é inclusiva, espetacular e paradoxal. Uma arquitetura de sedução imagista cujo modelo não é mais a máquina, mas a escultura e a imagem-cinema.

A era do maquinismo industrial acompanhou-se de uma estética minimalista, linear e repetitiva. A própria sociedade pós-industrial celebra as estruturas caóticas, não lineares e "não cartesianas" (Cecil Balmond) tornadas possíveis pelos potentes programas de modelagem, de cálculo e de simulação. Nesse sentido, a arquitetura do hiperespetáculo não pode ser concebida sem a revolução da leveza que, com sua ferramenta informática, provocou uma transformação radical nos métodos de concepção das estruturas. Enquanto o digital abre grandes

---

5   Em 2004, a exposição "Architectures non standard" ocorreu em Paris no Centre Georges-Pompidou.

6   Sobre a noção de hiperespetáculo, ver Gilles Lipovetsky e Jean Serroy, L'Esthétisation du monde, op. cit., cap. IV. [Publicado no Brasil em 2015 sob o título A estetização do mundo, pela Companhia das Letras.]

perspectivas, testemunha-se um retorno do interesse pelos materiais, pelas texturas, pela "pele" sensorial dos edifícios. A desmaterialização dos métodos, constitutiva da concepção realizada com o auxílio de programas de computador, coabita com um gosto renovado pelo grão do material e a tatilidade das fachadas.

É importante insistir neste ponto: é a revolução da leveza em sua vertente digital que está na base da nova arquitetura de formas livres e fluidas. Ainda que o ponto de partida do trabalho seja sempre a imaginação do arquiteto, é o digital que desempenha, em seguida, um papel capital, na medida em que o virtual não funciona como simples ferramenta de visualização e de cálculo, mas como instrumento de geração de formas novas e imprevisíveis: com a revolução da leveza e os programas de modelagem paramétrica, expande-se aquilo que Kolarevic chama de "morfogênese digital", ou seja, a geração formal digital.[7] Nesse contexto, são as dinâmicas de hibridação, de variação e de deformação que estão no princípio da elaboração formal digital. Com a arquitetura digital, a forma final de um objeto resulta de combinações de características de outros objetos hibridizados entre eles. As ações que se exercem sobre as formas são operações de modificação contínua, de deformação, de incontáveis pequenas modificações aplicadas sobre a configuração de um modelo. Os modelos gerativos, que utilizam o poder de autocriação dos algoritmos e fazem intervir um princípio de indeterminação, permitem a realização de formas complexas, orgânicas e livres. Dessa maneira, mesmo quando o edifício final não é esteticamente leve, ele ainda é "filho" da revolução digital do leve.

A revolução da leveza está duplamente na origem das arquiteturas-espetáculos, em razão do papel crucial dos *softwares* e também pelo impacto das lógicas de comunicação, de *marketing* e de divertimento, impulsionadas pelo capitalismo de sedução. Por isso, vemos estádios que aparecem como sinais ou imagens midiáticas: a fachada do novo estádio de Munique (Herzog e de Meuron) ilumina-se com as cores

---

[7] Branko Kolarevic, *Architecture in the digital age: design and manufacturing*, Taylor & Francis, 2003.

dos clubes que ali estão jogando; ele funciona como um painel luminoso gigante. Os novos museus, com formas espetaculares, celebram muito mais o universo do lazer e do divertimento do que a elevação espiritual. Não se trata mais, na civilização da leveza, de criar grandeza, mas de produzir evento e imagem, erguer edifícios capazes de seduzir imediatamente os consumidores, melhorar a imagem de marca das cidades, em competição umas com as outras. A arquitetura-espetáculo aparece como uma das expressões lúdico-midiáticas do mundo da leveza consumerista.

Minimalismo contemporâneo

Paralelamente à leveza hiperespetacular, continua se expandindo, no oposto exato, uma leveza discreta e simples, às vezes despojada. A esse respeito, as declarações dos teóricos pós-modernos sobre o "fim do modernismo" exigem certas nuanças. Porque o estilo minimalista ainda está vivo: simplicidade geométrica, estruturas primárias, formas depuradas e materiais brutos, o registro minimalista está presente em inúmeros arquitetos contemporâneos, principalmente Tadao Ando, Alberto Campo Baeza, John Pawson, Peter Zumthor, Souto de Moura e Graham Phillips. A vontade de tornar mais leve a construção baseada ligeiramente no princípio *Less is more* de forma alguma se tornou caduca.

Contudo, essa continuidade não deve ocultar as novas perspectivas que fundamentam o minimalismo arquitetônico contemporâneo, como se observou mais acima, particularmente com Kazuyo Sejima e Ryue Nishizawa (Sanaa). Eduardo Souto de Moura associa linhas depuradas da arquitetura modernista aos elementos não minimalistas como a cor ou os materiais locais, dando uma atenção especial à paisagem. Alberto Campo Baeza busca a beleza na lógica e na sobriedade geométrica, desviando-se, contudo, da ideia de uma "arquitetura perfeita, imaculada, nem mesmo minimalista. A criação arquitetônica, como o ser humano, não é jamais perfeita nem pura".

Mais do que o estilo, o que mudou foi a filosofia do minimalismo. Para os funcionalistas, a leveza minimalista fundava-se na fé no progresso industrial e na racionalidade pura; a de hoje faz referência ao sentido, ao espírito das sabedorias orientais, à busca do "equilíbrio perfeito" (Tadao Ando) e ao descanso e à harmonia entre a natureza e o homem (Peter Zumthor) mediante uma arquitetura feita de serenidade e de simplicidade: "A magia do real é para mim a alquimia da transformação das substâncias materiais em sensações humanas" (Peter Zumthor). Esse espírito afirma-se particularmente nos arquitetos japoneses, como Tadao Ando, que realiza edifícios que contêm uma dimensão espiritual e transmitem uma sensação de paz. O despojamento está a serviço da interioridade espiritual, de uma vida equilibrada: não mais a "máquina de morar", mas o retorno à simplicidade da existência contra o frenesi das tecnologias e do hiperconsumo. Não é mais tanto o caso de alcançar a essência da arquitetura, mas sim a da própria existência, pelo caminho da simplicidade do ambiente de vida.

O minimalismo na decoração, como na arquitetura, está intimamente ligado à questão da leveza em razão de sua repulsa pela ostentação e pela profusão, de sua vontade de tornar mais leves estruturas, formas e espaços. Nessa via, é por um trabalho de subtração de "peso" que se conquista o belo, o verdadeiro e o essencial. A construção justa e bela exige a exclusão do pesado: "O mínimo poderia ser definido como a perfeição que um objeto alcança quando não é mais possível aperfeiçoá-lo pela subtração", escreve John Pawson. *Less is more* continua significando mais beleza mediante ainda mais desmaterialização. Reconheçamos que essa abordagem pode ser acompanhada de graça, de harmonia e mesmo, em certos casos, de uma certa sensualidade. Pelo trabalho do menos se conquista o "grande estilo", de luxo do belo e da verdadeira elegância das formas.

Mesmo assim, nada garante o efeito de leveza. A arquitetura cisterciense é "mínima", mas nos polos da leveza; ainda assim, é uma leveza que ela não buscava de nenhuma maneira. Em um certo número de casos, menos significa mais austeridade, severidade e monotonia. Onde encontrar qualquer traço de leveza na Biblioteca Nacional da França ou no Arco de la Défense? A um minimalismo leve, opõe-se um minimalismo pesado por ser pobre, triste e entediante. Aqui, não há mais no menos, mas menos no menos e nada mais: e, sobretudo, menos aspecto leve, menos alento aéreo, menos felicidade do olhar. E no lugar da transparência fluida triunfam uma signalética abstrata, logos gigantes e imagens midiáticas impessoais e pesadas.

Chega um momento em que o minimalismo funciona como uma fórmula repetitiva e gera edifícios desrealizados, incapazes de emocionar e de suscitar prazer. Se "o homem habita como poeta" (Heidegger), o minimalismo que podemos desejar é aquele impulsionado não por um espírito geométrico abstrato, mas pela alma de uma leveza poética ou sensível.

Os paradoxos do minimalismo contemporâneo não param por aqui. Enquanto se manifesta um minimalismo pesado, vê-se igualmente se desenvolver um minimalismo "tendência", cujo lado moda causa mal-estar à sua ambição de intemporalidade. Eis o minimalismo hostil em princípio, à leveza frívola que é recuperada pela lógica da moda, pois o minimalismo é uma corrente que faz sucesso. Há anos, a decoração minimalista, simples e sóbria está na moda. Ambientes com poucos móveis, espaços vazios e brancos, objetos retilíneos, cores naturais e suaves, atmosfera japonizante, espírito zen e decoração despojada estão em alta. O tempo é da sobriedade, da autenticidade, de um chique austero, às vezes monástico. John Pawson idealizou a butique de Calvin Klein em Nova York e suas vitrines foram decoradas com tubos fluorescentes de Dan Flavin. Nos anos 1980, Yohji Yamamoto e Rei Kawakubo (Comme des garçons) abriram butiques de moda com arquitetura monacal e com o espírito *loft*, feitas de concreto e metal bruto. Desde então, vê-se florescer lojas, hotéis, bares e restaurantes, no estilo *lounge* minimalista. Inúmeros *spas* adotam a estética zen e chique. O que se quer simples, útil e essencial, ou seja, antifashion, tornou-se forte tendência. A civilização da leveza ganhou, conseguiu transformar a recusa da teatralidade tapa-olho em corrente simples, em nova vitrine na moda.

Se o estilo minimalista revela um certo perfume ascético, o sucesso de que se beneficia não significa de forma alguma uma corrente hostil aos prazeres sensíveis. Ele expressa antes o mal-estar contemporâneo diante do abarrotado, da superabundância das "coisas" incapazes de responder às expectativas mais profundas. Não o gosto pela "simplicidade voluntária", mas por um novo estilo de vida mais calmo e mais equilibrado. Relaxante, a decoração minimalista responde aos desejos de detox, de destralhe e de desconexão do individualismo contemporâneo "superocupado". Ainda que acompanhe um novo chique, ela traduz uma expectativa de tranquilidade, de paz interior e de existência mais leve.

Expressão e ornamento

Após a negação funcionalista da ordem referencial, vemos o tempo da reabilitação das formas representativas, das metáforas visuais inspiradas no mundo da natureza ou da cultura: expande-se uma nova leveza arquitetônica que não exalta mais a abstração formal ou autorreferencial. A estrutura aérea do Estádio Nacional de Pequim, concebido por Herzog e de Meuron, sugere um "ninho de pássaro", e o estádio Allianz Arena de Munique assemelha-se a um gigantesco bote pneumático. O museu imaginado por Frank Gehry para a Fundação Louis Vuitton se parece com uma "nuvem de vidro". O Milwaukee Art Museum (Santiago Calatrava Valls) assemelha-se a uma gaivota prestes a alçar voo. O Centre Pompidou-Metz, assinado por Shigeru Ban, apresenta um telhado em forma de chapéu chinês. O parque de relaxamento Torrevieja, concebido por Toyo Ito, evoca as curvas das dunas no deserto. Não é mais uma leveza abstrata ou formalista, mas uma leveza que faz alusão ao mundo sensível. A arquitetura de engenheiro tão cara a Le Corbusier foi suplantada pelos edifícios concebidos como evocação poética do mundo, comunicando emoções sensíveis.[8]

Em ruptura direta com a teatralidade ornamental, a leveza modernista se expressou por meio do "quase nada" de Mies van der Hoe e de seu purismo abstrato. A lógica desse universo é disjuntiva, repousando

---

8   Essa dimensão expressiva e emocional da arquitetura contemporânea impede concordar com as análises de Fredric Jameson, caracterizando as obras da modernidade tardia pelo "declínio do afeto", o fim da expressão, do estilo único e pessoal. Cf. Fredric Jameson, Le *Postmodernisme*, Beaux-Arts de Paris, 2007, p.46-55. [Publicado no Brasil em 1996 sob o título *Pós-modernismo: a lógica cultural do capitalismo tardio*, pela Ática.]

na exclusão redibitória do "crime" constituído pelo decorativo, o simbolismo das formas, os estilos históricos e vernaculares. Saímos desse ciclo: surge uma arquitetura inclusiva que, transcendendo e integrando as antigas oposições, inventa uma nova estética da leveza.

Reinventando o ornamento

Amaldiçoado pelo modernismo, o interesse pelo ornamental foi renovado. Essa reabilitação encontra sua origem nos debates dos anos 1970 sobre o pós-modernismo. Desde essa época, Robert Venturi, Michale Graves e James Stirling dedicaram-se a revalorizar os padrões decorativos, a citação histórica e a cor na linguagem arquitetônica. Finalmente essa reinterpretação pós-moderna do ornamento clássico, ora nostálgica, ora irônica, abriu o caminho ao novo interesse que alguns arquitetos contemporâneos dedicaram à questão do motivo decorativo. A fachada do Instituto do mundo árabe em Paris (Jean Nouvel) é composta de 240 muxarabis inspirados no mundo árabe. A restauração de um imóvel em Berlim pelo ateliê Hild und K foi feita a partir dos motivos originais que datam de 1870, porém mais leves, marcados por uma estampa, um traçado impresso sobre a superfície atual. Uma nova leveza se organiza da reapropriação-reinterpretação dos signos do passado histórico.

O ornamento se beneficia de um novo olhar, como meio de comunicação, elo com o passado, diálogo com a memória. As reorganizações concebidas para o Victoria and Albert Museum of Childhood por Adam Caruso e Peter St John oferecem uma decoração policrômica engendrada pela repetição de um padrão que é um empréstimo a certas decorações do Renascimento italiano. E o Centro cultural Tjibaou em Nouméa, assinado por Renzo Piano, é inspirado na arquitetura kanak. A leveza não implica mais a exclusão dos traços da memória e a uniformidade do estilo internacional.

Não estamos mais no tempo da excomunhão do elemento decorativo assimilado ao artifício e ao falso. Sobre a fachada curvilínea de vidro da prefeitura de Alphen aan den Rijn, na Holanda, motivos de folhas estampadas cobrem a superfície da construção. O imóvel de escritórios Colorium, em Düsseldorf, é revestido por painéis com padrões geométricos em uma paleta de cores que o fazem parecer com uma "caixa decorada". A fachada da Biblioteca Eberswalde de Herzog e de Meuron distingue-se pela superfície inteiramente recoberta de imagens figurativas serigrafadas. Por muito tempo estigmatizado, o padrão ornamental é pensado como superfície cinética que revela a materialidade da construção. Ornamentos hipermodernos que, longe de sobrecarregar a superfície da construção, conferem-lhe uma forma unitária, homogênea e lisa, como uma tela de comunicação saturada de imagens. O ornamento estava destinado às gemonias, porque era julgado supérfluo. Atualmente, inúmeros arquitetos não o criticam mais, nem sua função, nem sua estrutura. O ornamento é concebido como um elemento funcional que permite singularizar os edifícios e despertar emoções (Farshid Moussavi). Nas construções hipermodernas, a leveza não implica mais a erradicação da estética da decoração.

É menos um "retorno" do ornamento que estamos assistindo do que uma nova lógica de ornamentação. Ao contrário do ornamento tradicional, que era localizado e esculpido, o da era hipermoderna resulta de programas digitais que criam motivos repetidos, complexos e variados, espalhando-se "ao infinito" sobre fachadas inteiras das construções. A estampa não está mais sobre a superfície, ela é constitutiva da própria superfície da construção, assimila-se a esta ao abolir de fato a distinção clássica entre estrutura e ornamento. Vastas composições ornamentais tomam "posse" da construção e dão-lhe uma notável unidade.

Com a nova vida dada ao ornamento, manifestam-se uma poetização e uma sensualização da arquitetura. Em vez do ascetismo minimalista, aparecem fachadas sensíveis, motivos barrocos, "rendados de arquitetura"[9] que evocam a delicadeza das peças têxteis, da cestaria e da ourivesaria. Do centro comercial de Leicester (Foreign Office Architects) ao pavilhão da Exposição Universal de Xangai em 2010 (WWA Architects, Varsóvia), do estádio Jean-Bouin em Paris (Rudy Ricciotti) ao Aeroporto Internacional Djeddah (Rem Koolhaas): todos são

---

9   Título da exposição que aconteceu na Maison de l'Architecture et de la Ville du Nord-Pas-de-Calais em 2011.

edifícios cujo exterior apresenta o aspecto de uma imensa rede com formas diversas que evocam trabalhos em renda. Graças aos *softwares* e aos materiais de alto desempenho, são realizadas fachadas feitas de padrões cinzelados, entrelaçamentos complexos de formas fluidas, irregulares e sensuais: uma roupagem de sedução e de beleza tátil que constitui uma arquitetura emocional como a "costura". Ao revalorizar o ornamental, estabelece-se uma arquitetura de superfície que conjuga renda e aço, rede e concreto, eficácia e prazer sensual, modernidade e poesia, leveza e ornamentação.

E mais: é a própria estrutura da construção que pode se impor como um ornamento global, de imagem e forma poéticas. Dessa forma, o padrão entrelaçado dos "ramos" de árvores constitui a própria estrutura do edifício Tod's em Tóquio: Toyo Ito conseguiu aqui a integração orgânica do ornamento, da superfície e da estrutura. O "ninho de pássaro" do Estádio Nacional de Pequim também se apresenta como uma forma escultural em que "o ornamento e a estrutura tornam-se uma única e mesma coisa" (Herzog e de Meuron). Falou-se justamente a esse respeito de um ornamental estrutural, de "estruturalismo ornamental". Na era hipermoderna, o ornamento não é mais apenas elemento adicionado e floreio localizado: é o edifício em sua imagem e em toda sua organização que se impõe como ornamento global unitário.

Transparência, luz e desmaterialização

A fim de obter um efeito de leveza, os arquitetos dispõem de dois grandes caminhos. O primeiro depende do estilo, da estrutura e das formas da construção. O segundo baseia-se no uso de novos materiais. Sob esse aspecto, o vidro, que deixa a luz natural penetrar no coração do habitat e oferece uma abertura para o mundo externo, desempenha um papel primordial.

O vidro, símbolo de progresso e de potência

A paixão modernista pelo emprego do vidro era inseparável da exigência racionalista e higienista de uma arquitetura que faz circular a luz, o ar e o sol a serviço de um mundo de razão, de claridade e de funcionalidade.

Símbolo de progresso, o vidro se torna signo de verdade e de higiene, de transparência e de moralidade. Ele concretiza a vontade de uma iluminação natural que garante uma nova qualidade de vida para todos nos espaços de vida[10] e de trabalho: as grandes aberturas envidraçadas, o plano livre e cortina de vidro são todos concretizações dessa exigência modernista de luminosidade.

Ao mesmo tempo, o uso do vidro exalta a modernidade industrial e o espírito de engenheiro. O Crystal Palace, concebido por Paxton, é inteiramente composto de módulos de vidro, normalizados e pré-fabricados: o edifício se tornou símbolo da fé no progresso, na produção em série e na industrialização da construção. Por essa razão, foi qualificado de "Paternon da revolução industrial".

A arquitetura repudiada pelos modernos é a da materialidade maciça, do grandiloquente e, finalmente, da falsidade. As placas de vidro são celebradas por seu "poder de desmaterialização",[11] capaz de purificar a arquitetura, de libertá-la do falso e da opacidade burguesa. A valorização da transparência do vidro é apenas uma das peças da ótica funcionalista e de sua recusa da dissimilação das formas. A esse respeito, o culto modernista da leveza é tudo menos essência lúdica ou frívola: ele se fundamenta em uma exigência de verdade, de moralidade, de "honestidade construtiva" (Berlage).

As primeiras arquiteturas de vidro tiveram um impacto imediato considerável. Com sua gigantesca estrutura de vidro, o Crystal Palace (1851) criou uma forte impressão de imaterialidade e de leveza: ele marca o ponto de partida de uma revolução na arquitetura. Mais tarde, Bruno Taut manda construir para a exposição de Werbund, em 1914, um pavilhão que parece inteiramente de vidro: com sua parte superior desenhando uma cúpula prismática[12] imaterial e com seus jogos de luz colorida no interior, a construção alcança um sucesso excepcional.

---

10   A Vila Savoye de Le Corbusier apresentava janelas em fita no primeiro andar, uma claraboia no banheiro e uma grande vidraça voltada para o terraço-jardim.
11   Sigfried Giedion, *op. cit.*, tomo 2, p. 155.
12   Essa criação anuncia os domos geodésicos de Buckminster Fuller.

A importância do vidro surge igualmente com a Turbinenfabrik de Peter Behrens (1909) e a fábrica Fagus de Walter Gropius (1911). Nessa última construção, uma das fachadas é quase inteiramente recoberta de vidros: por isso, às vezes ela é considerada como a primeira parede-cortina da história da arquitetura.

Essa fachada-cortina também foi integrada por Gropius ao edifício-escola da Bauhaus, em 1926. A assimetria da construção e os três níveis de fachada envidraçada conferem-lhe uma leveza inédita: a ala das oficinas da Bauhaus parece flutuar acima do chão. Ao passo que são eliminadas as paredes monumentais e solenes, o efeito de massa e o aspecto fechado tradicional dão lugar a uma arquitetura de luz e transparência. É também essa busca por luminescência que está no princípio da Casa de vidro de Pierre Chareau (1931), cuja fachada que dá para o pátio, constituída de blocos de vidro, aparece como um envelope translúcido ou uma tela de cinema. Com o modernismo, surge o ideal de uma arquitetura de luz como vetor de uma vida melhor, símbolo de uma cidade sem segredo nem mistério,[13] liberta da estética "burguesa" sufocante.

Entre 1946 e 1951, surge uma das grandes obras-primas de Mies van der Rohe: a casa Farnsworth. Concebida como uma caixa retangular de vidro suspensa sobre finos pilotis de aço, ela aparece como a expressão suprema do "quase nada" de Mies, da arquitetura transparente e minimalista. Vila "flutuante", com grandes faixas de vidro horizontais que apagam a ruptura entre o exterior e o interior, "ela tem quase um efeito de aparição, como se estivesse levitando acima do chão" (Franz Schulze).

A ideia revolucionária de arquitetura transparente encontrou igualmente um exemplo promissor no famoso projeto de arranha-céu de vidro de Mies van der Rohe, que data de 1921. Com essa torre com estrutura de metal, completamente recoberta de grandes superfícies

---

13 "O vidro de uma maneira geral é o inimigo do mistério", escreve Walter Benjamin, "Expérience et pauvreté", Œuvres II, Paris, Folio/Gallimard, 2000, p. 369. [Texto publicado no Brasil em 1996 sob o título "Experiência e Pobreza". In: Walter Benjamin, *Obras escolhidas*, Brasiliense.]

de vidro, a fachada aparece como uma parede-cortina de uma leveza e de um despojamento extremos. O projeto é comandado pela pesquisa da luminosidade do interior e dos jogos de reflexão. O que confere toda sua importância ao vidro, são os efeitos de transparência, "o paradoxal de uma desmaterialização materializada ou de uma materialização desmaterializada, dependendo, literalmente, do ponto de vista".[14]

Esse projeto não foi realizado, mas sabe-se o sucesso que fizeram, nos Estados Unidos, a parede-cortina e o minimalismo de Mies van der Rohe, após a Segunda Guerra Mundial. A partir dos anos 1950, multiplicaram-se os arranha-céus de estilo internacional revestidos de paredes-cortina de vidro e aço. Todas as grandes empresas insistiam em oferecer uma torre de vidro cuja altura era sinal de sucesso financeiro. Com a onda do Estilo internacional que predominou dos anos 1950 aos anos 1980, impõem-se os arranha-céus minimalistas que se caracterizam pela simplicidade das linhas retas, pelos telhados planos, pelas fachadas lisas e anônimas, pelos volumes retangulares revestidos de vidro e por torres vertiginosas cada vez mais altas. O arranha-céu é um edifício que cria uma impressão em que se mesclam leveza e peso esmagador. De um lado, pela força de seu impulso ascensional e de sua verticalidade, ele parece desafiar as leis da gravidade. De outro, como símbolo de sucesso e riqueza econômica, ele expressa o peso do poder ao mesmo tempo que o de um prometeísmo desumanizado. Se, inicialmente, a parede-cortina era portadora de utopia revolucionária, cada vez mais as torres de vidro desmedidas assinalam a superpotência das empresas capitalistas. É menos o espetáculo da leveza que se revela do que a corrida ao gigantismo e o peso do poder superdimensionado dos grandes atores da globalização econômica.

As transformações da transparência

Mas estamos no momento em que se desenvolvem novas pesquisas de desmaterialização que recorrem ao uso do vidro. Desde os anos 1980, o

---

14   Kenneth Frampton, "Modernisme et tradition dans l'oeuvre de Mies van der Rohe, 1920-1968". In: *Mies van der Rohe. Sa carrière, son héritage et ses disciples*, Paris, Éditions du Centre Georges-Pompidou, 1987, p. 44.

sucesso do vidro não precisou mais ser demonstrado e foram inúmeras as notáveis realizações que assinalaram as ricas e novas orientações da arquitetura transparente. Enquanto a maioria das construções de prestígio usava esse material, multiplicaram-se as formas tanto discretas como inovadoras. Paralelamente à arquitetura desconstrucionista, continuaram as vias sóbrias e puristas. A Pirâmide do Louvre (Pei), a Skywood House de Graham Phillips e o Louvre-Lens, projetado pela agência Sanaa, são alguns exemplos.

Outros arquitetos criaram construções com formas mais improváveis, como a Community Church de Garden Grove (Philip Johnson e John Burger), a Great Court do British Museum (Foster), o Fórum de Tóquio (Rafael Viñoly). Não se tratava mais da fria impessoalidade do Estilo internacional, mas de obras com forte assinatura pessoal. O vidro estava associado à racionalidade e à verdade funcional: está agora a serviço da criatividade singular, da originalidade e da expressividade.

Na era heroica da modernidade, o vidro era concebido e utilizado como um envelope mínimo, destinado a trazer o máximo de luz ao interior dos edifícios e a criar construções puras, que escapassem aos modelos do passado. De algumas décadas para cá, surgiu um novo paradigma que vê no vidro um material autônomo, uma tela poética que cria jogos de cores, reflexos e transparências, uma possibilidade de arquitetura volátil que contribui para sua desmaterialização. Com suas telas de vidro, a Fundação Cartier (Jean Nouvel) apresenta uma construção quase imaterial, toda transparente e com reflexos que mudam de aspecto e de cor de acordo com os momentos e as estações. Não se trata mais de inventar uma leveza de construção, mas de "construir com a luz",[15] desmaterializar a arquitetura pela luz, pelos efeitos efêmeros e pelos reflexos caleidoscópicos do entorno. "A transparência é, principalmente, a maneira de impregnar uma arquitetura com a paisagem circundante, favorecer a interferência do existente e do construído, integrar todo o meio ambiente como componente completo do espa-

---

15   Brent Richards, *Nouvelle architecture de verre*, Paris, Le Seuil, 2006.

ço criado. Ela implica por natureza compor com a variação desse meio, variação de luz e de cor",[16] diz Jean Nouvel.

Enquanto a própria luz torna-se material a ser modificado, a nova arquitetura joga menos com a permanência do efeito arquitetônico do que com os efeitos de aparência, de mudanças e de virtualidade.[17] Em 1975, os escritórios da sociedade Willis, Faber & Dumas idealizados por Norman Foster marcaram um primeiro passo nesse caminho: de dia, a fachada de espelho e curva reflete o entorno urbano, sua massa evanesce, os jogos de reflexo luminosos e os efeitos de cintilação dão ao edifício uma aparência imaterial. Inventa-se uma nova leveza associada ao transitório, à instabilidade e à ambiguidade. Na Fundação Cartier, por causa da série de reflexos, não sabemos se estamos vendo o céu ou seus reflexos, perguntamo-nos se as árvores do parque estão dentro ou fora, se percebemos reflexos ou uma realidade: os constantes jogos de luzes e reflexos criam uma ambiguidade na separação dos espaços internos e externos. Com o vidro, abriu-se um caminho inexplorado que proporciona uma arquitetura de leveza colocada sob o signo da reflexão, da desrealização e da desmaterialização da construção.

Leveza responsável
Além do vidro, outros materiais e outros projetos fazem sucesso ilustrando a busca da leveza na arquitetura contemporânea. As estruturas têxteis e as estruturas infláveis[18] são alguns exemplos, assim como diversos materiais naturais fáceis de reciclar e que servem para construir respeitando o meio ambiente.

---

16   Citado por Olivier Boissière, *Jean Nouvel*, Paris, Éditions Pierre Terrail, 2001, p. 127. [Publicado no Brasil em 1998 sob o mesmo título, pela Martins Fontes.]
17   Jean Nouvel, *Les Objets singuliers*, Arléa, 2013, p.106-113.
18   As estruturas com membranas tensionadas podem constituir agora a cobertura de grandes construções. A técnica da cobertura inflável de matéria sintética, cem vezes mais leve do que o vidro, foi utilizada para recobrir diversos estádios em Munique, Minneapolis, Tóquio, Detroit. Essas membranas são tão leves que tendem a voar; daí a necessidade de estruturas pesadas para ancorá-las no chão. Esse é o paradoxo da arquitetura leve pneumática.

Arquitetura têxtil

As estruturas leves tensionadas (tipi dos índios, tenda nômade tradicional), fáceis de desmontar e pouco volumosas para o transporte, sempre existiram. Mas esse gênero de material pouco sólido não era utilizado para as construções permanentes. Isso mudou: novos materiais (fibras de poliéster revestidas de PVC, fibras de vidro revestidas de politetrafluoroetileno e tecidos de vidro revestidos de teflon) permitiram a integração das estruturas de membranas têxteis nas construções permanentes, em particular para a cobertura dos estádios, estações e halls de aeroporto. Frei Otto é o precursor dessa arquitetura têxtil: devem-se a ele inúmeras realizações importantes, como a cobertura do Estádio Olímpico de Munique (1972) ou o pavilhão japonês para a Exposição Universal de Hannover (2000). Buscando uma arquitetura leve e efêmera, econômica em meios e respeitosa em relação à natureza, ele fundou em 1964 o Instituto das estruturas leves, em Stuttgart.

A arquitetura têxtil à base de membranas compósitas conquista um crescente sucesso principalmente para a realização de construções esportivas, coberturas de piscina, abrigos, toldos, passagens cobertas e pedágios de rodovias. As realizações de Walter Bird, David Geiger e Horst Berger exemplificam brilhantemente a ascensão das estruturas *metalotêxteis*. O desenvolvimento dessas "estruturas *light*" depende certamente das proezas das inovações tecnológicas, mas também das novas necessidades de estruturas leves que tenham uma flexibilidade de utilização, capacidade de montagem, desmontagem e modificação rápidas. Atualmente, os materiais compósitos têxteis para estruturas tensionadas não estão apenas a serviço da leveza: servem para construir respeitando uma abordagem arquitetônica responsável.

Leveza sustentável e responsabilidade humanitária

Outros materiais leves são explorados. O tubo de papelão como elemento de construção em contexto de urgência deu notoriedade a Shigeru Ban. Esse material reciclável, leve e barato, foi utilizado para abrigar as vítimas do terremoto de Kobe em 1995 e os refugiados do genocídio de Ruanda em 1994: essas Paper Log Houses podem ser construídas pelas próprias vítimas. Fáceis de montar e desmontar, transportar e estocar, esses abrigos temporários não custam praticamente nada para reciclar. Construídas sobre engradados de cerveja preenchidos com areia, as casas de papelão oferecem mais conforto do que as tendas "sujas e horríveis" habitualmente usadas nas situações de desastre humanitário.

Com esse mesmo material de construção, Shigeru Ban também concebeu estruturas imponentes, como o pavilhão japonês para a Exposição Universal de Hannover: uma composição sinusoidal flexível que fluidifica o espaço e cujos materiais foram reciclados após a exposição. "Mesmo os materiais mais frágeis podem fazer construções sólidas", declara Shigeru Ban, cujos projetos, centrados nas economias de matéria e de meios, concretizam-se com materiais naturais como o papelão, o papel, a madeira e o bambu. Reivindicando uma abordagem *low tech*, Ban dá um novo sentido às estruturas leves que permitem a construção tanto de uma arquitetura a serviço de uma estética elegante quanto das grandes causas humanitárias.

A exigência de leveza não remete mais apenas à questão da gramática estilista. Diz respeito ao sentido e à maneira de conceber a construção em suas relações com o meio ambiente, seja natural ou cultural. É por isso que a arquitetura verde ou ecológica está a todo vapor, tendo como objetivo a redução das necessidades energéticas dos prédios, a utilização das energias renováveis e a valorização dos materiais locais. A época em que a arquitetura podia se afirmar sem levar em conta os imperativos ambientais pertence ao passado: agora seu dever é procurar uma nova maneira menos agressiva e mais suave de coabitar com a natureza. O momento é o da invenção de uma eco-arquitetura neutra em carbono, com impacto leve sobre o meio ambiente.[19] À exigência

---

19   Enquanto a arquitetura sustentável surge como uma exigência básica, o princípio da obsolescência típico da moda estende-se aos espaços de venda. Nas grandes cidades, florescem as estruturas de dimensão episódica, as *pop-up stores* ou lojas temporárias. Passou-se da leveza estática à leveza em movimento. Após as buscas sobre a leveza transparente e aérea, a arquitetura investe na leveza associada à efemeridade consumista.

moderna de simplificação e de transparência adiciona-se hoje a de reduzir a pegada ecológica em nossa maneira de fazer a cidade, de aliviar a pressão que a arquitetura impõe aos ecossistemas. Com a hipermodernidade, surge o que outrora teria parecido ser uma contradição: uma leveza responsável.

Nessa perspectiva, muitos arquitetos contemporâneos escolhem materiais ecológicos e leves. O linho e o bambu (Simon Vélez) são utilizados para construir casas individuais, prédios públicos, pontes e fábricas. O pavilhão espanhol da Exposição de Xangai, realizado por Benedetta Tagliabue, era recoberto por painéis de vime impermeáveis. E Renzo Piano com o Centro Jean-Marie Tjibaou ou Jean Nouvel para o museu das artes e civilizações da África, Ásia, Oceania e Américas (museu do Quai Branly), deram à utilização da madeira seu título de nobreza. "O menos é mais": esse axioma modernista é sempre atual: salvo que o princípio não se aplica mais aos excessos e aos crimes do ornamento, mas aos da pegada ecológica hipertrofiada.

Nesse caminho, Kengo Kuma revisita a arquitetura tradicional japonesa ao privilegiar o uso de materiais de construção locais e leves que permitem construir de maneira ecológica e econômica. Foi assim, principalmente, que ele revalorizou um material de construção tradicional: o bambu. Feita de bambu, de papel de arroz, de ardósia e de vidro, a Great (Bambu) Wall House é uma estrutura leve e aberta que consegue se fundir na paisagem: "quero apagar a arquitetura", declara o arquiteto japonês. Recorrendo a um estilo que celebra a simplicidade, a pureza das formas, a fluidez e a transparência, Kengo Kuma realiza a síntese do Oriente e do Ocidente, da tradição e da modernidade, da natureza e do artifício. A arquitetura não deve mais ser dominadora, mas dobrar-se à natureza, praticamente "desaparecer" em seu entorno graças às estruturas abertas às variações do exterior, aos jogos dos vazios e dos cheios.

Um design *responsável*

Uma mesma abordagem estimula todo um setor do *design* contemporâneo que se dedica a levar em conta a questão do meio ambiente ao longo do ciclo de vida dos produtos. Assim é o eco-*design*, o qual exige limitar a pegada ecológica, produzir sem poluir, escolher materiais e tecnologias limpas, "economizar matéria e energia" (Marc Berthier) com o objetivo de melhorar a qualidade de vida e do desenvolvimento sustentável. Por essa razão, em matéria de leveza, assistimos a uma verdadeira mudança de paradigma: a leveza não é mais apenas equivalente a uma estética depurada; tornou-se um ideal global, um projeto multicritério que implica todas as etapas de concepção, de produção e de distribuição dos produtos para otimizar as condições de vida no presente e no futuro. Passou-se da leveza racionalista-funcionalista centrada no objeto e no presente à leveza-durabilidade, centrada na eco-eficácia e no futuro planetário. Doravante, a leveza no *design* está tanto associada à fluidez do estilo como ao imperativo de proteção do meio ambiente.

Nessa perspectiva, "o conceito de leveza [...] não se limita à ausência de peso. [...] A leveza significa ir em direção ao essencial e, ao mesmo tempo, distanciar-se da obsolescência. Esse é um dos desafios permanentes do *designer*", ressalta Marc Berthier. O mais importante é "utilizar menos materiais para obter o mesmo conforto" (Benjamin Hubert), inscrever-se "em uma busca de redução de matéria a serviço de uma argumentação de competências" (Jean-Marie Massaud). Para todos esses *designers*, a leveza é menos um valor a serviço da imagem, do "cenário" e do visual, do que um imperativo ético global, uma maneira de conceber e de desenvolver produtos respeitando o meio ambiente. No tempo do *design* sustentável, a leveza é um projeto que associa estética e ética, elegância e responsabilidade ecológica, presente e futuro planetário, estilo fluido e "*design* para toda a vida", retomando a fórmula dos anos 1940 tão cara a Moholy-Nagy.

Em direção a uma arquitetura sensível

A modernidade inventou uma nova estética da leveza, mas seu sucesso ainda está longe de se concretizar em toda parte. Diante dos grandes conjuntos funcionalistas das cidades-dormitório, diante do império do concreto geometrizado, experimenta-se menos uma graça aérea do que a monotonia, o sempre igual, o peso esmagador da construção padronizada. Em nome da higiene, da racionalidade, da luz e da máquina de morar, a modernidade destruiu muito mais a leveza do que lhe cedeu espaço. A leveza modernista transformou-se em seu contrário: assim é "a insuportável leveza" da modernidade arquitetônica.

Encontramo-nos precisamente no momento em que essa forma inaugural está sendo questionada. Denunciando a abordagem internacional, autônoma e indiferente aos lugares e aos espaços, os melhores arquitetos contemporâneos rejeitam a violência arrogante e dominadora da *tabula rasa* modernista. Afirma-se uma nova arquitetura que defende, ao contrário, um modo de intervenção respeitoso não apenas dos imperativos ecológicos, mas também do contexto. A arquitetura leve que se busca é colocada como uma "arquitetura de situação" ou "louisiana" (Jean Nouvel), respeitosa da diferença das civilizações, da identidade das cidades e dos bairros, das paisagens específicas, dos lugares vivos. Contra o funcionalismo produtivista e sua duplicação das caixas de concreto, trata-se de promover uma arquitetura em modo leve que tece uma continuidade com a cidade existente, um vínculo harmônico entre passado e futuro, entre natureza e tecnologia. Não se trata mais da negação da memória e das construções indiferentes à paisagem, mas da arquitetura da "era III" (Christian de Portzamparc) que dá lugar à heterogeneidade do tecido urbano, que recicla e transforma os conjuntos antigos. "Completar o tecido da cidade", diz Renzo Piano, em vez de explodi-lo.

O ideal hipermoderno de leveza supera o registro estético ou estilístico: ele implica o espírito do gesto arquitetônico em busca de harmonia ou de acordo com o contexto. Leve é, portanto, a arquitetura marcada pela preocupação de integração ou de adaptação ao meio ambiente no qual ela intervém. A leveza que vem não deve mais ser a do estilo internacional, que dedica um culto à racionalidade técnica do progresso, mas a que ambiciona a hibridação da inteligência *high-tech* e da dimensão sensível, com a finalidade de uma cidade que se torna novamente um verdadeiro lugar de vida. Contra a violência que descontextualiza, busca-se uma nova arquitetura que exige ouvir o meio ambiente e exige suavidade em seu modo de intervenção na cidade. A intenção está aí: será que o real irá segui-la?

A arquitetura como alquimia

Desde o século XIX, a arquitetura engajou-se no caminho de tornar mais leves suas construções. Se os materiais utilizados e as estéticas mudaram, o ideal de leveza ainda permanece. Não é possível, portanto, fugir da questão: o que sustenta semelhante valorização da leveza? O fenômeno é, certamente, apoiado por diversas razões, sejam elas técnicas (novos materiais), econômicas (o Estilo internacional permite reduzir o custo de construção ao mínimo), ideológicas (progresso, higiene) ou estéticas (influência da arte moderna). Mas uma outra razão de fundo merece ser destacada.

O fato mais importante e primordial é que a arquitetura é quase ontologicamente uma arte que se baseia no "pesado" constituído pelos materiais de construção: por essa razão, ela pode ser considerada como "o mais materialista dos ofícios", como corretamente afirma Renzo Piano. A leveza, em consequência, constitui o maior desafio que o arquiteto pode se dar: fazer leve com o pesado. E é precisamente esse desafio "sobre-humano" que contribui para fazer da leveza um ideal arquitetônico moderno supremo. A civilização moderna é de essência prometeica: ela se afirma completamente na recusa do dado e do "impossível", em um processo de domínio técnico do mundo, de dominação ilimitada do real. Ao ambicionar erguer uma "Torre sem fim" quase transparente no topo (Jean Nouvel), a arquitetura participa plenamente desse universo. Lutar contra a força da gravidade, metamorfosear o peso do concreto em edifício transparente e flutuante: o que há de mais demiúrgico? Não há desafio arquitetônico mais ambicioso. Ele está no princípio da "obsessão" ou do sonho moderno da leveza. A atividade mais materialista é também aquela "mais idealista", acrescenta Piano.

Transformar o pesado em leve: por meio dessa alquimia se afirma uma das grandes ambições estéticas da arquitetura. Por isso, seu trabalho ou sua ambição mostra-se paralelo à das outras artes que sempre têm algo a ver com a transmutação alquímica dos elementos. As palavras da poesia tornam-se imagens; os sons musicais despertam as emoções; o mármore da escultura desaparece em favor da graça das formas; a pintura perspectivista em duas dimensões cria a profundidade; o corpo do bailarino parece escapar à atração da Terra. Quanto à arquitetura, ela metamorfoseia a materialidade pesada em composição aérea, os elementos sólidos em formas evanescentes, a densidade física em espetáculo de imaterialidade translúcida. A leveza é o ouro buscado pela alquimia poética da arquitetura.

Sobre seu trabalho de escritor, Italo Calvino escrevia: "Na maioria das vezes, minha invenção traduziu-se por uma subtração de peso; esforcei-me para retirar peso ora das figuras humanas, ora dos corpos celestes, ora das cidades; esforcei-me, sobretudo, para retirar peso da estrutura da narrativa e da linguagem."[20] Pode-se fazer um paralelo entre esse argumento e aquilo que diz Piano: "Quando era um jovem arquiteto, gostava muito – ainda gosto – da ideia de retirar, de deixar mais leve, até o momento em que tudo cai: chamo essa abordagem de *light with tractio* (leve em tensão)." Na escrita, como na arquitetura, a leveza é colocada como um princípio que guia continuamente o trabalho de elaboração. Primeiro porque ela se associa à elegância, à beleza e à graça aérea. Mas também porque diz respeito à verdade e à potência da obra. "Retirar peso", isso quer dizer manter apenas o essencial, eliminar tudo o que não é necessário para aceder à "essência" da obra, conferindo-lhe toda sua força, sua mais alta potência. O trabalho do menos é obrigatório, instrumento de verdade construtiva e de perfeição intrínseca: "Para mim, a leveza está ligada à precisão, à determinação, e não ao vago e ao aleatório." Como dizia Paul Valéry: "É preciso ser leve como o pássaro, e não como a pluma."[21] O mesmo dizia Nietzsche.

---

20   Italo Calvino, *Leçons américaines*, Paris, Folio/Gallimard, p. 19. [Publicado no Brasil em 1990 sob o título *Seis propostas para o próximo milênio*, pela Companhia das Letras.]
21   Ibid., p. 38.

Somos cool?

O PROJETO MODERNO DE TORNAR A EXISTÊNCIA MAIS leve concretizou-se de maneira espetacular na melhoria das condições de vida material e na democratização do consumo. Mas ele vai muito além apenas do campo materialista: afeta igualmente a maneira de viver em sociedade, nossas relações com as tradições, as instituições e os contextos coletivos. Um imenso trabalho de emancipação em relação aos pesos sociais realizou-se ao longo da segunda metade do século XX, mensageiro de uma completa revolução do modo de estar junto, da relação consigo mesmo e com os outros, das formas de socialização e de individualização. Livrar-se do peso dos interditos e dos tabus, desfrutar da carne como bem nos parece, viver desprendido, desapegado, de maneira mais flexível: a leveza do ser tornou-se uma aspiração, um *ethos* democrático de massa.

Como fenômeno social de envergadura, essa dinâmica começou a se expandir ao longo dos anos 1960, na efervescência da contracultura. Condenando as opressões burguesas e familiares, lutando contra o silêncio do conformismo e a prisão sufocante das hierarquias, os movimentos de contestação exaltam uma liberdade subjetiva total, uma moral sexual sem interdito, uma existência livre dos pesos do social: trata-se de se libertar do peso do velho mundo em uma espécie de festa permanente, sem tempo ocioso. O antimoralismo floresce em nome do direito ao prazer e a dispor de si mesmo erigido em valor absoluto. Viver "imediatamente", sem obrigações nem entraves: a contracultura é levada pela utopia de uma vida desembaraçada de todo peso social.

Pouco após o Maio de 1968, os casais, a filiação, a vida sexual e os códigos que regiam as relações homens/mulheres e pais/filhos, mas também a educação, o "saber viver" e as maneiras de se vestir conheceram a mesma descontração das regras, a mesma rejeição dos formalismos, das convenções e das imposições "burguesas". Por toda parte, aciona-se um processo de flexibilização das restrições e das normas coletivas, uma volatilização do peso dos códigos sociais. Ao culto do trabalho e do êxito social sucede a busca de novas formas de vida por meio do sexo "liberado", da música, das viagens e das drogas: nada parece mais importante e mesmo "revolucionário" que "ter prazer", "divertir-se", "viajar". Este é o momento *cool* das democracias, apoiado por um ideal de leveza individual absoluta na vida em sociedade.

Claro que não é a primeira vez que se exalta um modelo de vida inconstante centrado na busca do prazer e na rejeição das conveniências sociais que impõem limites aos desejos. Na época do Iluminismo, a libertinagem tornou-se um ideal de vida, bem como um modo mundano. Contra os valores antigos, toda uma literatura defendia a libertação em relação às paixões e à sentimentalidade amorosa. Ao passo que a fidelidade é declarada ridícula, exaltam-se as estroinices, as aventuras amorosas sem vínculo nem sentimento sério. As relações homens/mulheres são valorizadas como um jogo de sociedade à base de truques, táticas e estratégias. No universo libertino, o que conta é vencer os obstáculos, pular de conquista em conquista, colecionar os troféus, subjugar as mulheres. Seduzir, obter os favores do ser desejado, encontrar o prazer no inédito e na dificuldade vencida: esta é a leveza versátil do libertino.

Esse modelo não tem nada a ver com o espírito *cool*. Sem dúvida, encontra-se nos dois casos uma vontade de emancipação em relação à ordem moral, bem como um apelo à satisfação dos sentidos, mas um abismo separa essas correntes oriundas de mundos históricos diferentes. A leveza irrequieta do libertino é um exercício de convenção que exige elegância da expressão, dissimulação dos sentimentos, todo um planejamento de sedução. A da época *cool*, associada à desenvoltura, às maneiras descontraídas e desformalizadas, é buscada não mais nas aparências e nos jogos sutis com os sinais, mas na espontaneidade do desejo e na autenticidade do sujeito. A leveza libertina dá continuidade aos papéis de sexo dessemelhantes, já a do *cool* é igualitária. A primeira é uma "guerra galante", não ultrapassando os limites do círculo restrito da elite social, enquanto a segunda pretende ser "descontraída", não conquistadora, sem limite social. O mundo aristocrático moribundo gerou a frivolidade libertina. O universo democrático-individualista tardio, a leveza *cool*.

O *cool* foi o tom dominante de uma época. Mas será que ele ainda o é em uma época de reflexividade e de competitividade generalizada? Será ainda a verdade do mundo vivido? Será que a revolução dos costumes realmente permitiu viver de maneira mais aérea? O terror do tédio rondava por trás dos prazeres dos libertinos e das festas galantes. Hoje, outros medos são o avesso da ordem *cool*. Pobre Ícaro, que não cessa de queimar suas asas à medida que crescem as promessas de leveza.

Casais do terceiro tipo

Desde os anos 1960-1970, a esfera familiar passou a conhecer uma excepcional mudança, marcada pela conjunção de traços agora bem conhecidos: baixa da nupcialidade, diminuição do número de nascimentos, progressão dos divórcios, aumento das uniões livres, das famílias monoparentais e do número de nascimentos fora do casamento. Bem recentemente, também a legalização da união entre pessoas do mesmo sexo. Essa nova fisionomia da família traduz o avanço da exigência de autonomia individual em relação às instituições, aos desejos individualistas de uma vida escolhida, emancipada das restrições da ordem familiar tradicional: a família inclinou-se para o reino *cool* da individualização desregulada ou desinstitucionalizada.

Cabe agora aos indivíduos escolher a maneira como querem viver juntos: casar-se, divorciar-se, viver em concubinato, ter filhos – tudo se tornou um assunto de liberdade pessoal. O casamento não é mais uma união forçada comandada pelos pais, e quando o é, desperta uma reprovação quase unânime. E os nascimentos não são mais uma fatalidade natural, mas uma escolha. Indo além do campo da vida material, o ideal moderno de deixar a existência mais leve investiu o universo da intimidade do casal, do vínculo de conjugalidade, da relação entre os sexos. Nas sociedades hiperindividualistas, a aspiração à felicidade transcorre no molde de uma vida própria livre do peso das imposições coletivas que se exercem sobre a vida privada.

As transformações da vida de casal expressam o avanço do processo de individualização. O modelo do casal fusional que impõe compartilhar tudo, fazer tudo junto, "ser apenas um", recua em prol de uma estrutura conjugal fundada no reconhecimento da autoridade das pessoas. Nesse contexto, cada um pode viver coisas diferentes no mesmo momento, encontrar separadamente seus próprios amigos, ir a uma festa sozinhos, passar um fim de semana ou férias desacompanhados. Organizam-se novas formas de vida em comum que se dedicam a viabilizar uma vida mais individualizada: manter contas separadas, não dormir no mesmo quarto, conduzir projetos pessoais. A espiral da individualização leva ao declínio do modelo fusional assimilado a uma estrutura de prisão que sufoca a liberdade e o desejo, a identidade pessoal e a leveza de ser. Ao passo que aumenta a necessidade de respiração na vida conjugal, inventam-se novas formas do "casamento light".[1]

Essa leveza se manifesta igualmente antes do casamento. Os jovens, em particular, agora vivem juntos muito cedo, sem se casar, sem promessa de futuro em comum, sem compromisso recíproco. Alguns, certamente, recusam o princípio do casamento, mas a maioria se contenta em adiar a data e multiplica os "casamentos testes", experimentando certas maneiras informais de viver juntos. A esse respeito, Jean-Claude Kaufmann fala de "leveza conjugal" ou de "coabitação leve" que permite se sentir livre, viver o presente sem o peso das visões de futuro, não se sentir prisioneiro em um quadro institucionalizado; e poder, portanto, se retirar facilmente da relação.[2] Com a hipermodernidade, afirma-se o tempo individualista dos casais efêmeros baseados nos compromissos flexíveis, sem riscos, modificáveis o quanto e quando se desejar.

O próprio direito registra essas novas exigências de coabitação leve. Dessa forma, o Pacto Civil de Solidariedade (PACS) reconhece a união entre duas pessoas de sexo diferente ou de mesmo sexo, porém com mais maleabilidade do que o casamento, principalmente em relação à separação e à herança. Menos solene do que o casamento, ele pode ser dissolvido unilateralmente por uma simples decisão de um dos parceiros, registrada em cartório. Por essa razão, essa modalidade

---

1   François de Singly, *Libres ensemble*, Paris, Nathan Pocket, 2000, p. 319-320.
2   Jean-Claude Kaufmann, *Sociologie du couple*, Paris, PUF, 1993, p. 44-64.

compete cada vez mais com o casamento, e os casais aprovam esse contrato fácil de ser rompido.

Sentimentalidade e descartabilidade

É de bom tom, hoje, lamentar em alto e bom som essa evolução fundada em um individualismo hipertrofiado, "consumista", sem responsabilidade nem vínculo verdadeiro. Será justa essa apreciação? Está longe de ser, uma vez que o reino do hiperindivíduo não erradicou nem o ideal de intimidade nem o valor do sentimento. Muito pelo contrário. Enquanto o casal permanece uma referência central, um ideal compartilhado pela maioria, o único casamento legítimo é aquele fundado no amor. Nunca o sentimento governou tanto as condutas privadas, nunca o coração conseguiu desqualificar tanto o casamento por interesse. Como falar de "empobrecimento do sentimento",[3] de "dessentimentalização do mundo",[4] de "obscenidade amorosa"[5] quando o amor se impõe como uma importante temática nas canções, na literatura, no cinema, nas revistas femininas? Até mesmo o imaginário do "príncipe encantado" continua na moda. As rupturas no casal são mais que nunca vividas como dramas, ofensas geralmente muito insuportáveis. Será que cansamos de esperar que relações amorosas durem por muito tempo? Nada disso. A verdade é que a desregulação *cool* não provocou a destruição dos discursos, da expectativa e dos sonhos de amor. Essa nossa cultura hiperindividualista é simultaneamente consumista e idealista, materialista e sentimental. As lágrimas, os gestos delicados, o romance, nada disso está morto ou fora de moda: nem sob uma aparência *cool* o "romantismo" deixou de fazer bater os corações e também

---

3   Allan Bloom, *L'Amour et l'amitié*, Paris, Éditions de Fallois, 1996, p. 9. [Publicado no Brasil em 1996 sob o título *Amor e amizade*, pela Mandarim.]
4   Claude Habib, *Le Consentement amoureux*, Paris, Hachette/Pluriel, 1998, p. 283.
5   Roland Barthes, *Fragments d'un discours amoureux*, Paris, Le Seuil, 1997, p. 211. [Publicado no Brasil em 2003 sob o título *Fragmentos de um discurso amoroso*, pela Martins Fontes.]

de torturá-los. Quanto menos as instituições tradicionais pesam sobre nós, mais se afirma o peso do afetivo na esfera privada.

O reino da sentimentalidade em regime de liberdade apresenta um lado inegavelmente positivo: é possível escolher a pessoa com quem vamos viver, "testar" amores, romper quando quiser, sair das uniões infelizes sem ser condenados a suportá-las "para sempre". Ao passo que o campo das possibilidades passionais se abriu, conquistamos o direito de "escolher outras cartas do baralho" e "refazer" nossa vida em qualquer idade. O ar pode circular no universo de um casal: quem realmente deseja voltar atrás?

Mas a revolução da leveza é uma faca de dois gumes. A liberdade individualista, ao colocar fim aos vínculos indestrutíveis, carrega em si o sentimento de insegurança, a incerteza do amanhã, o medo de ser "descartado". A fragilidade dos vínculos e a facilidade do descompromisso contemporâneo acompanham-se ora das delícias da renovação, ora do pesadelo de estar largado, abandonado, sozinho. Tudo se torna temporário, flexível e descartável:[6] é um processo de desconexão com seu inevitável cortejo de ofensas, choros, decepções e sentimentos de fracasso. Nesse contexto, muitas pessoas temem viver um novo fracasso doloroso e pensam apenas em se proteger dos sofrimentos sempre possíveis das ligações afetivas. A solidão como alívio: mais vale estar sozinho do que viver conflitos desgastantes e uma nova experiência de fracasso. A liberdade no tocante às relações transforma-se em medo de relação.

Em suma, o que devia nos livrar do peso das obrigações sociais criou o fardo ainda mais pesado dos fracassos repetidos e da solidão. Vivemos menos a insuportável leveza do ser do que o peso da solidão do ser. A vitória da revolução da leveza é em meios-tons e seu balanço ambíguo: se a leveza-mobilidade ganhou, o mesmo não ocorre com a leveza interior.

---

6 Ver as análises de Zygmunt Bauman, *L'Amour liquide*, Paris, Fayard/Pluriel, 2010. [Publicado no Brasil em 2004 sob o título *Amor líquido: sobre a fragilidade dos laços humanos*, pela Zahar.]

O cool e seu outro

A ordem *cool* hiperindividualista é inseparável de uma volatilização do peso familiar. No entanto, essa evolução não significa o advento de relações íntimas *cool*, leves e distanciadas. Como já visto, as separações não deixam de provocar dramas pessoais intensos. Os divórcios tornaram-se legítimos, juridicamente "fáceis": muitas vezes acompanham-se, contudo, de depressão, incompreensão, rancores, recriminações. A guarda dos filhos suscita inúmeros litígios. As cenas de casal nem por isso deixaram de existir. Se os pesos coletivos ficaram mais leves, as experiências vividas continuam duras, ainda tão carregadas de vontade de poder, de ódio, de ressentimento e de conflitos. A individualidade *cool* é muito mais um mito da revolução da leveza do que uma realidade vivida.

Inegavelmente, a família não é mais vista como uma instituição alienante: como centro de afeição, ela é a única instituição pela qual a maioria se declara prestes a fazer sacrifícios. Ao ódio gidiano pelo familialismo, sucedeu a família afetiva de que gostamos. Mesmo assim, ela permanece um lugar de inúmeras violências. Já no começo dos anos 1980, Jean-Claude Chesnais ressaltava que a violência na família era forte, "mais forte do que em outro meio", pois de um quarto a um terço de todos os homicídios são assassinatos domésticos.[7] Atualmente, na França, a cada dois dias um homicídio é perpetrado entre casais: em 2012, 148 mulheres e 26 homens foram mortos por seu cônjuge ou ex-cônjuge. Uma mulher em cada dez declara ter sofrido violências conjugais. A cada ano, mais de 80 mil mulheres são vítimas de estupro ou de tentativas de estupro, em 30% dos casos e o cônjuge é o autor. Mulheres agredidas, estupros, incestos: todas essas violências "tradicionais" não desapareceram. Houve um alívio das pressões coletivas, não das relações interpessoais em casal. Leveza institucional, peso esmagador das violências domésticas.

Infidelidade nova, fidelidade de sempre

Ao contrário do casamento, o PACS não prevê obrigação de fidelidade. Mas esta não é a razão de seu sucesso social. O princípio da satisfação

---

7   Jean-Claude Chesnais, *Histoire de la violence*, Paris, Pluriel, 1981, p. 100-101.

imediata se interrompe na fronteira da fidelidade. Ficou para trás a época da contracultura que podia assimilar a fidelidade a uma norma burguesa e repressiva. Hoje, apenas uma minoria de pessoas considera a infidelidade como algo sem importância; a maioria estima a exclusividade amorosa como uma condição necessária para se ter uma vida doméstica bem-sucedida. É nosso dever observar que a cultura individualista e hedonista não conseguiu desvalorizar o ideal de fidelidade. Associada à mentira, à traição e ao jogo duplo e chocando-se com o princípio de autenticidade moderna, a aventura extraconjugal não conseguiu conquistar uma legitimidade moral e social.

Ao colocar um limite aos desejos de autonomia plena de si mesmo, o modelo do amor exclusivo faz com que a experiência subjetiva da leveza sofra inúmeros fracassos. A despeito da liberalização dos costumes, os indivíduos não se tornaram *cool* em matéria de relações extraconjugais: mil fatos trágicos testemunham isso. Ser enganado geralmente causa muita dor e continua sendo pouco aceito: sob esse aspecto, hoje como ontem, os indivíduos não são de forma alguma "desapegados". O filme *Os bronzeados* já mostrava: o *cool* é mais da ordem do parecer do que do ser. Em vez dos sonhos de leveza *cool*, o indivíduo contemporâneo conhece os pavores do ciúme; está longe de ter acabado o desejo de posse do outro.

Mesmo assim, surgem novas maneiras de pensar e de viver. Na internet florescem os sites dedicados às pessoas casadas que buscam relações extraconjugais. Mulheres jovens reconhecem nas mídias ter passado a noite com outro homem, na véspera de seu casamento. Nas discussões privadas, assim como nos artigos de revista, são numerosas as declarações sobre "o que é a fidelidade?". Onde ela começa? Quando se deixa de ser fiel? Um flerte persistente, conversas "quentes" na internet: significa romper o compromisso de fidelidade? "Deitar" com um outro ou uma outra significa em todos os casos "enganar"? Vemos, portanto, aparecer novas taxonomias da inconstância amorosa: infidelidade sexual, infidelidade emocional, infidelidade *on-line*, todos comportamentos que são o objeto de apreciações e de interpretações diversas. A partir disso, cabe a cada um sua definição e sua apreciação sobre os amores paralelos: entramos na era reflexiva, individualista e pluralista da infidelidade.

Nesse contexto, ainda que as relações não exclusivas permaneçam amplamente ilegítimas, as formas que tomam, principalmente entre as mulheres, não são mais tão vergonhosas quanto no passado. As mulheres de hoje aceitam falar sobre sua vida dupla nas mídias, legitimando-a como uma forma de permanecer elas mesmas, de continuar pertencendo-se, de existir de maneira livre e independente, de sentir o prazer de "permanecer leve, lúdica e curiosa pela vida".[8] Contra o tédio e o peso que representa a vida cotidiana com o cônjuge, a infidelidade funciona como uma respiração necessária. Nossa época vê aumentar uma espécie de desculpabilização da inconstância, em nome do direito à leveza, ao prazer, à autonomia pessoal: desde então, a leveza não é mais infâmia moral, mas um meio de salvar o casamento e de reconquistar o eu. As moças também reivindicam o direito de ter várias aventuras simultaneamente. Estamos no momento em que um certo número de mulheres afirma o direito de ser infiéis, como muitos homens fazem há séculos: até mesmo a relação com a infidelidade carrega a marca da igualdade democrática.

Vemos surgir uma nova tolerância em relação ao adultério quando o casal "sai dos trilhos", quando a relação se degrada: a fidelidade permanece um valor com a condição de que não exija o sacrifício de si e esforços extremos. Estamos no tempo da fidelidade pós-sacrificial, outro símbolo de nossa relação *light* com a vida ética.

Pais cool, crianças frágeis

As transformações da família não se reduzem àquelas que afetam a vida dos casais: atingem também a maneira de criar os filhos, as relações entre pais e filhos. Também sob esse aspecto, a transformação é impressionante: colocando em linhas gerais, passou-se de um modelo autoritário a um modelo maleável, compreensivo e *cool*. A mudança é

---

8 François de Singly, *op. cit.*, p. 317.

tão considerável que diversos autores chegaram a evocar uma ruptura que anuncia uma revolução antropológica.

Ao longo do ciclo da primeira modernidade, e ainda que as diferenças importantes existissem de acordo com os meios sociais, uma boa educação era aquela que exigia basicamente disciplina e obediência rígida da criança. Esse modelo autoritário se expressava no poder dos pais, aos quais se reconhecia o direito de decidir o futuro de seus filhos, os estudos que eles fariam, a profissão que exerceriam. Os castigos corporais eram frequentes e aceitos: Jules Vallès conta que sua mãe lhe batia todos os dias. Em muito meios, os casamentos eram arranjados pelas famílias; os pais deviam vigiar a correspondência e as leituras de seus filhos, escolhiam as roupas que eles usavam, bem como os amigos que podiam visitar. Durante a refeição, em princípio, as crianças deviam ficar em silêncio e não se servirem. Era preciso evitar a familiaridade e acima de tudo mimar as crianças, satisfazer seus caprichos. Era uma educação rígida baseada na ideia de que era preciso ensinar às crianças a dureza da vida, prepará-las para a adversidade, inculcar-lhes o sentido do dever pela prática da obediência. A cultura moderna do indivíduo acompanhou-se assim, até os anos 1960, de um modelo educativo severo, que dificultava o reconhecimento dos desejos próprios das crianças.

Esse modelo apodreceu, sua legitimidade desabou em favor de normas relacionais e psicológicas que valorizam a compreensão, o diálogo e a troca. Desde o início do século XX, a educação rigorista "severa" sofreu críticas de diferentes correntes reformadoras, mas foi apenas como consequência dos anos 1960 que o tipo de educação compreensiva, psicológica, às vezes permissiva, difundiu-se verdadeiramente no corpo social. A um sistema centrado na "frustração" e na obediência da criança sucedeu uma ordem educativa coroada por sua felicidade imediata e pela promoção de sua autonomia. O novo sistema educativo afirma-se contra o espírito de restrição e de sanção julgado incompatível com o respeito da individualidade e da existência independente da criança. A palavra mestra não é mais a disciplina, mas a escuta dos desejos, o reconhecimento da singularidade pessoal, o desenvolvimento da autonomia. Saem as imposições rigoristas e os castigos corporais,[9] entram a plenitude sem limite, a troca flexível, aberta e cool. Não se deve mais oprimir, mas sim respeitar e favorecer a individualidade da criança em um espaço inteiramente afetivo, de prazeres e de compreensão.

Os aspectos positivos dessa mudança de paradigma não devem ser subestimados. Mas também não se devem ocultar os efeitos negativos que o acompanham. A educação permissiva de fato favorece o desenvolvimento de jovens agitados, hiperativos, ansiosos e frágeis, por serem criados sem regras nem limites, sem figura de autoridade, sem designação de hierarquia clara, todas restrições indispensáveis para a construção e a estruturação do eu. Somos, portanto, testemunhas de um forte aumento do número de crianças acompanhadas por psicólogos e pelos serviços de psiquiatria pública. Isso prova que esse estilo educativo priva as crianças, e mais tarde os adultos, dos recursos psíquicos necessários para sustentar a confrontação com o real, adaptar-se ao mundo externo e suportar as frustrações e os conflitos: na França, aos 15 anos, 20% das garotas e quase um rapaz em cada dez já tentaram suicídio. A lógica educativa cool tende a provocar insegurança psicológica, desestruturação das personalidades, incapacidade de dominar desejos e impulsos. Essa é a ironia da leveza hipermoderna que continua, por seus excessos permissivos, voltando-se contra ela mesma.

Ludismo de Eros?
Também no campo da vida sexual registra-se a dinâmica cool de afrouxamento dos controles coletivos. O resultado são regras de vida erótica mais maleáveis. O que se chama de liberação sexual constitui uma das grandes figuras do projeto moderno de tornar mais leve a existência.

O sexo cool
Ao longo da segunda metade do século XX surge um novo modelo de vida sexual, livre dos limites moralistas e repressivos de antigamente.

---

9   Mesmo as punições corporais ditas "leves" (palmadas, tapinhas) são agora proibidas por lei em 34 países, sendo 22 deles europeus.

Em duas ou três décadas, os princípios rigoristas da moral sexual foram liquidados: o sexo-prazer substitui o sexo-pecado, a virgindade antes do casamento não tem mais nenhum valor moral, ninguém mais estigmatiza a sexualidade livre das mulheres e das moças solteiras. Mesmo a homossexualidade, pelo menos nos grandes centros urbanos, não é mais condenada. Tornou-se legítimo buscar e viver uma sexualidade plena, livre de qualquer restrição social. Desvencilhado do peso das prescrições moralistas, Eros encontra todo seu valor nele mesmo como meio indispensável ao equilíbrio e à felicidade individuais. Deixando de ser instrumento de degradação, aparece como uma das grandes vias da existência aérea.

A guerra contra o velho peso do mundo expressou-se esplendidamente na efervescência contestatória dos anos 1960. Ao mesmo tempo que o culto da liberação do desejo surge em primeiro plano, proclama-se o direito a um "prazer sem entraves", o direito de viver uma sexualidade liberada, recreativa, livre dos compromissos afetivos. A contracultura e os valores hedonistas incentivados pela sociedade de consumo provocaram uma "insurreição" marcada por uma exigência de liberalização sem limites do campo sexual. Eros encontra-se assimilado a um prazer deslocado de qualquer significação moral e sobre o qual a sociedade não tem mais direito de exercer qualquer controle. Trata-se de aliviar Eros do peso da falta moral, de transformar a vida amorosa em uma exaltação, em uma festa permanente, em uma explosão de cores da existência. O que atraía o homem para baixo e devia ser acorrentado aparece agora como instrumento de salvação, via real de uma vida mais leve.

A transformação é real. Encontramo-nos agora em sociedades em que o sexo fora do casamento não é mais sinônimo de imoralidade, onde cada um, nas brincadeiras amorosas, é livre para fazer o que quiser se o outro consentir, onde a homossexualidade conquistou cidadania, onde o pornô se consome em *self-service*, onde a idade avançada não deve mais ser freio aos prazeres da carne. Metamorfoseado em atividade "sem obrigação nem sanção", Eros desvencilhou-se do peso da culpabilidade moral e do peso das obrigações puritanas.

Os signos do mais leve são inúmeros, em particular quando se considera a questão das mulheres e a dos homossexuais. Assim como para estes últimos é muito mais fácil do que no passado se encontrar, multiplicar as aventuras e viver juntos, as mulheres também são capazes de ter uma vida sexual sem serem aterrorizadas pela ideia de ficar grávidas. Ao mesmo tempo em que a duração das relações sexuais e das preliminares aumenta, as mulheres mostram-se mais ativas e hedonistas. Para a maior parte, a vida sexual tornou-se mais sensualista, mais lúdica e mais recreativa. Muitas moças começam sua vida sexual aos 16 anos e podem mudar de parceiros sem sofrer o opróbrio de seu entorno. Um certo número de mulheres agora reconhece que se deixam tentar, vez ou outra, pela aventura de uma noite, apenas pelo prazer erótico. É nesse contexto que a expressão "mulher fácil" perdeu seu sentido tradicionalmente pejorativo. Não se aponta mais com o dedo uma mulher "fácil": se sorri para ela.

Paralelamente a esse processo de desculpabilização, o Eros feminino é vivido e se manifesta de um modo mais lúdico. Uma pesquisa Ifop publicada pela *Femme actuelle* em 2013 revelou que quase uma francesa em cada duas com menos de 35 anos já experimentou a palmada erótica, sete em cada dez fizeram ou gostariam de fazer amor acorrentadas ou algemadas e amarrar seu parceiro, 45% utilizaram brinquedos sexuais sozinhas ou em casal. Duas francesas em cada três se sentem tentadas pela experiência de fazer amor com os olhos vendados e uma em cada duas pela ideia de fazer amor em um lugar público. É um repertório erótico feminino cada vez mais diversificado, descomplexado, aberto à multiplicação dos ousados jogos do prazer.

As mulheres também falam muito mais livremente e com certo humor das questões do sexo. Na internet, protegidas por uma identidade digital, dão livre curso às suas fantasias, falam de sua vida erótica, brincam com o prazer do outro. Entre amigas, a libido, que não é mais tabu, pode fazer rir. Antigamente, em público, apenas os homens tinham liberdade para brincar com esse tema. Hoje, as mulheres humoristas que têm como tema as piadas licenciosas não deixam nada a desejar: o sexo feminino ri e provoca risos com as brincadeiras amorosas. Em sua relação com as palavras do sexo, as mulheres inegavelmente conquistaram uma nova leveza.

Nos sites de encontros oferecidos pela internet, cada um, homem ou mulher, pode jogar com sua identidade, dizer tudo e perguntar tudo, revelar suas fantasias, enganar, entrar sem esforço em contato com uma multidão de desconhecidos, cortar com um clique qualquer relação. Os obstáculos tradicionais e os antigos rituais pesados parecem ter se volatilizado em uma espécie de universo mágico de possibilidades ilimitadas, de encontros fáceis, diferentes, sem compromisso. O universo do encontro amoroso inclinou-se para uma nova era: a da fluidez, do zapear, da instantaneidade e da leveza virtual.

Eros problemático

Inflação das imagens pornô,[10] disseminação dos brinquedos sexuais, facilidade dos encontros *on-line*, permissividade sexual, legitimidade do prazer imediato, "lobas que exibem seus gatinhos", multiplicação e trocas frequentes de parceiros: todos esses fenômenos conduziram ao diagnóstico de uma sociedade que, ao banalizar o sexo, transformou-o em uma espécie de atividade de lazer, em prazer colhido no mesmo instante, sem compromisso nem consequência. Portanto, teríamos entrado na era *cool* do sexo-lazer, do sexo-divertimento.

Se inúmeros fatos vieram corroborar esse modelo, outros, ao contrário, deram uma imagem bem diferente à vida sexual contemporânea. A partir dos anos 1980, a epidemia de Aids envolveu o sexo em uma atmosfera de medo: à festa libertadora sucederam as medidas de

---

10   O pornô participa da revolução da leveza na medida em que é consumido livremente ao ser dissociado de todo teor de transgressão, de vício, de perversão. Mas de um lado, o que há de menos leve do que o pornô, essa economia pesada do sexo que se baseia nos grandes planos de órgãos, nos zooms anatômicos, no sexo-máquina hiper-realista despojado de qualquer jogo de sedução? Ao contrário dos sonhos etéreos, o imaginário do pornô é produtivista, *hard*: trata-se de uma acumulação dos signos libidinosos, "exacerbação realística, obsessão maníaca do real". Cf. Jean Baudrillard, *De la séduction*, Paris, Galilée, 1979, p. 55 e 57. [Publicado no Brasil em 2004 sob o título *Da sedução*, pela Papirus Editora.]

proteção e a desconfiança em relação ao outro. Nos Estados Unidos, a *political correctness* criou um clima de intimidação e de caça às bruxas. Para algumas feministas radicais, toda penetração masculina equivale a um estupro. Observa-se em toda parte a multiplicação dos medos, das polêmicas, dos conflitos em torno do sexo: assédio sexual, prostituição, pedofilia, pornografia e casamentos gays. Todos são debates coletivos que revelam uma hipermodernidade em que a permissividade se acompanha de problematização e de espírito de precaução. Em vez de ser tranquilo ou *cool*, o campo sexual continua alimentando controvérsias e debates veementes. Não são mais os apelos libertários que estão em evidência, mas os alertas, os pedidos de regulações públicas, as exigências de penalização.

As novas formas de luta contra a prostituição ilustram de uma outra maneira os limites de tornar mais leve o campo sexual. A Suécia, desde 1999, engajou-se no caminho da penalização não mais das prostitutas, mas de seus clientes. A Noruega seguiu seus passos, assim como a Islândia, a Escócia e desde pouco a França. Nos países escandinavos, aqueles que oferecem os serviços de prostituição são passíveis de prisão. Os noruegueses que recorrem a essa prática, mesmo no exterior, podem ser perseguidos pela justiça de seu país. Doravante, 70% dos suecos se declaram favoráveis a esse método, apresentado como o melhor meio de fazer recuar, ou mesmo erradicar, as trocas sexuais tarifadas. Até onde se irá nesse caminho? Um novo passo foi efetuado na Islândia, onde os clubes de *strip-tease* são agora proibidos. Em vez de a vida se tornar mais leve, é muito mais um processo de criminalização aquele de que somos testemunhas.

Uma libertinagem dissimulada

Se o sexo tornou-se uma preocupação onipresente, há de se notar que não vivemos mais em uma época entregue à anarquia libidinal. Somos descritos como uma sociedade dominada por uma espécie de libertinagem de massa: a verdade é que esta é quase inencontrável. Hoje, 16% dos homens e 34% das mulheres declaram ter tido apenas um parceiro em sua vida; respectivamente 26% e 15% declaram de 6 a 14. Apenas

21% dos homens e 5% das mulheres dizer ter tido 15 parceiros ou mais. Entre 45 e 49 anos, as mulheres declaram em média 2,3 parceiros e os homens 6,9. Ao longo dos últimos 12 meses, 74% dos homens e 76% das mulheres tiveram apenas um parceiro.[11] As práticas de troca dizem respeito a menos de 1% da população; o amor a vários é pouco propagado, bem como as relações sexuais com um parceiro encontrado no mesmo dia. Todos são fenômenos que expressam desacordo quanto à ideia de nomadismo sexual desenfreado, de um Eros inconstante e aventureiro.

Esses dados empíricos exigem a correção da ideia comumente avançada segundo a qual o sexo seria apenas mais uma forma particular de consumismo. A sexualidade "adquiriu um caráter de frivolidade e de independência pessoal [...] em todos os pontos comparável com a atitude do consumidor",[12] já escrevia Helmut Schelsky: ordem sexual, ordem *cool*, ordem consumerista, ordem lúdica, seria tudo a mesma coisa. No entanto, a realidade é muito mais complexa. Na verdade, a sexualidade hedonista e a maior facilidade de se atar e desatar as relações amorosas não bastam para dar crédito à tese de uma similitude entre vida sexual contemporânea e leveza consumista. Apenas excepcional ou episodicamente a vida sexual se assemelha à volubilidade dos consumidores: não é verdade que se muda de parceiros como de produtos e marcas. Muitos são, sem dúvida, os homens e mulheres que reconhecem ter tido relações com um parceiro que não lhes foi importante (respectivamente 41% e 18%). Mulheres jovens agora multiplicam os amantes de ocasião, os encontros de uma só noite por puro prazer. No entanto, na maioria das vezes, homens e mulheres se encontram comprometidos de maneira afetiva em sua relação, o que testemunham as feridas, as depressões, as decepções e os rancores que acompanham as separações. Ainda assim, mais de duas mulheres em cada três e um

---

11 Nathalie Bajos e Michel Bozon (coord.), *Enquête sur la sexualité en France*, Paris, La Découverte, 2008, p. 217-229.
12 Helmut Schelsky, *Sociologie de la sexualité*, Paris, Idées/Gallimard, 1966, p. 224. [Publicado no Brasil em 1968 sob o título *Sociologia da sexualidade*, pela Paz e Terra.]

homem em cada dois consideram que não se pode ter relações sexuais com alguém sem amar essa pessoa.[13]

O sexo cool tornou-se legítimo, mas na verdade raramente ele é vivido como tal, na medida em que nesse campo encontram-se envolvidas a questão da autoimagem e a força dos sentimentos. "Você se troca, troque de Kelton":[14] esse princípio aplica-se à vida sexual apenas de forma limitada. Se as práticas sexuais são mais recreativas, quanto às relações sexuais, elas não se assemelham ao zapear do consumidor. O valor reconhecido ao amor e à proximidade relacional, a necessidade de segurança íntima, o desejo de não ser considerado um "objeto" intercambiável, não cessam de frear as aventuras do desejo e mantêm o princípio de leveza em limites relativamente estritos. Qualquer que seja o avanço do liberalismo sexual, fazer amor e comprar um produto não pertencem à mesma família de comportamentos. A despeito de tudo o que mudou, Eros aparece menos como algo leve do que sério, por ser carregado de intensidade emocional e implicação subjetiva.

Na internet, claro que se pode dizer tudo, mas sob a proteção de um pseudônimo. Assim que o real volta à tona, a suposta leveza desaparece. Um rapaz suicidou-se depois que um vídeo mostrando suas relações amorosas homossexuais foi difundido, à sua revelia, na internet. Revelar o nome de suas conquistas em público é julgado inconveniente. As moças temem ser tratadas como "galinhas", "putas", "ninfomaníacas" nos fóruns de discussão e nas redes sociais. O medo de não ser viril ou de ser considerado "ruim de cama" está mais do que nunca presente entre os homens. O futuro leve da sexualidade está muito longe de se realizar: não é verdade que ela se tornou um simples lazer e, menos ainda, uma forma de consumo como as outras.

Portanto, a questão merece ser colocada: a revolução sexual começada nos anos 1960 realmente conseguiu deixar a existência erótica mais leve? Inúmeros autores que contestam vigorosamente essa ideia ressaltam a derrelição crescente dos seres, o aumento das frustrações desencadea-

---

13   Enquête sur la sexualité en France, op.cit., p. 225-226 e 554-555.
14   N.T.: Slogan para a marca de relógio Kelton.

das por normas de plenitude que criam o espectro de não "estar à altura" e tornam cada vez mais insuportável uma vida erótica insatisfatória: de fato, o reino do sexo-lazer não se assemelha à imagem cool que ele veicula. Os problemas de ereção afetam um francês em cada quatro; cerca de dois franceses em cada dez entre 20 e 24 anos e 60 e 64 não tiveram nenhuma relação sexual ao longo dos doze últimos meses; mais de 10% dos homens e mulheres entre 20 e 24 anos declaram não ter tido nenhum parceiro sexual há cinco anos; uma em cada duas mulheres e um em cada quatro homens que vivem como casal reconhece não ter desejo sexual por seu parceiro. Evidentemente, o liberalismo sexual não conseguiu criar um Éden dos sentidos para todos: para um grande número de indivíduos, o peso da insatisfação sexual só fez aumentar. A era do sexo divertido é também a da bancarrota do desejo, das pessoas "carentes", de uma miséria sexual ainda mais sentida porque Eros supostamente tornou-se leve, fácil, feliz.

Sem dúvida, podemos opor a esse quadro sombrio a "entropia erótica" (Sloterdijk) das estatísticas globais mais triunfalistas: cerca de 90% dos homens como das mulheres julgam boa ou muito boa sua situação atual. Mas porque somam as respostas "muito satisfeitos" com as dos "satisfeitos" que, no entanto, estão longe de ser equivalentes. Na pesquisa de 2006 sobre a sexualidade dos franceses, 31% das mulheres e 27% dos homens diziam que sua situação era "muito boa", mas 56% das mulheres e 60% dos homens a definiam como "satisfatória".[15] Mas o que significa realmente "satisfatória"? Quem não vê a distância existente entre esses dois tipos de respostas? Uma tem algo de eufórico, a outra, nitidamente menos, deixa planar uma certa dúvida e significa um estado de satisfação aceitável, não desastroso, mas muito relativo. Sob esse ângulo, há menos de uma pessoa em cada três que julga sua vida sexual como plenamente satisfatória.

Mercado, amor e reconhecimento

A questão surge: como explicar a moderação libidinal que reina em nossa cultura hipersexualizada? Evidentemente, para muitos homens, essa

---

15   Op. cit., p. 332.

"sabedoria" parece tudo, menos voluntária: ela é vivida como frustração, miséria sexual, não sem vínculo com as fortes desigualdades em matéria de fortuna e de sedução. O sexo é livre, mas isso não cria as condições de igual sedução e desejabilidade de todos os homens. As promessas da liberação dos costumes evidentemente não transformaram cada homem em *playboys* irresistíveis: os desajeitados, os feios, os velhos e os sem dinheiro não desapareceram milagrosamente do palco do mundo. Como Michel Houellebecq observa de forma amarga, em um sistema de liberalismo sexual, há necessariamente ganhadores e perdedores, "alguns fazem amor com dezenas de mulheres, outros com nenhuma. É o que se chama 'a lei do mercado'. Em um sistema sexual perfeitamente liberal, alguns têm uma existência erótica variada e excitante; outros se limitam à masturbação e à solidão".[16] Sob a superfície *cool* do sexo, reinam a competição dura das singularidades assim como a força do dinheiro: "Mais do que nunca o poder e a fortuna erotizam, o conto de fadas permanece bem próximo da conta bancária."[17]

O estado de mercado desregulado dos amores é apenas uma parte da explicação. É difícil desvincular a relativa "tranquilidade" dos costumes de nosso ideal relacional e o culto dado ao ideal amoroso. O valor reconhecido ao amor e à proximidade intimista, a necessidade de segurança e de permanência relacional contribuem para favorecer os vínculos estáveis em detrimento das promiscuidades sexuais. São os códigos do sentimento e da comunicação intimista que trabalham para frear, não sem sucesso, as aventuras do desejo. Se o amor é um operador de intensificação do desejo, ele funciona ao mesmo tempo como vetor de autolimitação e de fixação de Eros. O amor, ao menos quando compartilhado, alivia o sentimento de existir, mas impede de se tomar o sexo "levianamente".

---

16 Michel Houellebecq, *Extension du domaine de la lutte*, Paris, J'ai lu, 1998, p. 100. [Publicado no Brasil em 2011 sob o título *Extensão do domínio da luta*, pela Sulina.]
17 Pascal Bruckner, *Le Paradoxe amoureux*, Paris, Grasset, Livre de poche, 2009, p. 39. [Publicado no Brasil em 2011 sob o título *O paradoxo amoroso*, pela Difel.]

Se o amor ainda é tão valorizado, é porque vem em resposta a um dos desejos mais profundos de cada um: ser reconhecido como pessoa singular. Ser amado significa ser escolhido pelo que se é, ser preferido aos outros, daí o prazer narcísico que acompanha a experiência amorosa quando ela é agradável. Essa expectativa de reconhecimento é compartilhada tanto pelos homens quanto pelas mulheres, mas é para elas que causa mais efeitos restritivos sobre a vida sexual, na medida em que elas geralmente se preocupam mais em não ser tratadas como objetos sexuais substituíveis. Se não são muitas as mulheres que apreciam as promiscuidades sexuais e as errâncias orgíacas, é porque querem primeiro contar aos olhos do outro, ser apreciadas como subjetividade não intercambiável.[18] Certamente, o sexo é invasor, mas não conseguiu sufocar a exigência de ser sujeito, de ser desejado como uma pessoa não substituível. A despeito das inúmeras solicitações para "se divertir", o princípio de reconhecimento conserva um importante papel ao conter o princípio de leveza nos limites relativamente estritos.

E amanhã? É possível imaginar uma vida de *homo sexualis* mais alada? Está longe de ser certo, na medida em que a vida sexual é menos atormentada pelo hedonismo obrigatório e pela pressão das normas de desempenho do que pelos déficits relacionais, pelos jogos das inclinações e das aversões, atrações e rejeições, gostos e desgostos, amores e desamores. Sofremos menos o peso da normalização do desempenho do que da solidão, das rupturas, da falta de comunicação e também do cansaço que acompanha as rotinização das relações. A progressão de uma leveza indefinida, sempre crescente, encontra aqui um importante obstáculo. É preciso convir: a vitória do leve sobre o pesado não poderia ser exponencial: existem limites sobre os quais o poder político-técnico é dos mais fracos. Assim como o aumento do PIB não cria uma felicidade sempre crescente, da mesma forma condições culturais mais favoráveis à plenitude sexual não são suficientes para eliminar o que nos fere. A partir de um certo momento, a marcha histórica do tornar a

---

18 Ver, sobre esses pontos, meu ensaio *Le Bonheur paradoxal*, Paris, Gallimard, 2006, cap. 8. [Publicado no Brasil em 2007 sob o título *A felicidade paradoxal*, pela Edições 70.]

vida mais leve mostra-se ineficiente, e isso porque a qualidade das relações intersubjetivas não depende da dinâmica do "progresso" social.

O recuo da leveza do ser

Ao longo dos anos 1960, a dinâmica *cool* conquistou os modos de ser e de parecer, a relação com trabalho, dinheiro, moda e educação. O espírito do tempo é dominado pela denúncia do empobrecimento da vida, pelas críticas dirigidas contra a falsa consciência imposta pela sociedade e pelo puritanismo dos costumes. São condenadas as ambições de competição e de luta pela vida, a corrida pelo sucesso, o trabalho alienante nas grandes organizações burocráticas. O importante não é mais ter êxito na vida, mas ser você mesmo, "divertir-se", desfrutar do momento único.

Esse imaginário libertário, evidentemente, já está ultrapassado. Estamos longe dele. O momento do individualismo *cool*, despreocupado, foi superado pelo aumento das inseguranças, das inquietudes do futuro, do "cansaço de ser si mesmo" (Ehrenberg). A cultura normalizadora e autoritária à moda antiga não tem mais brilho, mas as pressões familiares pelo êxito se intensificaram, assim como os sentimentos de fracasso da vida pessoal. A autonomia individual não constitui mais um grande ideal da vida privada e pública: ela é vivida como um problema. O que era promessa de leveza tornou-se pesado; exemplo disso são as curvas ascendentes do estresse, da ansiedade, das depressões, vícios e outros comportamentos destrutivos (*binge drinking*, suicídio). Entre os adolescentes e os jovens adultos, o suicídio vem em segundo lugar entre as causas de morte; e quase um trabalhador em cada quatro na França já pensou em pôr fim aos seus dias.

Além da dinâmica da individualização, três séries de fenômenos compõem estruturalmente a lógica *cool*: a medicalização, a informação e a globalização. Com a medicalização da sociedade, as questões da saúde e da normalidade médica invadem cada vez mais setores de nossas vidas. A alimentação tornou-se uma preocupação cotidiana. As mídias informam continuamente sobre a poluição, as ameaças sanitárias, a propagação dos vírus e a necessidade dos exames de saúde. No campo sexual, desenvolveu-se a ansiedade em relação à não satisfação, à nossa normalidade, aos nossos desempenhos. O espírito *cool*, descontraído e despreocupado, não para de recuar sob a pressão exercida pelas informações com teor científico, pela cultura da prevenção e da especialidade médica.

A leveza de ser é igualmente maltratada pela evolução do mundo empresarial. Se a vida social é marcada pelo afrouxamento das obrigações coletivas, o mundo do trabalho e das empresas é dominado pela intensificação da concorrência, pelas práticas de avaliação individualizada, pelas exigências de desempenhos sempre mais altas. Só se fala em reciclar, ser dinâmico, fazer sempre mais rápido com sempre menos pessoas: o universo empresarial hipermoderno faz com que se viva sob pressão permanente, obrigando os profissionais a agir sem prazo, a serem reativos e "criativos", terem um hiper-desempenho. E, ao mesmo tempo que se desagregam os coletivos de trabalho, cada um é remetido a si mesmo, carregando cada vez mais sozinho o peso de seu percurso profissional. É nesse contexto que se difundem "o sofrimento no trabalho", o sentimento de ser "assediado", não ouvido, mal considerado em seu trabalho. Se o universo consumista exalta a leveza de viver, a competição econômica provoca os distúrbios de sobrecarga (*burn-out*), o medo de não alcançar seus objetivos, o estresse, a autodepreciação. Nesse clima de pressão, de medo e de urgência engendrado pela espiral da competição econômica, a despreocupação diante da vida caminha ladeira abaixo.

No tempo da globalização liberal, cresce o medo do futuro, da precarização do emprego, do desemprego de massa que traz consigo o menosprezo e a vergonha de si. A desestruturação do mercado de trabalho, as novas exigências de competitividade e a abertura internacional dos mercados provocaram a acentuação dos sentimentos de vulnerabilidade, uma larga insegurança profissional e material, o medo da desqualificação ou da decadência social. De um lado, a cultura consumista-hedonista convida aos prazeres do aqui e agora; de outro, o ultraliberalismo econômico é produtor de estresse e de insegurança. Com esse pano de fundo, a leveza de ser tende mais a recuar do que a avançar.

Liberdade, igualdade, leveza

SE O CAPITALISMO DE SEDUÇÃO CELEBRA DE FORMA INCONSEQUENte a leveza consumista, o mesmo não ocorre com intelectuais e teóricos que a acusam de fabricar um mundo tão ameaçador que se aproxima cada dia mais de um Big Brother. Sob a fachada da fluidez e do hedonismo lúdico é, na realidade, uma democracia desnaturada e pervertida, um universo "neototalitário" que, segundo os detratores da hipermodernidade "líquida", avança diante de nossos olhos.

Existe uma longa tradição moral e religiosa que se dedicou a denunciar de maneira veemente a leveza (licença sexual, libertinagem, frivolidade, inconstância) como um comportamento contrário aos mandamentos de Deus e indigno da condição humana. Como se sabe, esse tipo de condenação não está mais vigente. Mas se o hedonismo ganhou direito de cidadania, já a industrialização maciça da leveza continua sendo amplamente vilanizada, acusada de arruinar a liberdade dos indivíduos, metamorfosear os homens em carneiros de Panúrgio, assassinar a cultura, colocar em perigo a vitalidade da democracia. A cultura fútil do consumo despertou críticas tanto repetitivas quanto quase sistemáticas por parte dos intelectuais que a assimilaram à "barbárie" (Adorno), à "insignificância" (Castoriadis), ao "pós-pensamento" (Sartori), à alienação das massas (Debord), à demolição da cultura (Steiner), à destruição da democracia (Popper). Não saímos ainda da longa tradição depreciativa da leveza: muito pelo contrário. Com a expansão do capitalismo de sedução, a estigmatização da leveza atingiu uma nova etapa, pois seus efeitos sobre a vida social, política e intelectual são considerados devastadores. Satã continua aterrorizando os observadores, sob os traços perversos da sedução.

A cidadania light
A revolução da leveza não apenas transformou de cima a baixo o mundo dos objetos do consumo e da vida privada. Ela conseguiu transformar o funcionamento da democracia e da vida pública. Tanto a oferta política quanto as atitudes cidadãs são agora emblemáticas da civilização da leveza.

Política-espetáculo

Com a expansão da sociedade de consumo e do peso crescente da televisão, as condições de trabalho dos homens políticos e as modalidades de expressão do debate público transformaram-se profundamente. O universo midiático-consumista conseguiu destronar as técnicas pesadas da propaganda de Estado características da modernidade autoritária em prol do reino light da comunicação espetacular-psicológica.

Surgem novas estratégias de comunicação que, centradas na valorização da personalidade dos líderes e de seus traços psicológicos, são amplamente orquestradas por publicitários, especialistas em comunicação e conselheiros em imagem. A eloquência e os programas não bastam mais: os políticos participam agora de sessões de *media training* nas quais lhes são dados conselhos relativos à linguagem, ao gestual e à apresentação pessoal. Com a hipermidiatização da cena política, desencadeia-se uma celebrização dos líderes, a imagem baseando-se tanto no contato e na personalidade quanto nos discursos de conteúdo. É um momento em que a lógica do *star system* se infiltrou no espaço político. A construção da imagem de marca política organiza-se como uma narração do percurso e da vida dos eleitos, uma filmagem centrada no "humano", na intimidade e na emoção. Os referenciais pesados da Revolução, da Nação e da República foram substituídos pela dinâmica leve da personalidade, da aparência e da sedução.

Tudo o que se envolvia de distância, de rigidez, de grandeza ostensiva apaga-se diante do espetáculo da proximidade, do contato e do relacional. Não se trata mais de despertar o respeito de uma autoridade imponente e impessoal, mas de estar próximo, direto, "na escuta": assiste-se a um processo de aliviamento do peso da figura do político. Chegamos à era do Estado-espetáculo ou do Estado sedutor[1] que é simplesmente o reino da política sem gravidade, esvaziado do peso das grandes figuras heroicas, dos grandes símbolos e das grandes cenografias.

---

1   Ver Régis Debray, *L'État séducteur*, Paris, Gallimard, 1993. [Publicado no Brasil em 1994 sob o título *O Estado sedutor*, pela Vozes.]

Paralelamente, as cadeias de televisão propõem programas de variedades em que se misturam divertimento e política, recreação e seriedade, homens políticos e cantores, líderes e humoristas. As histórias de alcova, os altos e baixos da vida privada dos dirigentes exibem-se à luz do dia nas mídias, criando uma *celebrização* da cena política. Nos encontros televisivos, a descontração ao vivo dissolve o cerimonial, as "pequenas frases" substituem a argumentação, a imagem prima sobre as ideias, o desempenho ou a exposição é o elemento mais observado e comentado. A civilização da leveza trabalha em uma espécie de des-substancialização da imagem do político.

Todas essas transformações despertaram inúmeras críticas, a videocracia sendo acusada de desnaturar as democracias ao substituir o povo por um público de espectadores. A videopolítica oculta os problemas de fundo, simplifica todas as questões, sufoca as capacidades de argumentação e de julgamento, privilegia as reações emocionais, despolitiza os cidadãos. Sob o reino da midiacracia, os cidadãos são infantilizados, transformados em telecidadãos, consumidores de imagens, mais sensíveis às peripécias da vida privada e à imagem dos líderes do que aos programas políticos. Alguns veem nisso a perversão, a própria morte das democracias, vítimas da civilização do *light*.

O desencantamento do político

Paralelamente a esse novo dado da comunicação política, surge um novo tipo de cidadania que ilustra de uma outra maneira a potência transformadora da civilização da leveza.

Há trinta ou quarenta anos, nossas sociedades registraram um forte processo de volatilização dos grandes sistemas de sentido típicos da modernidade. Todos os megadiscursos ideológicos que tiveram um peso importante e durante tanto tempo sobre a vida dos modernos perderam o essencial de sua credibilidade. Não há mais nenhuma grande "narrativa" capaz de fazer sonhar, de dar esperança de um futuro melhor e substancialmente diferente do universo atual. A era hipermoderna condiz com o fim da fé nos sistemas com maiúsculas: Revolução, Comunismo, Nação, República, Progresso, Europa, todos esses ideais coletivos deixaram de fazer vibrar os corações e de despertar o entusiasmo coletivo. Apenas as partidas de futebol são ainda capazes de suscitar o fervor patriótico. Mudar a face do mundo, dividir a História ao meio, gerar o novo homem, todos esses projetos "prometeicos" desapareceram. A era da hipermodernidade coincide com a desutopização da modernidade, com a evaporação desses importantes sistemas referenciais que Raymond Aron chamava de "religiões seculares". Uma desafeição de massa pelas ideologias políticas que se acompanha de um superinvestimento na dimensão privada da vida e na perseguição da felicidade individual. É sobre esse fundo de eclipse das doutrinas pesadas da História que se impõe a supremacia dos valores "leves" individualistas.

As razões da falência da crença nas mitologias políticas modernas não são tão misteriosas. As duas guerras mundiais, os horrores do nazismo e do comunismo, a Shoah, o Gulag e mais tarde os "desgastes do progresso" estão na origem desse vasto desinvestimento ideológico. Contudo, e por mais importantes que sejam, esses fenômenos sem dúvida não teriam conseguido provocar tais consequências sobre os espíritos sem a reorientação estrutural das economias e dos modos de vida ocidentais a partir de meados do século XX. Não há bancarrota das crenças progressistas ou messiânicas sem a revolução da leveza (consumo, hedonismo, lazer) cujo efeito foi desqualificar as orientações futuristas da modernidade em prol dos prazeres do presente, sem a oscilação que instituiu o primado do bem-estar e da felicidade privada em detrimento das escatologias modernas e das mitologias coletivas. Com a importância crescente das indústrias do leve, as novas razões de viver centradas no hoje prazenteiro arruinaram a fé nas doutrinas faustianas da História. Viver melhor, aqui e agora e não mais em um futuro distante: é o universo materialista e hedonista do leve que superou o limite das visões titânicas do progresso. Uma vez mais, foi o pequeno Davi que conseguiu vencer o gigante Golias.

Sendo assim, a revolução consumista do leve desencadeou um novo patamar de individualização ao libertar os indivíduos das obrigações de renúncia a si mesmo, de sacrifício para as grandes causas coletivas. Ao provocar o declínio dos sistemas totalizantes, a revolução da leveza deu início a um hiperindividualismo desatado, desprendido, desvinculado dos referenciais coletivos, movido principalmente pela maximização do bem-estar e dos interesses individuais. Foi-se o tempo dos deveres de ortodoxia partidária e de obediência incondicional, foi-se o tempo dos ideais de abnegação e de virtude cívica: enquanto o imperativo moral do respeito da Lei perde cada vez mais seu poder de obrigação, a vida privada triunfa sobre a vida cívica e os direitos individuais sobre as obrigações cidadãs.

Quase mais ninguém considera que é preciso se sacrificar pela pátria e doar sua vida ao seu país. Um grande número de europeus pensa que "nenhuma causa, mesmo justa, vale uma guerra". Um francês em cada quatro confessa que, se tivesse a oportunidade, ele tranquilamente fraudaria o imposto de renda omitindo em sua declaração uma parte de seus rendimentos. Ir às urnas e participar da vida pública não aparece mais como deveres do cidadão. Estamos em democracias esvaziadas de toda "religião civil", de toda fé nos grandes projetos coletivos: a civilização da leveza retirou toda essência dos deveres cívicos e da ideia de obrigação em relação às finalidades sociais superiores. É um momento em que os deveres de dedicação para com a ordem coletiva não têm mais crédito: a revolução da leveza, o processo de individualização e o desencantamento da política minaram a autoridade da moral cidadã e o ideal de virtude cívica, desculpabilizaram o regime egológico e legitimaram o dever de viver como se não tivéssemos nenhuma obrigação em relação ao conjunto coletivo. Não é mais um erro pensar apenas em si mesmo e em seus interesses privados, mesmo em detrimento do bem comum. Dessa forma, surge uma cidadania mínima, sem deveres nem obrigações, *light*.

Se o declínio dos grandes sistemas organizadores do sentido coletivo representa uma das formas da civilização da leveza, é preciso observar que ela não se traduziu em um sentimento de existência mais leve. O silêncio das ideologias totalizantes foi erguido, mas o "vazio" resultante está repleto de uma nova ideocracia, a do culto do mercado, do hipereconomismo típico do capitalismo global e financeiro cujos princípios-chave são: "moderar", "aliviar", "reduzir" e "flexibilizar". Esse cosmo economista que funciona na base do desempenho e da competitividade desenfreada faz com que haja uma insegurança crescente, pois cada um tem um futuro cada vez mais incerto. À medida que se reforça a ideia de que cada um é responsável por sua própria situação profissional, aumentam o medo da avaliação permanente e o de não estar à altura das exigências da empresa "flexível". Ao que se adicionam o choque da globalização e a lei do curto prazo que faz pesar a ameaça permanente de perder seu trabalho e de "ser jogado fora". A civilização da leveza vê assim surgir uma nova "classe ansiosa" (Robert Reich) privada de qualquer segurança do trabalho, em que a maioria dos indivíduos "descartáveis" e precarizados vive uma experiência cruel de fracasso pessoal, na amargura e na vergonha de si mesmo.

Despolitização

A primeira vítima da dissolução da crença nas doutrinas heroicas da História é simplesmente o engajamento e a participação nas grandes organizações políticas. Quando se pensa não poder mais mudar o mundo pela ação política, a militância fervorosa deixa de dar sentido à existência. Enquanto a militância de "corpo e alma" parece pertencer a um outro mundo, o número de adeptos dos partidos e dos sindicatos recua. Nos últimos trinta anos, a onda de despolitização se acentuou e não poupou mais nenhuma categoria social. Uma proporção significativa de cidadãos afirma se sentir pouco envolvida pela vida política, sem interesse nos programas dos partidos nem confiança em nenhum deles para governar o país: atualmente, em cada dez franceses, quatro se declaram pouco ou nada interessados pela política.

Sem dúvida, os programas políticos na televisão têm uma boa audiência, mas para muitos espectadores, o conteúdo é menos importante do que a forma: o interesse recai sobre as atitudes e a aparência, a boa fórmula, o jogo dos ganhadores e dos perdedores. Não é raro que as partidas de futebol obtenham níveis de audiência televisiva superiores aos dos programas políticos. O programa de *reality show* "Big Brother" alimenta mais as conversas do que as campanhas políticas: na Grã-Bretanha, os jovens votaram muito mais a favor ou contra os candidatos do famoso programa do que para designar seus representantes no Parlamento. Estamos em um momento em que os indivíduos encontram muito mais sentido e interesse nas atividades privadas ditas "leves" do que nas questões mais carregadas de sentido coletivo.

Desde os anos 1980, em todas as democracias ocidentais, houve um aumento da abstenção, bem como uma maior volatilidade eleitoral. Em trinta anos, a abstenção dos jovens praticamente dobrou. Estima-se que um em cada dois franceses já se absteve durante uma eleição. Enquanto uma minoria de cidadãos nunca vota, ou quase nunca, cada vez mais eleitores votam por intermitência: amplia-se um novo perfil de cidadão que, votando cada vez menos de forma regular, mobiliza-se pela escolha "quando quer", de acordo com a importância dada ao escrutínio. Não há uma desmobilização-desparticipação sistemática, sinal de desinteresse global, mas uma participação seletiva. Com a desagregação dos votos de classe, é um momento em que se observa o desenvolvimento da volatilidade eleitoral, tudo se passa como se o *ethos* consumista e individualista tivesse conseguido se introduzir até no exercício da cidadania.

Nesse contexto, muitas vezes avança a ideia de que nossas democracias são dominadas pela apatia cidadã, pela indiferença em relação à questão pública e pelo enfraquecimento das iniciativas. No entanto, nunca se publicou tantos livros sobre a vida política: vários ensaios, biografias, memórias, bastidores de campanha, livros que misturam vida privada e política conhecem um grande sucesso editorial. Mais do que nunca, a política está presente nos jornais, no rádio e na televisão. Não é tanto a ausência de interesse pela política, mas um interesse leve, uma curiosidade mais superficial e anedótica do que apaixonada. O fato de que mais de nove em cada dez franceses tenham se inscrito em listas eleitorais demonstra que não há plena deserção da *ágora*. Os engajamentos públicos não desaparecem: expressam-se nas atividades muitas vezes pontuais que têm objetivos mais circunscritos, menos onerosos em tempo e em energia e não mobilizam totalmente a vida.

Surge uma nova cidadania que remete menos à ausência de interesse em relação à vida pública do que a uma menor influência dos partidos sobre os eleitores, assim como sobre as crenças e identidades políticas menos "sólidas" e mais flexíveis. O hiperindividualismo coincide com a dissolução das consciências de classe e com uma identificação menos forte com as famílias políticas. Ao mesmo tempo em que a política é menos produtora de identidade social, avança a subjetivização cidadã. Com uma menor dominação dos partidos e das ideologias prometeicas, multiplicam-se os eleitores que não seguem as recomendações de nenhum partido. No momento do individualismo desregulado, florescem "as opiniões sem afiliação": os eleitores que se declaram de acordo com apenas uma parte das ideias do partido ao qual querem dar seu voto são mais numerosos do que aqueles que aderem ao maior número de suas ideias. Além disso, os eleitores tendem muito mais a hesitar, a esperar o último momento para se decidir. A época pertence menos ao recuo político e ao enfraquecimento cidadão e mais ao "eleitor estrategista", à distanciação e à autonomização dos indivíduos em relação aos partidos. A civilização da leveza tornou possíveis identidades políticas mais individualizadas, mas também mais flutuantes e incertas.

Desconfiança

Nos últimos trinta anos, a perda de confiança em relação à classe política aumentou em todos os países ocidentais. Atualmente, dois em cada três franceses julgam os responsáveis políticos corruptos, quatro em cada cinco não confiam nos partidos políticos e oito em cada dez estimam que a democracia funciona mal ou muito mal. Uma maioria de cidadãos considera que os homens políticos são incapazes de resolver os problemas fundamentais do momento, não têm palavra, interessam-se apenas por sua reeleição. Menos de quatro franceses em cada dez afirmam confiar no governo, na Assembleia Nacional, na União Europeia e na instituição presidencial. Uma grande parte dos franceses desconfia igualmente da justiça, dos sindicatos, da grande empresa e das mídias. A isso se acrescentam níveis muito baixos de confiança mútua: em 2013, 75% dos franceses se reconheciam na afirmação "Nunca se é o suficientemente prudente quando se lida com os outros". Uma proporção equivalente sente desconfiança em relação às pessoas de outra nacionalidade, de outra religião e de outra cultura. Nesse aspecto, é menos uma cultura leve que avança do que uma "sociedade de desconfiança" e de medo diante dos outros, diante de um futuro percebido como incerto, ameaçador e ingovernável.

Dois fatores de fundo alimentam essa desconfiança que atinge um nível recorde. Em primeiro lugar, encontra-se o fenômeno de descrença utópica já evocado. Por muito tempo as ideologias prometeicas conseguiram ocultar os fracassos e as monstruosidades da "grande" política: em nome dos horizontes radiantes da História, as fraquezas do presente eram justificadas, julgadas inevitáveis. Não é mais assim nas sociedades em que as ideologias totalitárias não têm mais crédito. Livres da crença nas visões de longo prazo, muito mais informados e independentes em relação aos partidos, os cidadãos, confrontados às promessas não mantidas de seus representantes e de sua imperícia, não mais lhes dedicam a mesma confiança. Quando as visões de longo prazo começam a falir, os resultados mais ou menos calamitosos do presente imediato não encontram mais uma justificativa fundamental: alimentam uma espiral decepcionante, bem como uma ampla desconfiança em relação às elites políticas e aos governantes.

Em segundo lugar, o fenômeno deve ser vinculado ao triunfo de uma economia de mercado que escapa em grande medida ao controle dos Estados nacionais. Com o "turbocapitalismo" globalizado, dissipa-se a soberania da política, característica da modernidade inaugural: estamos em um mundo que, subtraído à supremacia da autoridade política, é marcado pelo enfraquecimento da potência dos governos democráticos, pela impotência da política confrontada com a potência da globalização liberal. A civilização da leveza só se manifesta associada à hipertrofia dos mercados financeiros e de domínio econômico. Nesse contexto, aumenta o sentimento de que o controle do futuro nos escapa, que são cada vez menores as possibilidades de mudar a sociedade, que somos governados por uma classe política ineficaz e sem poder real. A impotência da política contribui principalmente para alimentar as desilusões, o desencantamento e a desconfiança de um grande número de cidadãos. Atualmente é uma democracia liberal com peso político leve que nos caracteriza: sobrepeso do capitalismo, dieta emagrecedora da política democrática.

As novas democracias participativas

Despolitização, desconfiança, apatia cidadã e *zapping* eleitoral, são todos fenômenos que conduziram ao diagnóstico do advento de uma democracia dessubstancializada, desprovida de fervor, de ética, de valores e de atitudes cívicas. Como alguns afirmam, a era hipermoderna vê avançar as sociedades pós-democráticas ou impolíticas que são democracias "sem cidadania", democracias frágeis, *light*, que se caracterizam pela desintegração da cidadania em benefício do reino do consumidor móvel e do acionista ganancioso. A civilização da leveza e o individualismo extremo gerado por ela estariam na base dessas democracias que se tornaram puramente processuais, minimalistas, pós-políticas, sem engajamento nem participação.

É verdade que a democracia de eleição erodiu. Mas isso não significa que toda forma de cidadania esteja em declínio. Essa é uma das marcas do neoindividualismo que coincide menos com uma despolitização absoluta do que com uma desregulação dos comportamentos eleitorais. Enquanto alguns escrutínios acompanham-se de uma participação muito forte, vemos nascer formas inéditas de implicação cidadã que não tomam a via eleitoral clássica. A confiança nos partidos está em queda, mas as associações de diversos tipos multiplicam-se, assim como as lutas coletivas centradas na defesa dos direitos humanos, da escola, do casamento para todos, e da proteção do meio ambiente. O desinvestimento radical da coisa pública é um mito: o que se manifesta é uma sensibilidade mais pragmática que, emancipada da tutela dos partidos, funciona com engajamento pontual, com modos de intervenção mais diretos dos cidadãos, sem objetivo comum nem vontade de tomar o poder.

É dessa forma que progridem as novas formas de participação dos cidadãos, novas formas de solidariedade coletiva, novas formas de interpelação e de denúncia do poder: o que Pierre Rosanvallon chama de "contrademocracia". O que se organiza é uma democracia de expressão em que os cidadãos podem intervir diretamente, uma democracia de vigilância dos poderes pela sociedade civil e não mais monopolizada pelas mídias e pelos partidos. A esse respeito, há menos a ascensão de um cidadão passivo do que o advento de uma democracia de expressão, de vigilância e de participação.²

As novas tecnologias da informação e da comunicação, assim como a elevação do nível geral de formação, estão na base dessa mudança da cidadania política. Mas também não se deve desvincular essa mudança desses outros grandes fenômenos que são o fenecimento das grandes esperanças revolucionárias, o fim das crenças nas doutrinas escatológicas, na economia e na cultura de consumo: são todos fenômenos que modelaram uma nova condição temporal dos indivíduos. É impossível separar a contrademocracia da orientação temporal dominante de nossas sociedades fundadas não mais sob o signo do futuro, mas do presente. Com o culto hipermoderno do presente, as exigências de resultados mais imediatos dos cidadãos, a aspiração à instauração de poderes a serviço da vontade geral e as pressões sobre os governantes conquistaram uma legitimidade fora do enquadramento tradicional dos partidos e da via eleitoral. Sem a cultura presentista, não há "política dos governados", não há ascensão dos contrapoderes e das outras "cidadanias civis". A leveza do mundo midiático-consumista não conferiu apenas uma nova importância à esfera da vida privada e à busca por desenvolvimento pessoal, mas também contribuiu para o advento de um povo mais autônomo e mais vigilante em busca de uma soberania plural.

Democracias light, democracias apaziguadas

Por mais preocupante que seja, a regressão do espírito público não deve ocultar os efeitos positivos da revolução da leveza em relação à consolidação e à paz democráticas. Ainda que as novas democracias funcionem sem um forte engajamento cidadão, elas deixaram ao mesmo tempo

---

2   Pierre Rosanvallon, *La Contre-démocratie*, Paris, Le Seuil, 2006. Ver também, Loïc Blondiaux, *Le Nouvel Esprit de la démocratie*, Paris, Le Seuil, 2008.

de ser contestadas em seus princípios e em seus valores supremos. Nossa época é contemporânea da derrota dos detratores crônicos da democracia liberal e do triunfo histórico das regras e dos referenciais democráticos. As mitologias revolucionárias estão liquidadas, o nacionalismo conquistador dissipou-se, o antiparlamentarismo perdeu o caráter agressivo de que se revestia no entreguerras. E quem ainda reivindica os *slogans* "eleição: traição" ou "eleição, ratoeira de trouxas" agitados por aqueles que participaram do Maio de 1968? Nunca as democracias liberais tiveram tão poucos inimigos internos ofensivos. Os representantes do povo são objeto de desconfiança[3] e os cidadãos em massa não dão prova de um espírito cívico exuberante; contudo, estes permanecem profundamente ligados aos princípios organizadores do liberalismo político. Muitas vezes, os cidadãos preferem viajar no fim de semana do que ir às urnas, mas a ligação com o sufrágio universal, com o pluralismo político, com o princípio de alternância pacífica do poder, com as liberdades privadas e públicas é mais forte do que nunca. Se a frivolidade consumista faz com que diminua a intensidade dos engajamentos políticos, isso ocorre em benefício da consagração das regras constitutivas das democracias liberais. Estas são mais fracas na realidade de seu exercício como potência de se governar e ao mesmo tempo mais sólidas, mais unânimes em relação à sua base principal.

Ao mesmo tempo em que os direitos do homem se impõem como princípio de legitimação indiscutível da ordem coletiva, a violência política e social sofre um imenso recuo. A perspectiva da ditadura do proletariado caducou há décadas; os conflitos sociais não mais se acompanham de enfrentamentos sangrentos. O colonialismo e a anexação de territórios pela guerra foram declarados ilegítimos. Desde o fim da Segunda Guerra Mundial, as democracias liberais não entram mais em guerra, não se veem mais como inimigas a serem destruídas, mas concorrentes na competição internacional. Depois da era da guerra total e

---

3   Uma desconfiança que, ainda assim, não é geral. Dois em cada três franceses estão satisfeitos ou quase satisfeitos com seus prefeitos e seus conselheiros municipais.

da guerra de classes, impõe-se o reino da negociação e dos compromissos, assim como uma forte pacificação dos conflitos sociais e políticos. Domina o espírito de paz civil: as democracias *light* são menos desrealizadas do que apaziguadas. Menos ardentes, menos capazes de exercer sua soberania, as democracias da hipermodernidade estão mais pacificadas, mais estáveis. O ódio da democracia evaporou-se maciçamente: é mérito da revolução da leveza ter principalmente contribuído para estabelecer democracias com adesão tranquila e, por isso, mais sólidas, menos ameaçadas do que na época das religiões modernas do político.

É certamente inegável que, na Europa, os partidos neopopulistas estão agora amplamente instalados na paisagem política e realizam escores recordes. Mas o que se joga aqui não tem nada a ver com o ódio à antiga da democracia, de forma virulenta, antissemita, violenta. Movimento "anti" (*antiestablishment* político, anti-imigração, antimulticulturalista, antiglobalização, Anti-União Europeia), o voto neopopulista não expressa uma sensibilidade antidemocrática de massa. Reação diante do aumento das inseguranças sociais, diante daquilo que é percebido como uma ameaça à identidade nacional, à laicidade e às liberdades modernas, esse voto protestante quer sancionar os governos em ação, experimentar "para ver" novas políticas "protetoras", barrar o avanço migratório e o islamismo, mas não aniquilar o Estado de direito e a ordem democrática.

Essa pacificação das democracias não exclui novas ameaças ligadas ao terrorismo internacional e às diversas expressões da imaginação ultraviolenta. Confrontada com as práticas de certas seitas, os candidatos europeus ao *jihad* e os atentados terroristas e antissemitas, a civilização da leveza encontra um novo limite à sua própria realização, fracassando na erradicação das ações de endoutrinamento e de "lavagem cerebral", as matanças e massacres e o desencadeamento do ódio ao outro. Aqui, não é questão de paixão mortífera, de culto do mártir, de exaltação e de fascinação pela violência de sangue. Trata-se de um fracasso que não é apenas produto de importação: são jovens nascidos na Europa ou nos Estados Unidos que colocam bombas, cometem assassinatos contra judeus, declaram-se prontos ao sacrifício extremo em nome do combate islamita ou jihadista. Uma nova prova da incapacidade do universo frívolo de responder a todo um conjunto de exigências de fundo dos indivíduos hipermodernos: sentido da existência, identidade social coletiva, referências estruturantes e autoestima.[4] Certamente, essas minorias ativistas conseguem semear o terror, criar um clima de insegurança contrário às promessas da sociedade light; as democracias liberais, contudo, não naufragam, estão finalmente mais resistentes do que no passado.

Na França e em outros países europeus, assiste-se ao mesmo tempo a uma liberação da fala racista e antissemita, a um aumento de propósitos abjetos visando ciganos, muçulmanos, judeus e negros: o discurso racista não é tabu. Ao passo que o populismo desenvolve-se um pouco por toda parte na Europa, quase três franceses em cada dez declaram-se "racistas" ou "um pouco racistas". Após os ataques racistas contra uma ministra da Justiça e as apresentações de um humorista, alguns não hesitam mais em afirmar: "A França racista voltou." No entanto, os propósitos nauseabundos aos quais assistimos não autorizam a assimilar nossa época àquela de entreguerras.

Ainda que a tolerância recue e que os sentimentos xenófobos se difundam, não é verdade que sejamos testemunha de "uma terrível ascensão do racismo". Os franceses que afirmam que os judeus são cidadãos iguais aos outros são muito mais numerosos hoje do que após o fim da guerra. Jamais houve tantos casais mistos. O racismo contemporâneo livrou-se da ideologia da hierarquia das raças; ele não depende mais de uma visão desigual dos homens: o outro não tem mais o caráter substancialmente dessemelhante. Pode-se detestá-lo: ele não é mais um ser ontologicamente inferior. Esse contexto, certamente, não tem nada de leve e diversos organismos observam um "forte aumento dos atos e ameaças com caráter racista". Ainda assim, ao contrário do passado,

---

4   A esse respeito, tudo leva a pensar que esse fenômeno vai continuar, a ordem hiperindividualista e frívola criando um vazio, uma fragilidade e uma ansiedade identitárias, condições psicológicas de uma radicalização extremista para alguns indivíduos particularmente "desnorteados" e desestruturados.

estes são pontuais e suscitam inúmeros movimentos de indignação, bem como uma significativa reprovação por parte da imprensa. Se a rejeição dos imigrantes e a desconfiança em relação aos muçulmanos estão aumentando, as violências de sangue permanecem veementemente condenadas. Mesmo o racismo ordinário registra os efeitos da revolução da leveza, portadora de deslegitimação das violências físicas.

Não há lugar aqui para empreender o exame completo das razões da atenuação da conflitualidade social e política nas democracias hipermodernas. Assinalaremos apenas o papel maior que nela desempenha a economia da leveza consumista, a qual mudou a relação dos homens consigo mesmos, com a sociedade e com a História. A ambição da felicidade, os engajamentos heroicos, o culto das "santas baionetas" e as vontades revolucionárias foram substituídas pelo capitalismo de sedução. Quando dominam os referenciais leves (bem-estar, consumo, comunicação, lazer), a violência política perde toda a dignidade, toda glória e toda legitimidade social. Na civilização da leveza, cada um está centrado sobre si mesmo, seus próprios interesses, prazeres e bem-estar: o sentido da vida não se encontra mais na transformação do mundo pela ação coletiva e o uso da força, mas na plenitude de si mesmo. Ninguém duvida de que a consagração desses ideais individualistas não tenha concorrido para a diminuição dos antagonismos políticos e sociais. Por isso, devemos evitar falar em "pseudodemocracia": a revolução da leveza trabalha mais para consolidar as democracias liberais do que para precipitar sua ruína. Por serem desidealizadas e pós-sacrificiais, as democracias ditas procedimentais não estão menos apoiadas em bases sólidas, uma vez que estão menos esfaceladas do que no passado.

Falência da igualdade?
É fato que a consagração ideológica dos direitos humanos e da democracia política se acompanha ao mesmo tempo de uma interrupção da democracia social. A época dos Trinta gloriosos, que viu a redução das desigualdades entre as classes, terminou: a nossa vê reaparecer a grande pobreza, o desemprego de massa, os *working poors*, a desqualificação social, a desclassificação dos jovens diplomados, a precarização

das formas de trabalho e os guetos das periferias. Diante da nova explosão das desigualdades de riqueza, surgem análises que destacam a regressão da democracia como forma de sociedade, a "crise de ideia de igualdade" transformada em "casca vazia", incapaz de alimentar a fé dos homens contemporâneos.[5]

Será que é mesmo isso o que acontece? O valor da igualdade democrática realmente perdeu toda substância? Há que se notar, no entanto, que em relação às desigualdades não econômicas, o avanço igualitário é evidente e multiforme. Nunca a exigência de igualdade expressou-se com tanta vitalidade no direito. O objetivo de paridade entre os sexos está agora inscrito na Constituição: a mulheres conquistaram o direito de exercer os empregos outrora reservados aos homens; as medidas de ações afirmativas atingem as parlamentares femininas e mesmo a representação das mulheres nos conselhos de administração das grandes empresas; na França, o Defensor dos direitos instituído pela Lei de 2011 vela pelo respeito dos direitos e liberdades e pela promoção da igualdade; o casamentos entre pessoas de mesmo sexo tornou-se legal; a distinção entre filhos biológicos e filhos legítimos desapareceu.[6] Multiplicam-se em toda parte as medidas destinadas a eliminar as discriminações; na escola, o programa "ABCD da igualdade" tem como objetivo lutar contra os preconceitos e estereótipos de gênero, promover a igualdade entre meninas e meninos. Sob esses aspectos, assiste-se não a uma "interrupção da igualdade", mas à expansão dos projetos e ambições igualitárias.

É verdade, no entanto, que essa dinâmica não impede diversos problemas de isolamento e de "separatismo" que atravessam toda a sociedade. É um processo segregador exemplificado por diversos fenômenos tanto culturais como urbanos: mecanismos operados pelas classes superiores para evitar as classes inferiores, recusa dos operários de se misturarem com os desempregados imigrantes, concentra-

---

5   Pierre Rosanvallon, *La Société des égaux*, Points, Seuil, 2011, p.11-21.
6   Maryvonne de Saint-Pulgent, "Déclin de l'idée d'égalité ?", *Le Débat*, n. 169, março-abril 2012, p. 131-132.

ção dos mais ricos ou dos mais pobres em certos bairros: é o que Éric Maurin chama de "sociedade do entre si".[7] Os elementos mais ativos desse processo não são os excluídos, mas os mais ricos de cada camada. Recorrendo ao exílio fiscal, dos benefícios sociais e das remunerações fora dos padrões, os megarricos se isolam da sociedade comum: eles fizeram "secessão", vivem em um mundo paralelo, exoneram-se da solidariedade nacional. Guetização das comunidades, bairros incrustados e *gated communities*: de cima a baixo da pirâmide social manifestam-se processos segregadores ou secessionistas que batem de frente com as políticas estimuladas pelo espírito de igualdade democrática.

Esses mecanismos de fragmentação são inegáveis, mas não devem ocultar a ampla dinâmica de reaproximação dos modos de vida, das aspirações e das visões do mundo. De fato, as novas "secessões sociais" só se expandem com base em uma homogeneização sem precedentes de nossas sociedades. O cosmo das diferenças estatuárias e das culturas de classe recua de forma constante. O momento é contemporâneo do desaparecimento dos universos do campesinato e da cultura operária. O fosso mental que separava o mundo católico do mundo leigo foi amplamente preenchido. As desigualdades de renda e de patrimônio aumentam, mas as especificidades dos estilos de vida das classes se desgastam, os ideais de bem-estar, de consumo, de lazer espalharam-se por todos os andares da pirâmide social. Tomemos este exemplo que se tornou banal: apenas uma pequena minoria de ricos podia, nos anos 1950 e 1960, deslocar-se de avião. Agora, são milhões de viajantes que podem percorrer o mundo. Os menos afortunados certamente não viajam na primeira classe, mas viajam, pelos menos de tempos em tempos, pelos quatro cantos do mundo.

No outro ponto da pirâmide, assiste-se ao que Daniel Cohen chama de "proletarização" dos hiper-ricos cujos imaginários não são mais qualitativamente diferentes daqueles dos pouco afortunados: como não aspiram mais à "alta cultura", as duas pontas acompanham "os mesmos

---

7 Éric Maurin, *Le Ghetto français*, Paris, Le Seuil, "La République des idées", 2004, p. 6.

jogos de futebol, aspiram ao mesmo luxo *bling-bling*",[8] usam os mesmos jeans, camisetas e agasalhos com capuz.

Se as práticas das diferentes camadas sociais não convergem evidentemente, o universo simbólico das normas e dos referenciais é cada vez mais semelhante. As desigualdades econômicas estão em alta, mas as aspirações consumistas estão presentes em todas as camadas sociais. A época é marcada pelo declínio das antigas impermeabilidades de classe e pelo afastamento dos indivíduos em relação ao seu grupo de origem, pelo poder diretivo decrescente das tradições de classe e pela autonomização das pessoas em relação às normas coletivas. Sob esse aspecto, há menos a falência da igualdade do que o aprofundamento de sua dinâmica social: no mínimo, a "interrupção" da igualdade não é um fato social generalizado.

Ao mesmo tempo, em 2000, os países-membros da ONU comprometeram-se a diminuir pela metade a pobreza absoluta no mundo no prazo de quinze anos. Esse objetivo foi alcançado cinco anos antes. De fato, nos últimos quase trinta anos, assiste-se ao recuo da extrema pobreza, mesmo que 1,2 bilhão de pessoas continuem vivendo nesse estado. Nos países em desenvolvimento, a proporção de pessoas que não dispõem de 1,25 dólar para viver caiu de 47% em 1999 para 22% em 2010: atualmente existem menos 700 milhões de pessoas subalimentadas do que em 1990.

Essa redução da pobreza vem acompanhada, contudo, de um excepcional crescimento das desigualdades de renda e de patrimônio. Segundo um estudo do Crédit Suisse, em 2010, 0,5% da população adulta mundial controlava mais de um terço dos ativos financeiros mundiais. Quase 1% da população possui 43% da riqueza mundial, os 10% mais ricos detêm 83%. Os 50% menos afortunados não possuem senão 2% dos ativos. Um estudo da ONG Oxfam revela que uma pequena elite de 85 pessoas concentra tanta riqueza quanto os 3,5 bilhões de pessoas mais pobres, ou seja, 50% da população mundial. Na França, os 10% mais

---

[8] Daniel Cohen, *Homo economicus: Prophète (égaré) des temps nouveaux*, Paris, Le Livre de poche, 2013, p. 70-71.

ricos possuem 62% da riqueza do país e 1% dos americanos mais ricos apoderam-se de um quinto da renda total da nação.

Será que esses dados permitem respaldar a ideia de uma contrarrevolução da desigualdade? O importante é ressaltar que a regressão desigual só se expressa plenamente por meio de um recente enriquecimento dos ultrarricos que envolve menos de 1% dos lares, ao passo que em trinta anos, e com exceção dos últimos anos, o poder de compra médio dos franceses continuou se elevando. Ao centrar a análise no aumento insolente das remunerações de uma extrema minoria, perde-se de vista que não é tanto um aprofundamento das desigualdades que mina o vínculo social, mas o desemprego de longa duração, a precarização do trabalho, o comunitarismo intransigente, a ausência de horizonte político.

Seja como for, nesse contexto, o reino da leveza não se destaca tanto quanto o excesso das desigualdades, o peso extremo dos mais afortunados, a desmedida das remunerações. Se nosso mundo funciona cada vez mais no micro, nele também se expõem as megafortunas, a riqueza ostentatória dos iates e dos aviões privados, dos templos do luxo, dos carros esportivos e das mansões suntuosas. A civilização da leveza carrega o peso crescente dos hiper-ricos. As tecnologias digitais, os objetos miniaturizados, a cultura midiática e a moda, todas essas esferas carregam o traço da revolução da leveza. Evidentemente, o mesmo não ocorre com o sistema das desigualdades econômicas.

As ideias: qual o peso?

Nas democracias hipermodernas, a revolução da leveza se expressa em muitos outros campos. Sua potência é tamanha que contribuiu fortemente para transformar até a relação que mantemos com a cultura e a vida do espírito.

A primeira modernidade construiu-se a partir de uma revolução na esfera das ideias cuja amplitude foi sem precedentes. Ao longo desse ciclo, as ideias de razão, de liberdade, de nação e de progresso moldaram um novo mundo trazendo fundamentos e sistemas de legitimação inéditos. O universo que viu se afirmar a teoria do primado das infraestruturas materiais é também aquele no qual as superestruturas ideais desempenharam um papel construtivo primordial. A modernidade democrática é inseparável do peso considerável das ideias morais e políticas sobre a vida social e histórica. São essas novas referências e esses sistemas de pensamento que romperam a organização holística milenar das sociedades, forjaram as grandes religiões seculares e inventaram a era democrática e a liberdade dos modernos.

Apoiada por uma nova hierarquia de valores e por novas visões morais e intelectuais, a modernidade vê se desenvolverem os hinos ao poder da razão, a crença no progresso, as mitologias da Revolução e da Nação e a fé leiga na emancipação humana pelo Iluminismo. A vitória sobre o peso "avassalador" do passado só foi possível pela pressão exercida pelas ideias modernas "revolucionárias". Foi impulsionada por esse imaginário antitradicionalista e progressista que a manifestação da "consagração do escritor", da glória e do esplendor moderno dos intelectuais tornou-se possível.

Esse mundo ficou para trás. O momento hipermoderno vê recuar o papel histórico dos grandes conflitos de ideias. Claro, os enfrentamentos de ideias não desapareceram: dizem respeito cada vez mais aos campos da vida social e ética. Nada mais é evidente, tudo é questionado, mas ao mesmo tempo, as ideias deixaram de aparecer como aquilo que pode mudar radicalmente a ordem do mundo: elas não são mais mensageiras de um futuro em ruptura com o presente, de utopias históricas mobilizadoras. O universo das ideias políticas não é mais promessa de um novo mundo e não é mais considerado como motor do novo: foi destronado pela força da tecnociência e da economia. Por isso nossa situação inédita, marcada pelo recuo do prestígio e da importância dados à vida intelectual. Os grandes conflitos da modernidade – livre pensamento/catolicismo; marxismo/liberalismo; revolução/reformismo; fascismo/republicanismo – estão esgotados. Mesmo os grandes "ismos" (existencialismo, personalismo, estruturalismo, lacanismo) que, ainda não faz muito tempo, eletrizaram os espíritos, desapareceram ou continuam existindo sem desencadear paixões. Tudo indica que vivemos uma nova era de paixões. Tudo indica que vivemos uma nova era da vida intelectual.

A desvalorização do "valor espírito"

Mesmo a prática bem concreta da relação com o livro ilustra a transformação em andamento. Sabe-se que o número de "grandes leitores", aqueles que leem mais de 25 livros por ano, está em constante queda; a leitura de curiosidade recua em favor das leituras utilitaristas; o livro, entre as jovens gerações, aparece cada vez menos como o caminho privilegiado do acesso ao saber e ao conhecimento. O tempo dedicado à leitura também despenca. Tomando apenas um exemplo notável, em trinta anos, o tempo semanal consagrado pelos holandeses à leitura caiu 44%, os jovens entre 10 e 19 anos não leem mais do que 12 minutos por dia.[9]

É nesse cenário que os livros de ciências humanas conhecem uma séria crise: a tiragem média de uma obra de ciências humanas passou de 5.200 exemplares em 1996 para 2.400 em 2007.[10] As vendas despencaram em um momento em que, no entanto, os efetivos dos pesquisadores e dos professores do superior aumentaram fortemente. Não é, portanto, um verdadeiro "desencadeamento da incuriosidade"[11] de que somos testemunhas? É difícil escapar ao sentimento de que se produziu algo de radicalmente inédito que supera em muito as inevitáveis mudanças de moda intelectual. Na verdade, estamos saindo do longo ciclo desencadeado a partir dos séculos XVIII e XIX: o momento "heroico" do mundo das ideias, carregado de promessas radiantes, ficou para trás. Uma etapa suplementar na dinâmica do desencantamento moderno foi ultrapassada, uma etapa que também expressa a vitória do leve sobre o pesado.

---

9   Jean-Pierre Stroobants, "Pays-Bas: la lecture en danger!", *Le Monde*, 4 de outubro de 2013.
10   As vendas médias diminuem há mais de vinte anos: em 1980, 2.200 exemplares desse tipo de livro eram vendidos no primeiro ano; em 1988 vendiam-se 1.200, e em 1999 somente 700.
11   Marcel Gauchet, *La Démocratie contre elle-même*, Paris, Gallimard, 2002, p. 175. [Publicado no Brasil em 2009 sob o título *A democracia contra ela*, pela Radical Livros.]

Outros fenômenos ilustram a mudança em andamento. Em algumas décadas, a figura do intelectual, quer seja de tipo profético, crítico ou engajado, perdeu a posição de centralidade simbólica que carregava desde os séculos XVIII e XIX. A verdade é que o poder dos intelectuais deu lugar ao das mídias: são elas que fixam as prioridades nos debates de sociedade, elas que lançam as celebridades em vez das instâncias tradicionais de consagração intelectual. Atualmente, apresentadores de televisão são mais célebres que os intelectuais. O personagem do intelectual pode continuar tomando posição sobre os grandes temas do mundo e ser até mesmo ainda reconhecido como tal; mesmo assim, sua influência sobre a sociedade reduz-se a quase nada. Ao que se reduz o peso dos intelectuais na vida cultural e social de hoje?

Se antes o intelectual "impunha ideias", agora isso é sinônimo de "complicação". E de que prestígio social ele se beneficia? Gostamos das celebridades, dos campeões dos estádios e dos "criativos": quanto aos intelectuais, eles despertam a indiferença. Ao provocar a dissolução das ideologias da Revolução e da Nação, bem como uma extrema individualização da vida social, a era da leveza consumista e midiática diminuiu a necessidade dos diretores de consciência e dos grandes iluminadores para se orientar no pensamento, mostrar a via, instruir o proletariado e protestar contra as injustiças do mundo.

De forma ainda mais geral, é a própria vida intelectual que é cada vez menos capaz de se impor como modelo de existência. O "valor espírito" de que falava Valéry desaba enquanto avança o valor do *business*, do dinheiro, do esporte, do divertimento e do lazer. Com maior ou menor intensidade, a ideia progride: todas essas cadeias complicadas de razão, "para que servem?". Nada importa, a não ser viver bem aqui e agora: por isso há uma profusão de livros com pretensão terapêutica e técnica, buscando menos auxiliar a compreender do que a resolver os problemas diretos que nos afligem. O mais importante não reside mais nas chaves que supostamente fornecem a verdade última do mundo humano social, mas naquilo que "funciona" e é diretamente útil à existência de cada um. Vemos menos interrogações teóricas e mais soluções em relação com a vida prática e pessoal. Eis o tempo do saber instrumentalista e da filosofia-consolação, que consagra o regime light do pensamento.

Nesse contexto, multiplicam-se os livros de divulgação, os dicionários, os "resumos" de filosofia, os guias e outros pequenos manuais de filosofia para uso das crianças. Mesmo as grandes revistas semanais publicam regularmente dossiês "grandes filósofos": Aristóteles e Hegel como vedetes do verão. Será que essa evolução significa a entrada em uma era de generalizada inapetência intelectual? Mais exatamente, queremos saber um pouco sobre tudo e rapidamente, ter acesso ao complexo sem esforço, e ainda com prazer. Na civilização da leveza, a curiosidade intelectual permanece, com a condição de que seja "rápida" e sem "complicação". Mesmo a relação com a alta cultura é moldada na forma do light.

Aprender sem a escola?
A revolução da leveza conseguiu criar uma relação inédita com o saber, bem como novos modos de aquisição de conhecimento. Não faz muito tempo, a transmissão da "cultura" efetuava-se por meio da ação de diversas instituições centrais da sociedade: as tradições, a família, a Igreja, a Escola. Claro, essas instituições "pesadas" continuam desempenhando um papel notável, mas ao mesmo tempo uma massa de conhecimentos é agora acessível pelas vias midiáticas, muito mais fluidas (rádio, televisão, internet). Estamos em um momento em que partes consideráveis daquilo que sabemos escapam ao controle das autoridades institucionais, pois se baseiam em percursos pessoais, práticas individuais específicas e caminhos aleatórios próprios a cada um. Com a revolução da leveza, a aquisição do saber tende a se livrar do peso dos enquadramentos coletivos pesados e das mediações tradicionalmente destinadas a essa finalidade.

Simultaneamente, toda uma parte considerável da aquisição do saber tende a se libertar do peso da dificuldade, da repressão e da lentidão. Com a televisão, toma-se conhecimento dos fatos por meio da distração, sem esforço. Na internet, a pesquisa de informações adquire o aspecto da mobilidade, de um jogo de descoberta maleável e divertido. O que é restritivo e pesado é agora depreciado em favor do leve, do que distrai, do informal. Nesse contexto, torna-se cada vez mais insuportável fazer um esforço contínuo para aceder ao saber. Este deve ser fornecido em um segundo, em um clique; tudo deve ser encontrado em pouco tempo, quando se quer, sem obedecer a um programa fixado previamente. Pela virtude da leveza digital, o processo de aceleração conquistou a relação com o conhecimento: o saber, imediatamente, quando eu quero, como um jogo e como eu quero. É um saber em modo leve, uma espécie de "saber alegre", mas também é preciso acrescentar, no entanto, "exigente" e difícil, celebrado por Nietzsche.

Observou-se muitas vezes, com razão, o quanto essas novas práticas encontram-se em competição frontal e em oposição com as lógicas pedagógicas tradicionais. Os métodos escolares, como se sabe, baseiam-se nos valores do esforço e da disciplina, na lentidão e na progressão controlada, nos exercícios repetidos e nos programas impostos para um aprendizado sistemático. No exato oposto, a cultura interativa da tela faz prevalecer o lúdico, o rápido, o acaso, o fragmentado, a ausência de restrições e de linearidade. Dessa forma, uma relação antagônica existe entre as práticas da internet e aquelas exigidas pela Escola. Além disso, as primeiras têm como efeito desqualificar as segundas, torná-las "cafonas", mais antiquadas que nunca. Enquanto a cultura do digital permite um acesso mais fácil aos conhecimentos, ela transforma os professores em dinossauros e torna cada vez mais pesadas as vias clássicas da transmissão dos saberes. Na era hipermoderna, a guerra do leve contra o pesado se ilustra em um novo campo: a aquisição do saber.

Alguns não escondem seu entusiasmo diante das potencialidades da internet em relação à formação dos jovens, a qual teria o poder de favorecer a autonomia pessoal, a democratização do saber, um acesso à cultura livre do poder diretivo dos professores. Isso dá margem à revitalização da utopia de uma "sociedade sem escola" antes pregada por Ivan Illich, mas que hoje se torna realizável graças às proezas da informática. Portanto, para Michel Serres, a rede torna inúteis a escola, os professores e as disciplinas, uma vez que "todo o saber está acessível a todos... ele sempre está sendo transmitido e em todo lugar".[12] No nível universitário, alguns chegam a prometer "o fim do campus" e dos ensinamentos "presenciais" em prol de "cafés digitais" e de um *light teaching*. A internet abre caminho para uma educação leve centrada nos pedidos e nas apropriações individuais, de uma formação sem professores, sem sala de aula e sem imposições disciplinares.

Isso significa enterrar muito rápido a Escola "clássica", a qual não deu sua palavra final: muito pelo contrário. Mais do que nunca, precisaremos de professores para adquirir os saberes de base, ensinar os jovens a ler, escrever, contar, falar e mesmo pensar com rigor, raciocínio, argumentação, formulação justa e precisão em relação ao uso dos conceitos. Quanto mais os conteúdos disponíveis são numerosos, mais se torna crucial a maneira de interpretá-los, separá-los, organizá-los e colocá-los em ordem: a informação "bruta" não é sinônimo de conhecimento verdadeiro. O universo do digital pode "encher" as cabeças, mas não tem, por si só, o poder de criar "cabeças bem feitas": o progresso tecnológico não é o progresso cognitivo, estar conectado não basta para pensar. Para isso, é necessário adquirir princípios de base, referências fundamentais, "regras do método". Ainda não superamos a exigência das práticas metódicas de aprendizagem que são tão indispensáveis quanto no passado. Desse ponto de vista, ponto de mutação, a liberdade do espírito requer a perpetuação de um certo número de métodos clássicos "pesados": repetição, memorização, transmissão de referências fundamentais, aprendizagem linear, imposições normativas de diferentes tipos. É inegável que muitas coisas vão mudar e que a Escola de antigamente não mais voltará. Mas é ilusório acreditar que o malabarismo nas redes, a autoformação e outras atividades lúdicas e pessoais sejam suficientes para formar espíritos estruturados. Não pode haver verdadeira liberdade intelectual sem o peso da aprendizagem ordenada e da transmissão do saber.[13]

---

12 Michel Serres, *Petite Poucette*, Paris, Le Pommier, 2012, p. 21. [Publicado no Brasil em 2013 sob o título *Polegarzinha*, pela Bertrand Brasil.]

13 Marie-Claude Blais, Marcel Gauchet, Dominique Ottavi, *Transmettre, apprendre*, Paris, Stock, 2014.

O desejo de compreender apesar de tudo

Diante dos excessivamente otimistas, não faltam vozes que alertam contra os perigos da leveza, quer seja ela aquela do consumismo ou a da aprendizagem dita "informal". Não se cessou de alertar a opinião em relação aos malefícios da televisão e, atualmente, é a própria internet que se torna objeto de desconfiança e de críticas. As telas não criam apenas o vício: elas mudam nossa maneira de pensar e isso não ocorre sem efeitos negativos; portanto, é bem possível que, depois da televisão, seja o Google que nos torne idiotas.[14] As inquietudes se afirmam: a cultura do clique enfraquece a vida intelectual, a reflexão, a concentração e o sentido crítico. De fato, o desaparecimento das mediações conduz os internautas a se comunicar com aqueles que pensam como eles mais do que se abrir aos debates contraditórios.[15] Chega um momento em que a profusão de informações mata a informação assim como a vida do espírito: não existe mais a reflexão, apenas coleta-se, acumulam-se dados sem que se coloque em perspectiva, sem trabalho de interpretação. O que se compreende nessas condições?

Esses riscos, inegavelmente, existem e já provocam estragos importantes observados pelos professores (prática do "copiar-colar", desestruturação das disciplinas, depreciação da lentidão da aprendizagem e da imagem dos professores). Ainda assim, essa face negativa da hipermodernidade leve não está sozinha na competição. Se nossa época conhece uma desvalorização da vida do espírito, ela também é contemporânea de um forte aumento do número de indivíduos que, expressando-se sobre uma variedade de assuntos, escrevem livros e artigos, propõem análises e interpretações, intervêm no debate público, seja em seu estrito campo de competência, seja sobre questões de interesse mais geral. A esse respeito, somos tanto testemunhas de uma profissionalização da vida intelectual (cuja figura exemplar é o especia-

---

14   Nicholas Carr, *Internet rend-il bête ? Réapprendre à lire et à penser dans un monde fragmenté*, Paris, Laffont, 2011.

15   Azi Lev-On e Bernard Manin, "Internet: la main invisible de la délibération", *Esprit*, maio de 2006.

lista) quanto de sua democratização, tornada possível pela elevação do nível de estudos e da expansão do número dos diplomados.

O universo hipermoderno não é sinônimo de colapso generalizado da reflexão. A sociedade leve de distração e de hiperconsumo não destruiu o desejo de compreender, refletir e de se expressar, ainda mais porque o esfacelamento dos enquadramentos coletivos fez com que aumentasse uma nova necessidade de sentido e de inteligibilidade de conjunto. Nas sociedades marcadas pela individualização da relação com o mundo, a dispersão do saber e da informação provoca uma imensa flutuação dos espíritos, mas também a exigência de inteligência do "global", a necessidade de "recolher os pedaços".

Não é verdade que estejamos em uma espécie de pós-história dominada pelo não pensamento e pelo infantilismo generalizado. Há menos respostas, porém mais questões: o apetite pela compreensão não está morto. A educação, as ciências, as técnicas e a informação relançam constantemente o questionamento, recriando a necessidade de apreender o sentido daquilo que vivemos. Em razão da dissolução dos enquadramentos religiosos, do desabamento das ideologias englobadoras e da variedade de informações de que dispõem, os indivíduos têm muito mais possibilidades de questionar, de tomar um certo recuo em relação às suas certezas originais; são mais capazes de ser criticados em relação a todo um conjunto de problemas, de exercer aqui e ali seu livre exame, de sair de sua "minoridade", para falar como Kant. Isso ocorre apesar da força da tendência contrária, aquela que conduz "a não mais pensar",[16] e é impulsionado igualmente pela revolução tecnocultural do leve.

Por um lado, a civilização da leveza conduz à inconstância e a se distrair mais do que a pensar. Por outro, ela permite mais do que antigamente um uso livre do entendimento. Dessa forma, a despeito da crise real do ensino e da cultura, não é mais aceitável fazer da "barbárie" a marca de nosso tempo: nem tudo é unidirecional; estão em ação lógicas antagonistas que ainda estão em evolução. É preciso constatar

---

16   Alexis de Tocqueville, *op. cit.*, p.19.

que existem limites à leveza consumista: a vontade de aprender e de compreender ainda está ativa, mesmo que esteja inegavelmente em ação de forma imperfeita em nossas sociedades.

Está claro, no entanto, que a cultura e os instrumentos técnicos da leveza não conseguirão sozinhos nos fazer avançar na via da "maioridade" ou da emancipação do espírito humano. Para realizar essa tarefa, é necessário olhar de frente os limites e os fracassos do paradigma da leveza aplicados à esfera educativa. Autoconstruir seu saber, aprender sem contexto regulado, sem professores, sem imposições nem autoridade –, essa utopia pedagógica conduz a um impasse. Não há educação digna desse nome sem o peso de todo um conjunto de imposições e de transmissão institucionalizada.

Deixemos claro que não se trata de forma alguma de pregar o retorno à Escola disciplinar de antigamente, absolutamente impossível, insuportável nos dias de hoje. Esse modelo chegou ao fim e não se deve verter nem uma lágrima sobre sua morte, ainda mais porque a revolução da leveza é rica em potencialidades ainda muito inexploradas.[17] O que importa agora é construir uma nova síntese que conserve do sistema tradicional o que ele tinha de positivo, sem deixar de explorar o positivo da dinâmica do leve.[18] Se a imposição à moda antiga deve ser banida, isso não implica a renúncia a todo um quadro pedagógico estruturado e restritivo. Se, para tomar apenas um exemplo, a ferramenta digital deve ser valorizada como acompanhamento ou complemento dos cursos

---

17 Em particular, os cursos *on-line*, os MOOCs (Massive Open Online Courses), parecem ter bom desempenho no campo da formação contínua e profissional nas empresas. Em contrapartida, em relação à formação universitária inicial, eles estão longe de se mostrar à altura das ambições democráticas exibidas: apenas uma pequena proporção dos usuários chega ao final dos cursos propostos e, nos países em desenvolvimento, os inscritos na maioria das vezes já são portadores de um diploma universitário. Cf. Antoine Compagnon, "MOOCs et vaches à lait", *Le Débat*, n. 180, maio-agosto de 2014.

18 Sobre essa questão, ver Gilles Lipovetsky e Jean Serroy, *La Culture-monde*, Paris, Odile Jacob, 2008, p. 165-180. [Publicado no Brasil em 2011 sob o título *A cultura-mundo*, pela Companhia das Letras.]

"clássicos" – não poderia ser para substituí-los. Reconciliar o melhor do novo e o melhor do antigo, inventar uma pedagogia nova sem cair nos desvios de um ensino light, desestruturado e não linear: este é um dos grandes desafios da educação democrática na era hipermoderna.

Desejo, liberdade e singularidade

A questão da liberdade não diz respeito apenas à cidadania política e ao funcionamento da democracia. Ela afeta a vida cotidiana dos indivíduos, cada vez mais dependentes, em seus mais ínfimos detalhes, das normas do consumo mercantil. Tocqueville observava que "é sobretudo no detalhe que está o perigo de subjugar os homens":[19] essa ideia verifica-se cada vez mais no tempo do consumismo desenfreado. A liberdade não depende apenas da natureza das grandes instituições políticas, mas também dos sistemas que enquadram as milhares de pequenas coisas da vida cotidiana. Por isso a utilidade de retornar à questão principal do consumismo e de seus efeitos sobre a liberdade dos indivíduos.

Há décadas, uma considerável literatura dedicou-se a condenar a leveza consumista decretada responsável pela alienação dos homens em todos os interstícios de sua existência. Sempre mais produtos inúteis, sempre mais *gadgets*: a sociedade de abundância baseia-se na fabricação ilimitada de falsas necessidades. O homem não tem somente menos domínio de si mesmo pelo trabalho, isso ocorre também pela multiplicação de pseudonecessidades que não respondem a nada além da lógica do lucro e das exigências do processo de produção. Pelo bombardeamento publicitário e outras técnicas de persuasão, a demanda encontra-se totalmente dirigida e manipulada pela oferta mercantil: o consumidor perde toda liberdade e toda singularidade, torna-se estranho a si mesmo de tanto que se encontra em estado de consumo imposto e massificado.

Submissão completa dos homens pelo consumo? Se esse refrão deve ser questionado é primeiro porque os efeitos do capitalismo de sedução não se limitam apenas ao campo do consumo mercantil. Os

---

19 Alexis de Tocqueville, *op. cit*, p. 326.

detratores do "totalitarismo" mercantil não estavam suficientemente atentos ao fato de que esse mesmo universo, via cultura hedonista e mudanças perpétuas da oferta, contribuiu principalmente para emancipar os indivíduos dos pesados enquadramentos coletivos, para libertá-los das antigas formas de obrigações religiosas, familiares, sexuais e políticas. A prisão dourada do consumo funcionou e continua funcionando como um potente vetor de independência dos indivíduos, e isso até mesmo fora da esfera consumista. A submissão aos bens mercantis foi paradoxalmente o vetor do reino do autogoverno em dimensões essenciais da vida pessoal. A heteronomia da oferta mercantil trabalhou para dissolver os pesos coletivos, abrindo assim grandes espaços de livre autodeterminação. Os famosos "escravos sem mestres" (Raoul Vaneigem) do consumo na realidade viveram cada vez mais em um mundo de escolha e de opções livres que afetam a vida privada e pública. Se o capitalismo de sedução cria a submissão aos bens mercantis, ele também está no princípio de uma potente onda de destradicionalização e de individualização mensageira de uma maior independência dos seres em relação ao coletivo globalizante.

Vício e sabedoria

Isso não impede que análises recentes ainda tenham adquirido importância na estigmatização do capitalismo de consumo, ao destacar como suas tecnologias tinham o poder de destruir as capacidades mentais, intelectuais e até mesmo de desejo dos indivíduos. A demonstração tem o mérito de ser simples: como o capitalismo dirige todas as consciências para os mesmo objetos e as mesmas imagens, o indivíduo perde sua singularidade. Assim que o Eu torna-se apenas um Nós gregário e despersonalizado, ele não se ama mais, o desejo desaba, conduzindo o indivíduo à depressão, à ansiedade, ao aniquilamento de si mesmo. Para compensar a carência e a ansiedade, os indivíduos se engajam mais e mais no círculo vicioso do consumo. Por isso, o vício seria a realidade profunda do modelo falsamente leve do consumo. Avança uma ordem totalitária que, ao final, gera vergonha de si mesmo, vício, "esgotamento da energia libidinal", perda de desejo e até a aversão ao consumo. É assim que nos lançam que a ordem consumista não é nada além de um sistema tóxico de dependência que induz uma "insensibilização literalmente catastrófica", uma desmotivação generalizada e, finalmente, "a diminuição futura do consumo mediante a aversão do consumidor".[20]

O problema é que essa estrutura teórica edifica-se sobre uma miragem. Onde vemos, de fato, a perda de apetência do consumidor e a "proliferação dos fenômenos de rejeição"? Se um certo número de "desconsumidores" possibilita a demonstração dessas teses, os comportamentos e desejos da esmagadora maioria da população testemunham evidentemente o contrário, quaisquer que sejam as desconfianças e os medos novos que surjam. Será que a televisão e o carro perderam uma parte de seu antigo poder de atratividade? Foi em benefício de outros desejos e satisfações: *smartphone*, música, videogames, espetáculos, concertos, viagens, passeios, restaurantes e decoração da casa. E se os consumidores mostram-se mais desconfiados em relação aos produtos que lhes são propostos, isso não significa de forma alguma um desinvestimento generalizado, mas um aumento da aspiração de consumir "melhor". A ordem consumista não cava o túmulo da economia ultraliberal pela "queda da energia libidinal": o capitalismo de sedução oferece a cada dia prova de sua capacidade de relançar os desejos por meio de suas inovações tecnológicas e de sua engenharia das emoções. As indústrias de consumo provocam o desejo do sempre mais leve, não a queda do desejo e "o reino generalizado da aversão". A ideia de bancarrota da libido consumista vem da afirmação vazia enfraquecida diariamente por uma infinidade de fatos.

Os excessos que acompanham o consumismo não são evidentemente negáveis: *fashion victims*, obcecados pelas marcas, obesidade, superendividamento dos lares, interditos bancários são suas evidentes manifestações. Em uma sociedade cujas regras coletivas não mais enquadram os comportamentos individuais, é provável que haja uma multiplicação dos excessos viciantes. Por essa razão, não se justifica assimilar

---

20 Bernard Stiegler, *Aimer, s'aimer, nous aimer*, Paris, Galilée, 2003, p. 52 ; e *Mécréance et discrédit*, Paris, Galilée, 2004.

o consumo a um vício "mortífero", destruidor do desejo e das singularidades individuais. O consumo nas sociedades é um sistema inseparável das lógicas da escolha e da mudança perpétua: exatamente o contrário do vício. No consumo, não somos dependentes de um "objeto" bem delimitado: queremos, ao contrário, algo sempre novo. Não é uma fixação compulsiva em uma substância ou uma conduta particular, mas uma busca de experiências e de emoções perpetuamente renovadas. O vício é uma patologia da dependência geradora de sofrimento, ao passo que o consumo é uma atividade recreativa. Sem dúvida há dependência, mas toda dependência não é de tipo viciante: como falar de vício em relação à iluminação elétrica, à geladeira e ao banheiro? Pelo fato de vivermos neste momento, não podemos desistir de todo um conjunto de objetos e de serviços; isso não constitui necessariamente condutas de dependência que implicam abuso, assalto, sentimento de sujeição ou perda de autonomia.

Se o consumo hipermoderno era globalmente comparável a uma "toxicomania sem drogas", são centenas de milhões de pessoas que, na Europa, deveriam estar superendividadas; não é o caso. A poupança dos lares deveria ter deixado de existir por toda parte há muito tempo; não é o que se vê.[21] Sem dúvida há manifestações de dependência em relação à televisão, à internet, aos videogames, às vezes pelas marcas. Mas esses fenômenos não dizem toda a verdade da relação com o consumo. De fato, a maioria é perfeitamente capaz de resistir aos desejos de compra, de não ceder às sereias das marcas, de separar as coisas. Diante da crise, os lares reduzem seus gastos, economizam, são previdentes, buscam se desendividar e consagram uma parte importante de sua renda para a constituição de uma poupança de precaução. Buscam se proteger, para enfrentar uma eventual degradação de seu nível de vida. A sujeição não está aí.

Adicionemos que as exigências de restrição em relação à compra, salvo em caso de grande indigência, geralmente não se acompanha de um sentimento de frustração intransponível. Há, de fato, uma formidável capacidade de adaptação ao que temos, e as declarações de felicidade

---

21   Atualmente, a taxa de poupança média dos franceses situa-se por volta de 16% e a dos europeus em torno de 12% de sua renda disponível.

são uma demonstração. É verdade, ao mesmo tempo, que as depressões, ansiedades e outros mal-estares nunca foram tão propagados. Mas o consumo não pode ser considerado o fator central na origem dessa crescente onda. Ele desempenha um papel, mas que não é direto. São as relações problemáticas com os outros (conflitos, não comunicação, decepções) e consigo (desemprego, baixa autoestima, desinteresse pelo trabalho) que são as mais determinantes em relação às feridas da felicidade. Elas o são, de todo modo, de maneira muito mais intensa do que a espiral indefinida das necessidades. "O inferno são os outros", dizia Sartre: podemos ter reservas a respeito da famosa fórmula existencialista, ainda assim ela é mais exata do que o refrão do "inferno do consumo".

Potência do mercado e autonomização individual
Ninguém contestará o fato de que os mesmos produtos são lançados pelas mesmas marcas e propostos nas mesmas lojas em todo o mundo; os mesmos filmes são exibidos ao mesmo tempo em todas as salas; em toda parte, a juventude usa as mesmas marcas de roupa, pratica os mesmos esportes, dança aos mesmos ritmos. Portanto, assiste-se à emergência de um mundo planetarizado que parece dissipar as singularidades. No entanto, jamais a verdade, a diversidade e a personalidade foram tão valorizadas: nem a homogeneização nem a despersonalização bastam para explicar o trabalho efetuado pela economia da leveza sedutora.

Se é verdade que os modos de vida sobre o globo se aproximam, o mesmo não ocorre com os comportamentos e as preferências individuais que, de fato, tornam-se heterogêneos em razão do recuo dos enquadramentos coletivos e da multiplicação dos modelos e opções de vida. Qualquer que seja a importância das modas e das tendências, dos sucessos musicais e de bilheteria, as práticas e gostos dos indivíduos se particularizam e se diversificam. Em razão do enfraquecimento da potência reguladora das instituições coletivas, o que se esboça é um mundo feito de indivíduos que têm gostos, aspirações e personalidades cada vez mais dessemelhantes, ainda que possam ser consumidores de produtos e programas idênticos. Os mesmos computadores são comprados nos quatro cantos do mundo, mas por indivíduos que têm sistemas de referência, trajetórias de vida, expectativas e comportamentos cada vez mais diferenciados.

Uma singularidade que depende particularmente de uma heterogeneidade intraindividual dos gostos cada vez mais manifesta. O que se revela não é tanto um indivíduo padrão senão a não coerência dos gostos culturais, a heterogeneidade das preferências e das práticas culturais individuais, os "perfis dissonantes" de consumidores nos quais se avizinham orientações muito dessemelhantes, as mais "dignas" e as menos "nobres".[22] Para onde quer que se olhe, os consumidores associam agora escolhas legítimas e menos legítimas, o *design* apurado e o *kitsch*, a ópera e o funk, os grandes restaurantes e o *fast-food*, o prêmio Goncourt e as séries americanas.

Essa autonomização não deixa de ser paradoxal, uma vez que ela se acompanha da crescente influência do universo da mercadoria. Se o consumidor hipermoderno é mais livre em suas escolhas pontuais, ele é mais do que nunca dependente do mercado em relação à satisfação de seus desejos. Menos prisioneiro dos quadros conformistas, ele encontra-se cada vez mais sob a dependência do reino mercantil do consumo. De fato, o peso do consumo sobre as existências é ainda mais pesado na medida em que restringe menos os comportamentos no detalhe das escolhas individuais. Mais o mercado triunfa, mais a autonomia pessoal aumenta e mais o universo comercial pesa sobre nossas vidas.

Leveza contra leveza

Este ensaio dedicou-se a destacar, ao mesmo tempo que seus benefícios, os fracassos perversos e deletérios da leveza-mundo. Nela tudo é mais maleável, mas a existência é desorientada, insegura e altamente fragilizada. Os hinos ao prazer proliferam, mas a ansiedade e as depressões encontram-se em uma linha ascendente. A proliferação dos dispositivos leves não consegue eliminar o mal-estar, o estresse e a degradação da autoestima gerados pela influência das normas de desempenho.

---

22   Bernard Lahire, *La Culture des individus*, Paris, La Découverte, 2004. [Publicado no Brasil em 2006 sob o título *A cultura dos indivíduos*, pela Artmed.]

A individualização da vida social se acompanha de constantes crises subjetivas e intersubjetivas. A revolução da leveza avança, mas a harmonia em nossas vidas é excepcional: ela não nos deixou mais felizes.

Tudo é fluido, mas cada um corre atrás do tempo perdido. A obsessão pela magreza causa crises. O consumo triunfa, mas o consumidor é tudo menos *cool*, na medida em que se multiplicam as mensagens sobre os perigos dos produtos e que ele está comprometido com operações de arbitragem e com cálculos incessantes de economia. Vivemos na era da mobilidade eletrônica, mas sonhamos com *detox*. Jamais tivemos tantas possibilidades de viver leve, mas no final a alegria de viver não avança. Até mesmo a música de variedades é um exemplo: não há mais canções plenas de ardor como as cantadas por Maurice Chevalier e Charles Trenet ou que ritmavam as operetas de Vincent Scotto. Essa leveza, simples, dissipou-se.

Ganhamos muito em leveza de execução, mas muito pouco em leveza interna. Mais do que nunca, percebemos a dificuldade de viver leve. Nosso universo social e cultural se pretende leve, mas o homem que nele se desenvolve não o é: por um nada fica abatido, deprimido, destruído. No coração da civilização da leveza renasce o espírito de peso. Tudo leva a pensar que amanhã continuará sendo assim. Os progressos técnicos, a informação, o saber, todos esses dispositivos positivos não aumentam a leveza de viver: têm tendência a fazê-la recuar. O sentimento aéreo da existência torna-se mais difícil de experimentar na medida em que avançam os modos de vida hedonistas, reflexivos e móveis. A leveza parcial dos prazeres se propaga, mas a leveza "completa" própria à alegria, ela no máximo avança.

Esses propósitos não devem ser compreendidos como uma nova versão da estigmatização da leveza. É preciso insistir: esta não é completamente negativa, tanto para a vida pública democrática quanto para a vida privada. O perigo não é a leveza frívola, mas sua hipertrofia quando ela invade a existência e sufoca as outras dimensões essenciais da vida: a reflexão, a criação, a responsabilidade ética ou política. A leveza de frivolidade não é dramática em si mesma; ela assim se torna quando se impõe como modo de vida dominante a ponto de abolir aquilo que faz uma vida humana "rica". O que há de mais entediante que a frivolidade? Ao mesmo tempo, a vida sem leveza de superficialidade é triste e sufocante. O que se deve denunciar é a leveza fútil erigida como ideal de vida supremo.

Por outro lado, não devemos assimilar a leveza à superficialidade fútil, à facilidade, ao hedonismo dos modos de vida. Nietzsche, cuja filosofia vibra como um hino a uma vida mais leve, desferiu severos golpes ao culto da leveza definida pelo bem-estar, pelo mínimo esforço, pela vida fácil, pelo "abandonar-se". A verdadeira leveza exige, ao contrário, trabalho dedicado, disciplina, coragem para suportar o infortúnio: consiste em saber se impor obrigações bem rígidas e a "dançar nas correntes".[23] Uma leveza-controle que não é outra que aquela da criação, do "grande estilo", do espírito livre, do "saber alegre". Não é entregando-se aos prazeres fáceis que nos tornamos leves; é libertando-se dos mundos ideais, mas também lutando contra a agitação e o frenesi do mundo moderno. A leveza passa pelo espírito livre: finalmente, conforme a mais longa tradição filosófica, cabe aos pensamentos o mérito de poder tornar a existência mais leve: "É preciso ter apenas uma única coisa: ou um espírito leve por natureza ou então um espírito tornado leve pela arte e pela ciência."[24] A vida autenticamente leve, segundo Nietzsche, torna-se possível pela doutrina do eterno retorno que ensina a dizer sim ao destino, a amar tudo o que é, a aderir ao devir de maneira lúcida e criativa. "Os espíritos livres são os deuses de vida fácil", escreve ainda Nietzsche[25] – o que significa que tornar a vida mais leve deve estar ligado ao pensamento livre das ilusões metafísicas, o único capaz de nos transformar nesse sentido.

Podemos avançar com Nietzsche sobre esse ponto que mostra o impasse da leveza-espontaneidade-ausência de restrições, incapaz de abrir as vias do controle, de dar a alegria da vitória sobre as resistências,

---

23 Nietzsche, *Le Voyageur et son ombre*, aforismo 140. [Publicado no Brasil em 2013 sob o título *O viajante e sua sombra*, pela Editora Escala.]
24 *Humain, trop humain*, aforismo 486. [Publicado no Brasil em 2005 sob o título *Humano, demasiado humano*, pela Companhia de Bolso.]
25 Para uma interpretação detalhada desse aforismo, ver Olivier Ponton, *Nietzsche – Philosophie de la légèreté*, Walter de Gruyter, 2007, cap. V.

da elevação e da construção de si mesmo. A valorização da leveza não deve conduzir a desqualificar as aprendizagens difíceis, o trabalho estruturado e controlado, ou seja, as restrições pesadas. A vida bela e leve não poderia ser enclausurada nos limites do hedonismo consumista: isso seria injuriar a humanidade do homem, empobrecer dramaticamente nossa visão do homem e de sua dignidade, matar as condições da invenção, da criação e da liberdade do espírito.

O que vale para a liberdade criativa também vale para a existência? Que o trabalho, as "correntes", o esforço sejam indispensáveis a uma verdadeira educação de si mesmo a fim de conquistar uma leveza *ativa* é inegável. Mas nem isso garante uma existência aérea, isto é, a alegria de existir. A leveza criativa é uma coisa, a de existir é outra. Ainda que os efeitos da razão e da "verdade" sobre nossa vida sejam reais, nada afirma que eles sempre criem uma grande leveza de viver. Pode ser que ocorra o contrário. O sentimento da vida não se alinha milagrosamente com os pensamentos e a verdade. O saber alegre não é a condição de uma vida alada. É possível, evidentemente, sentir-se leve sem a ajuda da filosofia.[26] Temos, graças ao trabalho e à aprendizagem, um poder sobre a leveza do fazer, mas muito pouco sobre a leveza vivida da existência. Esta nos é mais "dada" do que construída pela razão crítica e afirmativa: ela é o resultado não de uma "boa" doutrina, mas de nosso ser íntimo bem como das experiências vividas, das circunstâncias e do acaso. Há muitas vias que levam à leveza-prazer, mas não há uma caixa de ferramentas para desfrutar a alegria de existir.

É precisamente porque nosso poder sobre a alegria de viver é dos mais ínfimos que é benéfico trabalhar para ser leve "em outra parte", quer seja nas atividades artísticas, intelectuais ou esportivas. Se, evidentemente, estas não são sinônimos de leveza existencial, como negar que podem oferecer verdadeiras satisfações? Por não saber como chegar à consciência feliz ou leve, é benéfico tentar conquistar uma leve-

---

26   "Conheço um camponês de Corrèze que não tem nada a invejar, a esse respeito, a Epicuro ou a Montaigne", observa precisamente Marcel Conche, *Confession d'un philosophe*, Paris, Le Livre de poche, 2003, p. 18.

za nas atividades "práticas". A sabedoria começa quando percebemos que nossa razão e nossos pensamentos conscientes não podem nos conduzir aonde queremos chegar. Trabalhemos ainda mais para obter uma leveza prática na medida em que a leveza-alegria é uma coisa que, em grande parte, não depende da vontade nem da liberdade do espírito. Essa leveza não está às nossas ordens, ela não poderia resultar de uma ética sistemática ou de um trabalho voluntário sobre si mesmo.

Sem dúvida, as ofertas espirituais de felicidade podem ajudar os homens, mas nenhuma é garantia de sucesso, porquanto a química da felicidade é singular. Não há regra de ouro: cada um busque, como puder, por "tentativa e erro", corrigir o curso de sua existência, deixá-la mais leve, com resultados felizes e às vezes menos felizes. Seja como for, a conquista da leveza é coisa incerta, frágil, bem pessoal: seu segredo não está nem nos livros nem em outra parte, porque esse segredo não existe. A leveza é encontrada em grande parte sem nós e é perdida sem que possamos muita coisa. Como as bolhas do champanhe, a leveza da alegria é efêmera: inevitavelmente, o leve de um momento torna-se pesado sem que possamos fazer algo a respeito.

Proposições demasiado pessimistas? Não creio, pois se toda leveza é instável e acaba desaparecendo, o mesmo ocorre com a experiência pesada da tristeza, pois "com o tempo tudo passa". Mesmo o peso de viver não é eterno, ainda que seja verdade que demore mais a se evaporar do que o leve. Se nem a leveza nem o peso não estão absolutamente em nosso poder, isso deve nos ajudar a fugir de um pessimismo radical. Nada é para sempre, e a leveza perdida reflorescerá amanhã. O espírito de leveza não anuncia a grande vitória sobre o pesado, ele afirma contra a alma trágica que uma nova leveza é sempre possível. A leveza-volatilidade desencoraja porque nada dura, mas também convida a um certo otimismo, pois sabemos que as bolhas de champanhe, depois de desaparecerem, poderão um dia borbulhar mais e mais.

FONTES: Novel Pro e Novel Pro Sans
PAPEL: Offset 75 m/g²
IMPRESSÃO: R.R. Donnelley